权威 · 前沿 · 原创

皮书系列为

“十二五”“十三五”“十四五”时期国家重点出版物出版专项规划项目

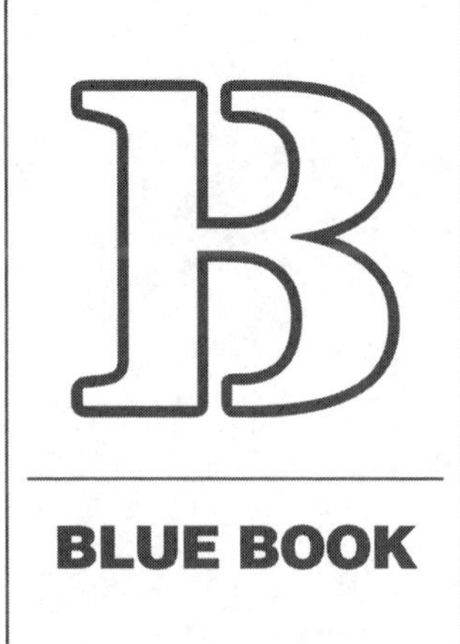

智库成果出版与传播平台

民营经济蓝皮书

BLUE BOOK OF PRIVATE ECONOMY

民营经济发展报告（2022~2023）

ANNUAL REPORT ON THE DEVELOPMENT OF PRIVATE ECONOMY (2022-2023)

民营经济高质量发展的温州实践

主　编／黄群慧　杜　创

副主编／付明卫

社会科学文献出版社

SOCIAL SCIENCES ACADEMIC PRESS (CHINA)

图书在版编目(CIP)数据

民营经济发展报告．2022~2023：民营经济高质量发展的温州实践／黄群慧，杜创主编；付明卫副主编．-- 北京：社会科学文献出版社，2023.10

（民营经济蓝皮书）

ISBN 978-7-5228-2649-3

Ⅰ．①民… Ⅱ．①黄… ②杜… ③付… Ⅲ．①私营经济-经济发展-研究报告-温州-2022-2023 Ⅳ．①F127.553

中国国家版本馆 CIP 数据核字（2023）第 190431 号

民营经济蓝皮书

民营经济发展报告（2022~2023）

——民营经济高质量发展的温州实践

主　　编／黄群慧　杜　创

副 主 编／付明卫

出 版 人／冀祥德

责任编辑／王　展

责任印制／王京美

出　　版／社会科学文献出版社·皮书出版分社（010）59367127

地址：北京市北三环中路甲 29 号院华龙大厦　邮编：100029

网址：www.ssap.com.cn

发　　行／社会科学文献出版社（010）59367028

印　　装／三河市东方印刷有限公司

规　　格／开 本：787mm × 1092mm　1/16

印 张：15.5　字 数：204 千字

版　　次／2023 年 10 月第 1 版　2023 年 10 月第 1 次印刷

书　　号／ISBN 978-7-5228-2649-3

定　　价／128.00 元

读者服务电话：4008918866

主编简介

黄群慧　第十四届全国政协委员、经济委员会委员，中国社会科学院经济研究所所长、研究员、博士生导师，《经济研究》主编、《经济学动态》主编，中国社会科学院大学经济学院院长、教授，中国社会科学院国有经济研究智库主任。中国企业管理研究会副会长、理事长，国家“十四五”规划专家委员会委员，国家制造强国建设战略咨询委员会委员，国务院反垄断委员会专家咨询组成员，国务院学位委员会学科评议组成员，国家计量战略专家咨询委委员，最高人民检察院专家咨询委员。享受国务院政府特殊津贴，入选“百千万人才工程”国家级人选，荣获“国家级有突出贡献的中青年专家”称号、文化名家暨“四个一批”人才、国家哲学社会科学领军人才。主要研究领域为发展经济学、制造业发展、企业改革与管理等。曾主持国家社会科学基金重大项目3项及其他研究项目多项。迄今为止，已在《中国社会科学》《经济研究》等学术刊物公开发表论文三百余篇，撰写《新时期全面深化国有经济改革研究》《工业化后期的中国工业经济》《企业家激励约束与国有企业改革》《新工业革命：理论逻辑与战略视野》《理解中国制造》《面向制造强国的产业政策》《迈向共同富裕之路》等专著30余部，主编《工业化蓝皮书》《企业社会责任蓝皮书》《国有经济蓝皮书》《民营经济蓝皮书》。其成果曾获孙冶方经济科学奖、张培刚发展经济学奖、蒋一苇企业改革与发展学术基金奖、“三个一百”原创图书奖、中国社科院优秀科研成果二等奖等，作品入选国家新闻出版总署优秀通俗理论读物出版工程、国家哲学社会科学成果文库等。

杜　创　经济学博士，现任中国社会科学院经济研究所微观经济学研究室主任，研究员，中国社会科学院大学经济学院教授、博士生导师，中国社会科学院民营经济研究中心副主任、秘书长。兼任国家市场监管总局反垄断专家库专家，人大复印报刊资料《产业经济》编委，中国微观经济理论论坛学术委员会委员。主要研究方向为数字经济、产业组织、企业理论、中国医疗卫生体制改革等。在《经济研究》《中国社会科学》《世界经济》《经济学（季刊）》等期刊发表论文数十篇，出版《声誉、市场竞争与管制》《互联网新业态新组织模式研究》《互联网+医疗/教育：商业模式、竞争与监管》《民营经济蓝皮书》等著作多部，获中国社会科学院优秀科研成果奖、中国社会科学院优秀对策信息奖（对策研究类）、青年经济学者论文奖等奖励。拥有丰富的政策研究和实地调研经验，主持国家社会科学基金项目、中国社会科学院国情调研重大项目，以及国家发展改革委等部委政策研究课题多项。

切实落实“两个毫不动摇”促进民营经济高质量发展（代序）

黄群慧

一

毫不动摇巩固和发展公有制经济，毫不动摇鼓励、支持和引导非公有制经济发展，是习近平新时代中国特色社会主义思想和基本方略的重要内容，是坚持社会主义初级阶段基本路线和构建高水平社会主义市场经济体制的重要要求。全面建成小康社会、实现第一个百年奋斗目标之后，我国进入全面建设社会主义现代化国家、向第二个百年奋斗目标进军的新发展阶段。新发展阶段是我们党带领人民从站起来、富起来到强起来的历史性跨越阶段，是社会主义初级阶段的一个阶段，是经过几十年积累、站到新的起点上的一个阶段。作为社会主义初级阶段，新发展阶段要遵循初级阶段历史发展客观规律，坚持中国特色社会主义的基本制度、基本路线、基本方略，完整准确理解“两个毫不动摇”的指导方针，充分认识坚持“两个毫不动摇”的重大意义。作为一个历史新的更高起点上的阶段，新发展阶段必须围绕高质量发展这个全面建设社会主义现代化国家的首要任务，针对出现的新情况新问题新挑战，把握好切实落实“两个毫不动摇”的关键着力点，以中国式现代化推进中华民族的伟大复兴。

一是新发展阶段切实落实好“两个毫不动摇”，是坚持以经济建设为中心、坚持发展是执政兴国的第一要务、推进高质量发展这个首要任务的必然要求。“两个毫不动摇”的基本方针是在党的十一届三中全会确立了“以经济建设为中心”之后我党长期探索的重要经验，改革开放以来中国经济快速增长的奇迹，正是公有制经济和非公有制经济两类市场主体的共同发展造就的。一部改革开放史，也是坚持“两个毫不动摇”、不断促进公有制经济和非公有制经济共同发展的历史。一方面，以不断深化国有企业改革为核心，毫不动摇巩固和发展公有制经济，国有企业从传统的计划经济体制下的附属物，逐步向市场经济体制下的现代企业——“新型国有企业”转变。一大批具有核心竞争力的骨干企业相继涌现，为推动经济社会发展、保障和改善民生、增强综合国力做出了重要贡献。另一方面，在党的政策的支持鼓励和引导下，我国非公有制经济实现了从无到有、由小变大、从弱到强的快速发展。作为非公有制经济的典型，民营经济具有“五六七八九”的特征，非公有制经济在稳定增长、促进创新、增加就业、改善民生等各方面都发挥了十分重要的作用。进入新发展阶段，我国要在2025年基本实现现代化，人均国内生产总值达到中等发达国家水平，到21世纪中叶实现中华民族伟大复兴，需要坚持发展这一执政兴国的第一要务，推进经济高质量发展，实现经济质的有效提升和量的合理增长，这必然要求坚持和切实落实好“两个毫不动摇”。

二是新发展阶段切实落实好“两个毫不动摇”，是坚持完善社会主义基本经济制度、构建高水平社会主义市场经济体制的必然要求。在社会主义条件下发展市场经济，是我们党的一个伟大创举，将社会主义基本制度同发展市场经济有机结合，是马克思主义中国化的重大理论成果，也是马克思主义政治经济学发展史上的伟大创新。而社会主义市场经济体制的主体，正是通过坚持“两个毫不动摇”培育形成的，这既包括通过深化国有企业改革推向市场的国有企业，也包括在市场中成长起来的大量民营企业以及通过开放引入的外资企业。习近平总书记多次重申坚持“两个毫不动摇”，创造性提出“公有制经济和非公有制经济都是社会主义市场经济的重要组成部分，都是我国经济社会发展的重要基础”。未来的现代化新征程，需要进一步坚持完善社会主义市场经济体制，需要进一步构建高水平市场经济体制，这要求必须坚持和切实落实好“两个毫不动摇”。

三是新发展阶段切实落实好“两个毫不动摇”，是凝聚磅礴力量推进中国式现代化的必然要求。进入新发展阶段，我们比历史上任何时期都更接近、更有信心和能力实现中华民族伟大复兴的目标。但是，世界百年未有之大变局加速演进，新一轮科技革命和产业变革深入发展，国际力量对比深刻调整，我国发展进入战略机遇和风险挑战并存、不确定难预料因素增多的时期，各种“黑天鹅”“灰犀牛”事件随时可能发生，因此，为了实现中华民族伟大复兴，我们必须准备付出更为艰巨、更为艰苦的努力。这就要求我们保持战略定力，从发展战略高度和经济全局角度切实落实“两个毫不动摇”，凝聚各方优势力量，充分发挥公有制经济和非公有制经济各自的功能和优势。一方面，要更好发挥公有制经济能够更好体现国家意志和人民利益的优势，充分发挥集中力量办大事的社会主义制度优越性，使国有企业在维护国家经济安全、服务国家发展战略、走向共同富裕中充当关键性的角色，在重大技术创新、推动产业结构升级和增强国际竞争力等方面发挥无法代替的重大作用。另一方面，要发挥非公有制经济对市场变化反应灵敏、竞争意识强的优势，以激活经营主体增强市场活力，更好更全面地服务民生，满足人民日益增长的美好生活需要。

二

改革开放 40 多年来，民营经济经历了由无到有、由小到大、由弱到强、由国内到国际的发展过程，现在已经成为我们党长期执政、团结带领全国人民实现“两个一百年”奋斗目标和中华民族伟大复兴中国梦的重要力量。在党的理论创新的不断推动下，在一系列政策的鼓励、支持、引导下，民营经济从小到大、从弱到强蓬勃发展，贡献了50%以上的税收、60%以上的国内生产总值、70%以上的技术创新成果、80%以上的城镇劳动就业岗位、90%以上的企业数量，在国家级专精特新“小巨人”企业中，数量占比超过80%。民营经济已经成为推动我国发展不可或缺的力量，是创业就业的主要领域、技术创新的重要主体、国家税收的重要来源。我国经济发展能够创造中国奇迹，民营经济功不可没！

民营经济发展的经济地位和民营企业的政治地位已经确立，但是，囿于外部环境制约和企业微观要素的内生不足，当前民营经济高质量发展面临内外双重挑战。一是还存在一些“隐性规则障碍”，对民营经济充分释放发展潜力形成制约；二是我国资源要素分配仍然在一定程度上存在“所有制歧视”和“规模歧视”，民营企业尤其是中小民营经济的资源要素获取难度较大、成本较高；三是很多支持企业发展的产业政策和科技政策“精准度不够”，限制了民营经济的综合活力；四是受到起步晚和发展惯性的影响，民营企业产业布局的锁定效应也对其产业转型升级步伐形成阻碍，许多民营企业还面临企业家自身素质不高和企业家代际传承等难题。

我国已经进入全面建设社会主义现代化国家的新发展阶段，现代化新征程下中国共产党的使命和任务是全面实现中国式现代化，这需要调动一切可以调动的力量，充分发挥公有制经济和非公有制经济的澎湃活力，共同形成发展合力，将各种经营主体和市场主体的创造性、能动性、协同性发挥出来，为实现中华民族伟大复兴做出应有的贡献。也就是说，在现代化新征程下，发展壮大民营经济也需要推进理论和实践上的创新。

习近平总书记指出：“民营经济是我国经济制度的内在要素，民营企业和民营企业家是我们自己人。民营经济是社会主义市场经济发展的重要成果，是推动社会主义市场经济发展的重要力量，是推进供给侧结构性改革、推动高质量发展、建设现代化经济体系的重要主体，也是我们党长期执政、团结带领全国人民实现‘两个一百年’奋斗目标和中华民族伟大复兴中国梦的重要力量。”习近平总书记关于民营经济的重要论述，为进一步明确民营经济发展的理论定位指明了方向。

2023年7月，《中共中央 国务院关于促进民营经济发展壮大的意见》明确提出“民营经济是推进中国式现代化的生力军，是高质量发展的重要基础，是推动我国全面建成社会主义现代化强国、实现第二个百年奋斗目标的重要力量”。以“生力军”“重要力量”将民营经济与中国式现代化的宏伟目标直接关联，以“重要基础”将民营经济与高质量发展这一首要任务直接关联，十分明确地指出了民营经济在现代化新征程中的理论定位。党中央关于民营经济发展的理论定位十分明确，立场毫不含糊、极其坚定，消除了所有模棱两可的思潮，营造出尊重、爱护、支持民营经济发展的社会氛围，完善了促进民营经济发展壮大的体制机制，提振了民营经济预期信心，进一步激发了民营经济发展活力。无论是对于在现代化新征程上促进民营经济高质量发展而言，还是对于坚持和完善社会主义基本经济制度、构建高水平社会主义市场经济体制而言，《中共中央 国务院关于促进民营经济发展壮大的意见》都是一部具有里程碑意义的重要文件，需要很好地学习理解和认真贯彻执行。一方面要基于这个理论定位推进民营经济理论创新，另一方面要在实践上积极推进措施细化和具体落地。

一是从理论上明确民营经济高质量发展的未来图景，在中国特色社会主义发展的新阶段，形成各类所有制企业“高质量协同发展”

的新格局。当前民营企业家对自己未来发展预期还不稳定，其中一个重要的担心是不明确国有企业和民营企业在未来高质量发展中的格局。这需要从理论上描述清楚不同所有制企业的未来发展目标格局。一方面，坚持“两个毫不动摇”方针，在微观企业层面更加重视不同所有制企业的协同发展，以微观意义上的不同所有制企业协同发展促进宏观意义上的不同所有制经济共同发展——共同做强做优做大。新发展阶段多种所有制企业高质量协同发展，契合中国经济由高速增长阶段转向高质量发展阶段的新情境，服务于高质量发展这个全面建设社会主义现代化国家的首要任务。高质量协同发展更加强调不同所有制企业以新发展理念为指导，实现高水平和高层次的协同共生、互利合作和生态共建，而不是“零和博弈”。多种所有制企业高质量协同发展在结果层面集中体现为“国民共强”“国民共优”“国民共大”，以不同所有制企业的高质量协同发展形成公有制经济与非公有制经济的“共强”“共优”“共大”，通过推动多种所有制企业高质量协同发展，造就大批现代化企业，全面支撑现代化经济体系建设。另一方面，未来在宏观层面形成不同所有制企业协同共生的发展生态，制定公平的、健康的、可持续的、协同共生的生存规则，形成公有制企业与非公有制企业互动协作、相辅相成、相得益彰的全方位发展环境。在中观层面形成多种所有制企业互补协作的产业链布局，在产业链条上形成不同所有制企业高度互补、互相合作、互相支持的关系。在微观层面形成多种所有制企业要素交叉融合的利益共同体，产权融合的混合所有制企业成为多种所有制经济的重要微观形态。

二是积极推进政府组织管理现代化理论创新，将推进民营经济高质量发展纳入国家经济治理体系与治理能力现代化框架中，为推进民营经济高质量发展提供高效率的组织体制保证。为了推进民营经济高质量发展，党中央、国务院做出在国家发展改革委设立民营经济发展局的重大决策部署，其主要职责是跟踪了解和分析研判民营经济发展状况，统筹协调、组织拟订促进民营经济发展的政策措施，拟订促进民间投资的发展政策，建立与民营企业的常态化沟通交流机制，协调解决民营经济发展重大问题，协调支持民营经济提升国际竞争力。这是落实党中央、国务院促进民营经济发展壮大决策部署的有力举措，为促进民营经济发展提供了有力的组织保障。但是，民营经济与国有经济不同，政府机构如何推进民营经济发展，还有许多问题需要探索。如何实现既不干涉民营企业具体运营，又能够很好地服务民营企业高质量发展，不仅需要实践探索，还需要围绕政府和企业的边界、政府组织管理运行机制等各方面问题进行理论层面创新，持续提高我国经济治理体系和治理能力现代化水平。促进民营经济发展，应该有一个政府、民营企业、国有企业、社会组织、研究机构、消费者等各个利益相关方的协商治理机制，绝不是自上而下的金字塔官僚组织管理机制。在坚持党的全面领导前提下，未来应该更大范围、更高层面邀请民营企业家参与具体的经济管理工作。

三是积极推进在法律制度和政策法规层面的理论创新，切实观照民营经济高质量发展现实难题和制约因素，一视同仁地推进公有制经济和非公有制经济高质量协同发展。

一方面，要坚持依法依规发展民营经济，既不能只支持不约束、放任自流，也不能戴着“有色眼镜”处处设防；既不能享受“超国民待遇”，也不能沦为“二等公民”。应切实落实和保障各项法规政策，使民营企业真正成为平等的竞争主体。另一方面，要加强政策落实的有效性，构建亲清政商关系。习近平总书记指出，要完善政策，提升政策含金量和可操作性，同时要加大政策落地力度，确保各项政策百分之百落到实处。推动各项政策落地、落细、落实，让民营企业真正从政策中增强获得感。因此，持续推进法律制度和政策法规层面的创新，强化制度全面保障，加强权益保护，严厉打击侵犯民企权益的违法犯罪活动，做好“清网”行动；强化土地、金融、人才、数据等高端要素有效供给，形成高效供需匹配机制；创新政府服务系统，完善创新公共服务平台，培养专利、会计、法律、培训等专业化市场中介机构；强化产业生态建设，做好“补链、延链和强链”工作，让民企更多更好地融入产业链网络中；强化民营企业数字化赋能，加强平台服务，培育一批工业互联网平台和数字化服务商；优化政策制定实施流程，提升政策精准度，把政策主动精准匹配给企业，降低政策匹配成本，扎实破解民营经济高质量发展的痛点、堵点，切实在理论和实践层面同步推进民营经济高质量发展。

摘 要

“毫不动摇地巩固和发展公有制经济，毫不动摇地鼓励、支持、引导非公有制经济发展”与“促进非公有制经济健康发展和非公有制经济人士健康成长”是党中央、国务院关于民营经济发展的大政方针。2022年以来，中央关于民营经济发展提出了一些新的重要论述，包括促进民营经济发展壮大和实现民营经济高质量发展。

2018年8月，经中央统战部同意，全国工商联正式批复温州创建新时代“两个健康”先行区。此后，温州出台了一系列促进民营经济健康发展、民营经济人士健康成长的新政策新措施，取得了良好成效。在《民营经济发展报告（2021）：“两个健康”理论与温州实践》的基础上，本书重点从民营经济健康高质量发展角度，回顾总结“两个健康”理论在温州的最新实践及其全国推广情况。在促进民营经济健康发展方面，温州深化土地、用能、劳动力、技术和数据等要素的市场化配置改革，推动长三角要素市场一体化；完善民营经济普惠性金融支撑体系；从强化顶层设计、畅通办事渠道和完善服务支撑三个方面优化涉企政务服务。在促进民营企业家健康成长方面，温州主动作为、靠前服务，重视商会的重要作用，引导民营企业家助力共同富裕，系统性、制度化地加强民营企业家队伍建设。

全国工商联在全国范围内选取了12个推广温州创建“两个健康”先行区工作经验的试点地区。各试点地区的推广工作具有两个共同点：首先，都注重对民营经济人士的政治引领和思想引导，注重引导民营企业贯彻落实新发展理念、实现高质量发展，注重构建亲清政商关系、持续优化营商环境，以及强化基层工商联建设和培育中国特色商会组织；其次，设立的推广领导组织都由地区主要领导挂帅，坚持上下联动和部门间横向协同。除了上述共同点，青岛、深圳等城市也形成了一些富有特色的做法。

本书分报告介绍温州三个“一号工程”建设情况和传统制造业转型升级情况。2023 年初，浙江省委省政府明确提出实施数字经济创新提质“一号发展工程”、营商环境优化提升“一号改革工程”和“地瓜经济”提能升级“一号开放工程”。数字经济创新提质、营商环境优化提升和“地瓜经济”提能升级是对温州民营经济健康高质量发展提出的新的具体要求。温州在建设三个“一号工程”和传统制造业转型升级上都取得了显著成效。

关键词： 民营经济　高质量发展　两个健康　温州市

目 录

Ⅰ 总报告

Ⅱ 分报告

Ⅲ 专题篇

皮书数据库阅读**使用指南**

总 报 告

General Report

B.1

民营经济健康高质量发展的理论与温州实践

中国社会科学院民营经济研究中心课题组

摘　要： 2022年以来，中央关于民营经济发展提出了一些新的重要论述，包括促进民营经济发展壮大和实现民营经济高质量发展。实现民营经济健康高质量发展，既有经济内涵也有政治内涵。其中，经济内涵源自高质量发展对民营经济发展提出的更高要求，政治内涵则源自社会主义基本经济制度和中国式现代化的内在要求。促进民营经济健康高质量发展的政策措施可分为三大类：一是底线政策，即依法维护民营企业产权和企业家权益，使其能活下去；二是竞争政策，即破除民营企业公平参与市场竞争的制度障碍，使其有发展壮大的可能；三是引导政策，即引导民营企业在促进共同富裕和中国式现代化中承担更大责任，使其发展壮大之后更有益于社会。温州民营经济在2022年迎难而上，持续向前，在 2018～2021 年促进“两个健康”的既有经验和基础之上，深度发力，成效明显。

关键词： 民营经济 “两个毫不动摇” “两个健康” 高质量发展

2018 年 8 月，经中央统战部同意，全国工商联正式批复温州创建新时代“两个健康”先行区。此后，温州出台了一系列促进民营经济健康发展、民营经济人士健康成长的新政策新措施，取得了良好成效。在《民营经济发展报告（2021）：“两个健康”理论与温州实践》的基础上，本报告重点从民营经济健康高质量发展角度，回顾总结“两个健康”理论在温州的最新实践及其全国推广情况。

一 民营经济健康高质量发展的理论分析

（一）中央关于民营经济政策的重要新论述

党中央、国务院关于民营经济的大政方针集中体现为“两个毫不动摇”和“两个健康”。2002 年，中国共产党十六大报告提出“毫不动摇地巩固和发展公有制经济，毫不动摇地鼓励、支持、引导非公有制经济发展”。2017 年，中国共产党十九大报告强调“构建亲清政商关系，促进非公有制经济健康发展和非公有制经济人士健康成长”。“两个毫不动摇”回答了公有制经济与非公有制经济的关系，“两个健康”则是关于非公有制经济发展的政策基调。

2022 年以来，中央关于民营经济政策提出了一些重要新论述。

一是促进民营经济发展壮大。2022 年 10 月，中国共产党二十大报告在再次强调“两个毫不动摇”的基础上，首次明确提出“促进民营经济发展壮大”。2023 年 7 月，《中共中央　国务院关于促进民营经济发展壮大的意见》发布。“促进民营经济发展壮大”这个提法意义重大。我们知道，“以公有制为主体、多种所有制经济共同发展”是社会主义基本经济制度的重要内涵。在这个高度概括的表述中，需要明确的一个问题是公有制之外的经济成分尤其是民营经济可以发展到什么程度。“共同发展”是否意味着可以“发展壮大”？“以公有制为主体”是否意味着要限制非公有制经济成分的发展程度？这些问题在理论上不明确，在现实中就可能产生不同的政策措施，甚至在舆论上引发混乱。例如 2018 年改革开放四十周年时开始出现的“民营经济离场论”，认为发展民营经济只是权宜之计；经历多年改革开放，民营经济已经初步完成了协助公有制经济实现跨越式发展的阶段性重大历史任务，现在到了退出历史舞台的时候了。“促进民营经济发展壮大”的政策宣示正是对此种错误论调的有力回击。

二是实现民营经济高质量发展。2023 年 3 月，习近平总书记在看望参加全国政协十四届一次会议的民建、工商联界委员时强调，党中央始终坚持“两个毫不动摇”“三个没有变”，始终把民营企业和民营企业家当作自己人。要引导民营企业和民营企业家正确理解党中央方针政策，增强信心、轻装上阵、大胆发展，实现民营经济健康发展、高质量发展。习总书记还在讲话中具体阐述了高质量发展对民营经济提出的新要求。

在“两个毫不动摇”和“两个健康”的基础上，以上重要新论述进一步明确了中央对民营经济可以发展到什么程度、应该如何发展的态度，具有重要意义。如何理解民营经济健康高质量发展的内涵？促进民营经济健康高质量发展的政策措施应从哪些层面发力？围绕习总书记的讲话，我们结合地方实践，做一些理论上的分析和阐释。

（二）民营经济健康高质量发展的双重内涵

改革开放以来，民营经济在推动中国经济增长、扩大就业、增加税收等方面发挥了不可替代的作用，已经成为社会主义市场经济的重要组成部分。进入新发展阶段，由于主客观环境的影响，民营经济发展中也面临一些困难和挑战，例如预期不稳、发展所需的公平竞争制度环境尚不健全、粗放增长方式难以持续、被期待承担更多社会责任，等等。应对这些困难和挑战，民营经济要实现健康高质量发展。

实现民营经济健康高质量发展，既有经济内涵也有政治内涵。其中经济内涵源自高质量发展对民营经济发展提出的更高要求，政治内涵则源自社会主义基本经济制度和中国式现代化的内在要求。

民营经济健康高质量发展的经济内涵是实现转型升级。中国经济已由高速增长阶段转向高质量发展阶段，要着力提升发展质量和效益，高质量发展对民营经济提出了新要求。在经历长期粗放式增长之后，民营经济要转型升级、转变发展方式，走高质量发展的路子。一些传统劳动密集型企业，面临数字化、智能化转型；一些高污染、高耗能企业，将被环境、资源友好型企业代替；一些家族经营制企业要逐渐建立现代企业制度，向世界一流企业进军。有能力、有条件的民营企业更要加强自主创新，在推进科技自立自强和科技成果转化中发挥更大作用。

民营经济健康高质量发展的政治内涵则是承担应有的社会责任，成为中国共产党长期执政、团结带领全国人民实现“两个一百年”奋斗目标和中华民族伟大复兴中国梦的重要力量。正如习总书记所强调的，中国式现代化是全体人民共同富裕的现代化，国有企业和民营企业都是促进共同富裕的重要力量，都必须担负促进共同富裕的社会责任。

民营经济健康高质量发展的经济内涵与政治内涵之间，既有内在统一性，也存在一定的张力。其内在统一性是要在高质量发展中促进共同富裕，民营经济只有先实现经济内涵上的高质量发展，且是可持续性的高质量发展，才有物质基础为共同富裕做出实质性的、持续性的贡献。民营经济发展的模式也会深刻影响共同富裕路径，例如民营企业家的创业示范作用。毋庸讳言，二者之间也存在一定的张力。相比健康高质量发展，“共同富裕”有更多政治层面的内涵，其实现既依赖经济机制，也依赖政治层面的引导。假若完全缺乏政治引导，健康高质量发展并不必然导致共同富裕。

（三）促进民营经济健康高质量发展的三类政策

实现民营经济健康高质量发展，既要发挥民营企业和民营企业家的主动性、积极性，也有赖于适当、有力的政策措施。因为民营经济健康高质量发展经济内涵的实现，涉及破除不合理的体制制度障碍。民营经济健康高质量发展政治内涵的实现，也有赖于政府引导。促进民营经济健康高质量发展的政策措施可分为三大类。一是底线政策，即依法维护民营企业产权和企业家权益，使其能活下去；二是竞争政策，即破除民营企业公平参与市场竞争的制度障碍，使其有发展壮大的可能；三是引导政策，即引导民营企业在促进共同富裕和中国式现代化中承担更大责任，使其发展壮大之后更有益于社会。

第一，底线政策：依法维护民营企业产权和企业家权益，提振市场预期和信心。

中国社会科学院民营经济研究中心团队在浙江一带调研发现，无论是地方官员还是民营企业家，当前最关注的是预期问题——希望关于民营企业的政策环境稳定、可预期，这是提振信心的关键。如前所述，党中央国务院关于民营经济的大政方针是一贯的，集中体现为

“两个毫不动摇”和“两个健康”。“促进民营经济发展壮大”、“实现民营经济健康发展、高质量发展”的政策宣示则进一步明确了中央对民营经济可以发展到什么程度、如何发展的态度。习总书记也在多个场合重申，非公有制经济在我国经济社会发展中的地位和作用没有变，我们毫不动摇鼓励、支持、引导非公有制经济发展的方针政策没有变，我们致力于为非公有制经济发展营造良好环境和提供更多机会的方针政策没有变。

如何将中央关于民营经济的大政方针落实为具体、可预期、可期待的政策，在部门和地方执行层面尚有较大差异。许多地方积极改善营商环境，减轻企业税费负担，采取多种措施缓解民企融资难融资贵问题，积极构建亲清政商关系，这些都是值得鼓励的尝试。而其中一个基础性的政策，可以称之为底线，即依法维护民营企业产权和企业家权益。如果民营企业的财产权和企业家权益得不到合法保护，那企业就不可能有长久的信心，必然是已经积累下财富的企业家战战兢兢，只想着转移财富；尚未积累下财富的企业家投机取巧，只想着捞一票就走。当然，要注意到有一些看似“善待”民营企业家的政策措施引起了社会舆论争议，从长远来看不利于形成稳定预期。例如，近期报载有地方提出“对民营企业家涉案人员能不捕的不捕、能不诉的不诉、能不判实刑的不判实刑，能不继续羁押的及时予以释放或变更强制措施”。少捕慎诉慎押政策的出发点是善意的，然而长远来看不是治本之策。

第二，竞争政策：破除制约民营企业公平参与市场竞争的制度障碍，从制度上和法律上把平等对待国企民企的要求落实下来，鼓励、支持民营经济和民营企业发展壮大。

民营经济真正的活力在于其充分竞争：有创新者、有被自然淘汰者，新陈代谢，正所谓“沉舟侧畔千帆过，病树前头万木春”。民营经济转型升级，不一定是同一批民营企业转型升级；民营经济的健康高质量发展，并不意味着现有每一家民营企业都会获得健康高质量发展。适应潮流的民企成功转型，不适应潮流的自然淘汰，一批创新型民企进入，乃至创造出一个新的行业来，才是整体经济的源头活水所在。

在这个转型过程中，更好发挥政府作用的关键是建立公平竞争的制度环境，不仅使新老民营企业公平竞争，实现新陈代谢，还使民营企业与国有企业公平竞争，共同发展。为此，不仅要减少不必要的补贴，还应进一步扩大对民营企业的市场准入，在招投标、融资、税费、司法等方面对所有市场主体一视同仁。更加严格实施公平竞争审查，破除所有制歧视、行业垄断和地方保护，逐步建立全国统一大市场。

第三，引导政策：引导民营企业承担社会责任，促进共同富裕。

引导民营企业促进共同富裕至少可从如下几个方面入手。一是引导民营企业在企业内部积极构建和谐劳动关系，让企业发展成果更公平惠及全体员工；二是弘扬优秀企业家精神，引导民营企业家做爱国敬业、守法经营、创业创新、回报收获的典范；三是引导民营企业（家）积极参与和兴办社会公益慈善事业。

值得注意的是，即使在慈善、公益领域，比直接的财富转移更有效的是“以商业的方式从事公益”。共同富裕不仅包括单纯的物质富裕，还包含环境宜居宜业、公共服务普及普惠等丰富内容。然而，教育、卫生、基础设施等公共事业基础投入大、回报周期长，政府财政的力量往往有限，而且财政直接投资建立的公共事业常常效率不尽如人意。鼓励民营经济、社会资本进入公共事业不仅能快速提升基础设施完善程度，增加全体居民福利；还能将商业界注重效率、注重需求者体验的思维带入公共事业运营，只要政府掌握好方向和力度即可。

二　民营经济健康高质量发展的温州实践及其全国影响

2022 年对于民营经济而言是不平凡的一年。新冠疫情的负面影响和国际政治动荡对外贸的冲击，对民营经济运营产生了不利作用；党的二十大胜利召开不仅着重凸显了民营经济的重要地位，也为民营经济的未来发展指明了方向。温州民营经济在 2022 年迎难而上，持续向前，在 2018~2021 年推进“两个健康”的既有经验和基础之上，深度发力，探索求新。

（一）民营经济健康发展

民营经济是温州经济的特色和底色，温州在依法维护民营企业产权和企业家权益的底线政策方面一直做得很好。其新政策的发力点和亮点在于竞争政策，即深度推进市场化改革，破除发展的制度障碍，鼓励和支持民营经济发展壮大。2022 年以来，温州的相关政策探索主要集中于三个层面。

一是通过强化生产要素的市场化配置改革，提升民营经济的市场活力。要素市场化配置改革包括五个方面：土地和用能要素的市场化配置改革、劳动力要素的市场化配置、技术要素的市场化配置、数据要素的市场化配置和长三角地区要素市场一体化。五方面共同发力成为温州在要素配置角度提高民营经济发展质量的关键。

二是丰富和完善金融输血渠道，为民营经济的有效运转提供强劲动力。为民营企业保持金融输血渠道的畅通是温州长期的政策落实点。2022 年，在金融输血渠道上继续深度发力，成为温州的重要任务。八个方面的努力，让温州民营企业获得金融支持的渠道得到有效扩展：加强金融资源的有效供给、构建多元化的融资渠道、创新金融产品和服务、深化保险保障和融资服务功能、持续降低综合融资成本、优化服务提高融资效率、持续推进首创新实践、积极防范和化解金融风险。

三是深度优化和完善政务服务，减轻民营企业的应对负担。在顶层设计上，温州致力于统一事项标准、规范审批流程、分类梳理清单、严格审核报备。在具体办事渠道的畅通上，温州突出强调了五个方面，即“一网通办、全程网办”、“自助终端、就近办理”、“收办分离、代收代办”、“多地联办、集成服务”、“全球服务、跨境通办”。在服务支撑的强化上，温州不断加强线上线下业务通办能力，提升数据共享汇聚支撑能力，因地制宜创新通办服务形式。

基于有效的政策支持和制度的持续性改善，温州民营经济在2022~2023年取得了卓越的成绩。首先，民营经济逆势增长。面对复杂严峻的国内外形势和多重超预期因素冲击，温州高效统筹疫情防控和经济社会发展，地区生产总值同比增长3.7%，增速比全国和浙江省分别高0.7个百分点、0.6个百分点。其次，招商引资工作再创佳绩，新能源、新材料和数字经济等新兴产业蓬勃发展。2022年以来，温州瞄准百亿元、十亿元、亿元大项目，新招引落地亿元以上产业项目221个，其中有近2/3是新能源、新材料、数字经济等战略性新兴产业。再次，民营企业融资难问题得到显著缓解。最后，涉企政务服务质量再上新台阶。

从温州民营经济的既有情况出发，为了助力温州民营经济在新时代取得更大突破与成就，尤其是着眼于温州尚可以加大发展力度和提升发展质量的领域，我们为温州提出了未来可完善的方向与政策着力点：一是在对标争先提升上尝试突破，二是在企业精准帮扶上持续发力，三是在破解要素制约上深度探索，四是在创新开放引领上大胆尝试，五是在数字经济模式上多维推广。

重点专题：三个“一号工程”

浙江省委省政府已经明确实施数字经济创新提质“一号发展工程”，实现营商环境优化提升“一号改革工程”大突破，实施“地瓜经济”提能升级“一号开放工程”。温州认真贯彻落实省委省政府部署要求，以三个“一号工程”为牵引加快高质量发展。为此，本书特设专题报告篇，梳理总结温州在三个“一号工程”方面的进展情况。

数字经济是新一轮科技革命和产业变革的重要驱动力量，也是推动我国经济高质量发展和中国式现代化建设的重要引擎。在中央和浙江省政策的指引下，温州市深入实施数字经济“一号工程”，不断提升数字经济的核心竞争力和创新能力，加速推进数字经济创新提质，表现出以下阶段性特征：数字产业规模持续扩大，产业集群持续发展；产业数字化转型不断取得新突破；数字基础设施建设加快，数字社会构建取得新成效；新业态新模式蓬勃发展，亮点频现。在政策举措及成效方面，温州市提升数字产业能级，加强数字企业集群建设；推动产业数字化转型，探索数实融合新模式；完善数字基础设施，加快智慧城市建设；创新场景应用，催生数字经济新业态新模式，有力地促进了全市数字经济持续快速健康发展。在这一过程中，温州市也积累了宝贵的经验启示，包括充分发挥市场主体力量，实现电商赋能实体经济；依托各县市区产业优势，形成差异化发展战略；强化平台一体化优势，推动数字化改革。

营商环境的优化提升对于民营经济和民营企业家的健康成长至关重要。温州市始终把持续优化营商环境作为政府的重要工作内容。2022年以来，温州市在创建新时代“两个健康”先行区的过程中，坚持从顶层设计进行全盘规划：精简了商事登记的程序，强化了基层公务人员的专业能力和服务意识，以民营企业的需求为导向提升政务服务水平，支撑了民营经济发展；重视知识产权和数据要素在新经济形态下所能发挥的作用，持续推进包括知识产权、数据、资本在内的生产要素市场化改革，进一步释放了各要素在民营经济中的活力；充分利用大数据优势和现代化信息系统，构建了民营企业与金融机构之间更透明的渠道，金融机构可以更高效、准确地评估民营企业的经营状况与偿付能力，便捷了民营企业的信贷获取；始终坚持在依法治国中推进现代化法治建设，通过司法与行政的良性协同保障了民营经济的合规合法经营；建成了数据开放平台，信息技术与信息公示制度的结合使信息流动变得更透明，大大减少了民营企业之间、民营企业与政府之间信息不对称造成的低效率。温州市在营造亲清政商关系方面做出的卓有成效的努力，使温州成为一块民营经济创新源泉充分涌动、民营企业创造活力充分迸发的沃土。未来，温州应继续在依法治国背景下推进综合治理能力的现代化，为民营经济的蓬勃发展保驾护航。

“地瓜经济”是温州经济高质量发展的源泉。“地瓜经济”是市场和资源“两头在外”的开放型经济的喻称：“地瓜的藤蔓向四面八方延伸，为的是汲取更多的阳光、雨露和养分，但它的块茎始终是在根基部，藤蔓的延伸扩张最终为的是块茎能长得更加粗壮硕大。”温州“地瓜经济”可概括为“以温州本土为根基，以在外温商为藤蔓，以温州发展为果实”。据估算，作为温州“地瓜经济”藤蔓的外地温州人创造的年度经济总量和作为温州“地瓜经济”块茎的温州市年度 GDP 一样大。温州“地瓜经济”的成因有两点：一是温州资源十分匮乏，迫使温州人“走出去”；二是温州“义利并举”的区域文化和创业精神。温州“地瓜经济”包含两种形式：第一种形式是温州本地企业从外地吸引来生产要素，把产品销售到全国和世界各地；第二种形式是温州人到全国乃至全世界投资办厂。第二种形式兴起于 21 世纪初。温州发展“地瓜经济”的基本经验是，打破狭隘的地域观念，正确处理好“走出去”与“引进来”的关系，消除生产要素自由流动的各种障碍，在全国乃至全球范围内配置资源。温州“地瓜经济”提能升级，要充分发挥遍布全球的温州商会的桥梁纽带和以商引商作用，吸引在外温商带动项目、人才和资金回归。

（二）民营企业家健康成长

促进民营经济健康高质量发展的第三类政策即引导政策，其更多是通过促进民营企业家健康成长来实现的。“非公有制经济要健康发展，前提是非公有制经济人士要健康成长”。自 2018 年温州启动创建新时代“两个健康”先行区以来，促进民营企业家健康成长就是先行区创建的重要内容。2018~2021 年，温州率全国之先，首创推出了一批促进民营企业家健康成长的举措，重点提升民营企业家社会地位，保障企业家经营和财产安全，构建亲清政商关系，加强民营企业家队伍建设。这些探索有力地提振了民营企业家的发展信心，解决了不少民营企业家“成长的烦恼”。

在延续这些有益探索的基础上，温州在 2022~2023 年继续开拓创新，力推一批新的举措，进一步促进民营企业家健康成长。一是系统推进、持续深化商会改革。温州把商会建设作为“两个健康”先行区创建的重要抓手，将商会改革从局部探索创新转向制度体系建设，推动商会高质量发展，为“两个健康”注入强劲动力。二是引导民营企业家助力共同富裕。温州围绕“8 个共享”，制订细化 18 个模块 52 项工作指引清单，进一步引导民营企业发挥在促进共同富裕中的现代化基本单元功能，引领打造物质与精神双重富裕的民企样本，助力温州高质量发展、建设共同富裕示范区市域样板。三是聚焦培育弘扬“四千精神”，加强民营企业家队伍建设，对民营企业家开展宣传引导、完善民营企业家培训体系、创新“青蓝接力”方式。

2022~2023 年温州以体系化、制度化的举措促进民营企业家健康成长。在商会改革方面，出台了《关于创建新时代“两个健康”先行区中促进工商联所属商会改革发展的实施意见（试行）》（办字〔2019〕69 号）、《温州市商会发展服务综合体（商会广场）建设指导方案》（创建办〔2023〕1 号）等改革建设方案。在引导民营企业助力共同富裕方面，印发了《关于开展党建引领“共享社 · 幸福里”民企版创建工作的实施方案》（温联发〔2022〕47 号）。在培育弘扬“四千精神”和加强民营企业家队伍建设方面，出台了《深化“温商青蓝接力”促进新生代企业家健康成长的行动计划》（温委办发〔2022〕5 号）、《关于进一步规范涉企培训　培育温州市新时代“两个健康”先行温商队伍的实施方案》（温“两个健康”办〔2020〕1 号）等方案。这些制度和方案，充分体现了温州对促进民营企业家健康成长理论认识的不断深化。

这些体系化、制度化的创新举措对优化政商关系、引导民营企业推动共同富裕、提升企业家信心和素质等方面起到了积极作用，为全国其他地区促进民营企业家健康成长提供了两点有益启示：第一，主动作为、靠前服务，是促进民营企业家健康成长的重要法宝；第二，商会可以成为促进民营企业家健康成长的重要平台。与此同时，未来进一步促进民营企业家健康成长仍有一些探索努力的方向，包括催生新时代企业家、提高政策连续性稳定性、鼓励企业家做大做强做优等。

（三）温州试点经验的全国推广

自 2018 年获批创建新时代“两个健康”先行区以来，历经四年多的努力，温州市“两个健康”创建工作在领导机制建立、政策制度优化、责任落实等方面取得了一系列可供推广的理论认识成果和重要规律性启示，其经验具有良好的先行示范作用。为实现温州市

“两个健康”创建工作经验的全面推广和更广泛的民营经济高质量发展，2022年8月，全国工商联办公厅发布《关于印发温州新时代“两个健康”先行区创建经验推广试点单位名单的通知》（全联厅印发〔2022〕40号），在全国范围内选取了12个推广试点地区，希望在深化温州“两个健康”先行区创建工作的同时，形成更多“两个健康”样本，推动全国民营经济高质量发展。

我们搜集整理各试点城市官方媒体、网站关于学习温州“两个健康”先行区创建经验的新闻报道与政策实施材料，发现各试点地区都出台了较为完善的推广工作行动方案。这些方案具有两个共同点：其一，推广“两个健康”试点工作的核心内容一致，即注重对民营经济人士的政治引领和思想引导，引导民营企业贯彻落实新发展理念、实现高质量发展，构建亲清政商关系、持续优化营商环境，以及强化基层工商联建设和培育中国特色商会组织；其二，推广“两个健康”试点工作的组织构架相似，即推广小组由地区主要领导挂帅，坚持上下联动和部门间横向协同。除了上述共同点，不同城市也形成了自己的特色，譬如青岛注重孵化专精特新中小民营企业，宝鸡着力发展第二产业民营企业集群，深圳极力推动民营企业实现更多“从0到1”的突破，赣州重点解决民营企业人才匮乏问题，昆明积极打造开放型民营经济发展特色。

分报告

Topical Reports

B.2

2022~2023年温州民营经济健康发展分析

王世强 *

摘　要： 2022~2023年，面对新冠疫情和国际政治动荡的冲击，温州在落实党的二十大促进民营经济健康发展的政策要求上取得了新突破。温州的政策探索主要体现为发挥市场在资源配置中的决定性作用、打造功能性普惠性民营经济扶持政策体系、激发温州民营经济长期具有的内在活力，其核心包括三个方面。首先，深化土地、用能、劳动力、技术和数据要素的市场化配置改革，推动长三角要素市场一体化。其次，完善民营经济普惠性金融支撑体系，包括增加金融资源的有效供给、构建多元化融资渠道等。最后，从强化顶层设计、畅通办事渠道和加强服务支撑三个方面优

* 王世强，中国社会科学院经济研究所助理研究员。

化涉企政务服务。得益于这些政策突破，温州民营经济健康发展取得了新成绩：首先，民营经济在总量与增速上再创辉煌；其次，招商引资工作再创佳绩，新能源、新材料和数字经济等新兴产业蓬勃发展；再次，民营企业融资难问题得到显著缓解；最后，涉企政务服务质量再上新台阶。

关键词： 民营经济　要素市场化配置　普惠性金融　政务服务

一　引言

民营经济是温州经济的金字招牌，温州是民营经济的全国焦点。温州与民营经济相互成就：正是在温州，民营经济得到了长期蓬勃的发展，取得了“99999”的卓越成绩；正是民营经济，为温州经济高速增长提供了强劲动力，让温州成为民营经济家喻户晓的代名词。自2018年“两个健康”先行区创建工作开展以来，温州民营经济的表现成为社会各界关注的焦点。社会各界关注的重点，包括温州在提升民营经济发展质量、促进民营经济健康发展方面的有效操作手段。本报告在《民营经济发展报告（2021）》的基础上，概括2022年以来温州为促进民营经济健康发展发布的政策和温州民营经济健康发展取得的成就。

2022年是极不平凡的一年，随着全球局势变得越发动荡，我国面临的国际政治经济环境变得更为复杂。这对涉外业务尤其是双循环流动、高质量外贸、全球数字市场等工作的开展形成了一定的不利影响。民营经济作为开展外贸的重要力量，深受这些因素的负面影响。如何在复杂的国际环境中形成多方位竞争力，不仅是我国政府面临的重大发展议题，也是我国各企业需要积极应对的现实问题。此外，随着我国经济总体发展的进一步推进，互联网经济等众多经济业态从原来的增量发展转向现在的存量发展，短期粗放式增长模式转向长期健康稳定发展模式成为所有企业都需积极面对的现实。如何在竞争格局更为多变、份额争夺更为激烈的市场中通过提升创新质量让自己崭露头角、获得有效市场份额，成为众多企业与企业家需要思考的重要问题。

2022 年又是至关重要的一年。在这一年，中国共产党第二十次全国代表大会胜利召开。党的二十大报告既梳理陈述了十八大以来我国取得的发展成就和存在的问题，形成了对政治、经济、军事、文化、教育等众多领域的清晰认识，又为今后一段时期至 21 世纪中叶较长期的前进方向制定了明确规划。党的二十大报告已成为我国建设社会主义现代化国家强有力的指导。民营经济作为我国国民经济的重要组成部分，在党的二十大报告中得到了重要呈现。党的二十大报告在阐释构建高水平社会主义市场经济体制的重要任务时提出，要"优化民营企业发展环境，依法保护民营企业产权和企业家权益，促进民营经济发展壮大"。这高度肯定了新时代"两个健康"工作的核心价值，进一步明确了民营经济在我国社会主义市场经济中的重要地位。温州作为全国民营经济的重要代表，将在新时代肩负起更为重大的责任。

党的二十大报告对民营经济在中国式现代化大背景下的高质量发展提出了高要求。民营经济不仅要坚持创造就业岗位、满足市场需求等传统定位，还将肩负起我国经济建设过程中促成中国式现代化建设目标的重要任务。长期以来，温州民营经济都体现了市场经济的积极作用，是有效市场的典范。在此基础上，有效市场与有为政府的深度结合是"两个健康"实践中的重要因素。顺着这一角度继续深入思考，政策支持层面如何将对民营经济的扶持引导落到实处，行政优化角度如何减少对民营经济活动开展过程的不必要干预，民营企业如何利用好政策红利实现自我升级与发展，成为民营经济发展过程中的具体问题。

2022~2023年，温州在落实党的二十大促进民营经济健康发展的政策要求上取得了新突破。温州的政策突破主要包括深化要素市场化配置改革、完善金融支撑体系和优化政务服务三个方面。其核心逻辑在于通过竞争政策基础性地位的强化与落实，以及普惠性功能性扶持政策体系的打造，为民营企业和个体创造合理的市场竞争秩序，为市场经济健康有序运行提供必要的条件。要素市场化配置改革保障了民营企业的市场活力，金融支撑体系的完善极大缓解了民营企业融资难问题，政务服务的优化减少了民营企业的应对成本。得益于这些政策突破，温州民营经济健康发展取得了新成绩。首先，民营经济增量和增速实现双维度提升。其次，招商引资工作再创佳绩，新能源、新材料和数字经济等新兴产业蓬勃发展。再次，民营企业融资难问题得到显著缓解。最后，涉企政务服务质量再上新台阶。

二　2022~2023年温州促进民营经济健康发展的探索

市场经济自发合理运行是有效市场发挥重要作用的关键，是有为政府在信息渠道、竞争优化等角度实现核心价值的基础。温州民营经济在极不平凡的2022年不仅保住了主体的完整性和延展性，还实现了内在的质量提升，迸发出强大生命力。这成为全国市场经济合理运转的典范，更是温州当地政府的政策探索能够取得实效的必要条件。在本书对应的项目执行期间，项目组成员亲赴温州，见证了温州民营经济内在的有效性。无论是经营废旧布料再加工的个体商户，以村镇为单位的行业细分领域聚集（如纽扣、徽章、电子元器件等），还是在新时代的大潮之下积极实现平台企业接入的生产销售企业、各类新兴行业如生物技术、数字产业化等，都反映出温州民营经济巨大的包容性、强大的聚集性、高度的适应性，以及难得的长期性。

这是温州民营经济长期以来能产生示范作用的基础与灵魂，是市场经济从理论推导到现实实践较为理想的图景，是温州成为实务界关注焦点的重要原因，让温州长期成为经济学界观察经济活动运行的天然实验室。尤其是对于致力于提升本地民营经济发展"质"与"量"双重维度的各级地方政府而言，民营经济的温州实践中所蕴含的市场经济内在活力得到长期的激发，是极具吸引力的现实内容所在。

按照微观经济学经典理论竞争均衡理论的内容，市场经济的有效性体现为企业、从业者、消费者等多个市场活动参与者自发经济行为相互作用形成的均衡。这一均衡将合理利用市场中现有的技术与资源。在福利层面实现帕累托最优，成为市场经济合理运转有效性的理论佐证，即所有个体独立经济行为决策与价格机制的叠加所促成的均衡结果能够至少保障福利结果不涉及社会资源的浪费。在均衡形成的过程中，外部干预的作用除了针对特定行业阶段或者一些特殊的行业外，应该尽可能弱化。

民营经济是市场经济发挥基本作用的重要力量，市场中所有的民营企业与个体还有需求端消费者等构成了民营经济的巨大整体。政府为促进民营经济发展，需要为市场经济的自发合理运转提供有效支持，在信息渠道畅通、市场竞争优化、行为外部性影响弱化、普惠金融援助等方面积极发力，不断从政策探索出发，催生有效的创新突破。在政策实践中，这要求政府将原先差异性、选择性、单一性的产业扶持政策向功能性、普惠性的扶持政策进行积极的思路与实践转变，让竞争政策发挥其基础性关键作用，为民营经济创造有序的竞争秩序、高效的市场环境，以及持续的创新氛围。

在民营经济巨大活力和市场经济有效作用的基础上，温州当地政府积极扮演好有为政府的角色，尤其是在负面因素不断出现的2022年，对有效市场的顺利营造与布局起到了不可替代的作用，是“两个健康”相关工作的重要推手。本研究的前期成果《民营经济发展报告（2021）》概括了温州2018年至2021年年中这一时期内颁布的促进民营经济健康发展的政策。本报告归纳温州2021年下半年以来颁布的相关政策。部分政策虽然颁布于2021年之前但生效时间是在2021年下半年之后，并且没有被《民营经济发展报告（2021）》概括，在此一并介绍。经梳理发现，温州在深化要素市场化配置改革、完善普惠金融支撑体系和优化政务服务上的政策举措具有较强的代表性和推广价值。

（一）深化要素市场化配置改革

要素市场化配置改革的深化是推进民营经济高质量发展和打造合理竞争性市场的重要举措。温州市政府于2021年8月印发的《关于构建更加完善的要素市场化配置体制机制实施方案》（温政办〔2021〕55号）（下文简称《要素方案》），成为温州从要素层面提升民营经济市场活力的指南。《要素方案》指出，温州要通过构建更加完善的要素市场化配置体制机制，进一步理顺政府与市场的关系，建立高质量发展产业体系。根据《要素方案》，温州深化要素市场化配置改革要坚持四条基本思路。

其一，保障要素价格市场决定。引导市场主体依法合理行使要素定价自主权，推动政府定价机制由制定具体价格水平向制定定价规则转变。到2025年，要素价格公示和动态监测预警体系全面建成，要素价格调查和信息发布制度、要素市场价格异常波动调节机制建立完善。

其二，保障要素流动自主有序。立足参与国内统一的要素大市场建设，参与构建区域统一的市场规则、市场价格和市场竞争体系，推进要素流动共享和协同配置。到 2025 年，要素交易平台治理逐步规范，要素交易信息披露制度、数据产权交易和行业自律机制逐步健全，全流程电子化交易全面推进，土地、技术等数据实现有效交易流动。

其三，保障要素配置高效公平。加快清理妨碍市场公平竞争的各种规定和做法，全力破解市场决定要素配置范围有限、要素流动存在体制机制障碍等问题，进一步减少政府对要素的直接配置。在目标设定中，温州力争到 2025 年“亩均效益”处于浙江省乃至全国前列，规上工业亩均增加值年均增速 6.5%以上，亩均税收达 46 万元，万元 GDP 耗地量、万元 GDP 能耗完成省定目标，全员劳动生产率达 18 万元/人。

其四，全面激发市场活力。强化人才、资本、技术等新型要素聚合反应，以服务创新驱动的要素供给推动经济发展质量变革、效率变革、动力变革。到 2025 年，吸引人才的良性机制不断健全；金融服务实体经济效率显著提高，经济创新力持续提升；大数据现代化应用和治理能力显著增强，更大力度全方位、多领域、深层次融入长三角一体化发展，高质量建设长三角南大门区域中心城市。

《要素方案》在组织保障方面提出了三项原则。其一，强化责任落实。温州市级有关部门要结合自身职能，明确工作目标要求，制定出台具体、可操作的实施方案或细则；要明确责任主体，将每项任务分解落实到责任单位，明确分管领导、责任处室和具体人员。各相关单位要统一思想、凝聚共识，做好配合、相互协作，合力推进各项任务落实。其二，注重联动推进。温州要求各地根据本实施方案总体要求，因地制宜，制订具体要素市场化配置改革方案。市级各部门要加强对各地的工作指导，细化工作任务，完善推进机制，抓好工作落实。尊重基层首创，及时总结各地有益经验做法，在全市总结推广。其三，营造良好环境。温州要求各地各单位坚持以数字化改革为引领，持续深化“放管服”改革，加快清理废除妨碍市场公平竞争的规定和做法，确保各类市场主体依法平等使用各类生产要素，激发全社会创新创业活力。

温州深化要素市场化配置的改革，包括如下五方面内容。

1. 推进土地、用能要素市场化配置

一是完善土地管理体制。深化“多规合一”改革，完成温州市及各县市区国土空间总体规划，完善并运行国土空间规划“一张图”实施监督信息系统。建立健全温州市自然资源数据体系，开展省域空间治理数字化温州市级平台、建设用地全生命周期管理系统，开展瑞安市数字化改革试点。建立建设用地报批项目储备库，落实“土地要素跟着项目走”机制。建立新增建设用地计划指标分配与建设用地报批项目挂钩制度，实行建设用地报批动态调节机制。

二是构建市级土地大储备管理机制。建立市级“统一计划、统一做地、统一储备、统一出让”的管理制度，强化市级统筹力度，健全市区、政企良性互动的做地工作机制。推进做地储备出让全周期管理，加大土地做地收储力度，构建“土地储备池”，滚动保持6000亩以上可随时出让的土地储备规模，确保土地市场平稳健康发展。

三是健全做地储备资金保障机制。建立市级自然资源（土地）储备开发基金，规范国有土地收益基金计提并有效用于做地调控。多渠道筹集土地储备资金，通过做大做强市级自然资源（土地）储备开发基金、足额收回做地储备成本、发行土地储备专项债及引入社会资本合作开发等方式，不断健全资金保障机制。

四是健全城乡建设用地市场。完善土地征收程序，建立土地征收“成片开发”申请审批制度，严格界定土地征收公共利益的范围。扩大国有建设用地有偿使用范围，对可使用划拨土地的能源、环保等公共服务项目，鼓励以出让、租赁方式供应土地。健全市区经营性用地交易方式，推行挂牌和拍卖两种公开交易方式，探索引导社会资本参与土地储备、开发。

五是创新产业用地供地模式。支持采用弹性年期出让、先租后让、租让结合、长期租赁等方式，灵活确定工业用地供应方式和使用年限。全面推行普通产业项目“限地价竞税收”出让制度，细化“一事一议”用地项目的土地权能管制政策。积极推进小微企业园建设，提高政府主导建设小微企业园的比重，推行以作价出资方式供应小微企业园用地；完善小微企业园用地供应方式，采用“限房价竞地价”“限地价竞税收”方式公开配置市场开发模式的小微企业园用地，取消前置资格审查。支持土地兼容复合利用，探索增加混合产业用地供给，推动不同产业用地类型合理转换。深化“标准地”改革，新增工业用地原则上全部按照“标准地”模式供地。严格落实国有建设用地使用权出让合同和工业用地项目投资合同“双合同”管理制度，加强投资强度、单位能耗增加值、亩均税收等关键指标监管，规范和完善建设用地使用权转让、出租、抵押制度，确保合同刚性履约兑现。

六是盘活存量土地和低效用地。积极推进低效工业整治提升专项行动，加快对产出效益低下工业用地和不规范使用厂房的整治，推动“用而未尽、建而未投、投而未达”项目整治。加快推进工业用地全生命周期管理信息系统开发，落实工业用地全生命周期管理，形成多部门联动的项目履约监管机制。积极开展工业用地二级市场交易试点，构建交易管理流程，实现工业用地交易公开、规范、有序。继续推进供而未用和闲置土地处置专项行动，推动用地单位依约及时开发利用。健全企业节约用地激励机制，鼓励“退二优二”“退散进集”和地下空间开发利用。鼓励项目用地优先使用存量建设用地，支持企业加大零地技改力度，在符合规划、不改变用途的前提下，对提高自有工业用地或仓储用地利用率、容积率并用于仓储、分拨转运以及与自身产业相配套的冷链物流等物流设施建设的，不再增收土地价款。

推进中心城区16个老旧工业区块改造提升，发展环保低耗新型的都市工业园区。

七是深化“亩均论英雄”改革。全面实施所有工业企业以及产业集聚区、经济开发区、高新园区、小微园、省级特色小镇等各类产业平台综合评价。在评价体系、要素配置、治理机制、服务平台等方面进一步优化创新，实现工业企业亩均效益综合评价全覆盖。实施分行业亩均效益领跑者行动计划，强化综合评价结果运用，加快亩均效益提升。

八是深化农村宅基地制度改革。以完善产权制度和优化要素市场配置为重点，推进农村宅基地“三权分置”改革，健全和完善农民建房“一件事”办理系统。推动全域土地综合整治和村庄规划，整治区域内新增耕地面积不少于原有耕地面积的5%。稳妥开展农村宅基地制度改革试点，进一步释放农村资源优势，努力探索农村改革经验。

九是推进海域资源高质量开发利用。开展围垦区块产业项目“回头看”专项整治，研究制定围填海区域空间集约利用、产业项目准入退出机制。健全海域出让标准清单制度，研究制定海域出让审核材料、流程、要点标准清单。抢抓围填海历史遗留问题处置的政策机遇，妥善处置历史遗留问题，重点解决乐清湾北港区、平阳新兴产业园区、龙港江南涂、龙湾二期、浅滩一期和二期及丁山三期北片等重点开发区块建设用海报批问题。加快推进已备案区域的用海报批，积极探索公益性项目备案登记制度，保障重大项目的用海需求，并同步推进生态修复项目建设。制定清洁能源产业规划，明确产业布局和准入要求，加强渔光互补、海上风电等清洁能源项目统筹。

十是深化用能机制建设。严格落实能源消费总量和强度“双控”制度，严格执行企业用能等量减量置换，加强用能预算管理，推进企业用能权交易。指导企业积极参与全国碳市场建设和碳排放权交易，大力实施减污降碳。严格落实“四个一律”，对“未批先建”“批建不符”“批小建大”“未验收投用”等项目开展专项整治，加强事中事后监察执法。完善落实电力直接交易改革措施，推动以星级小微企业创业园为整体打包参与的直接交易，扩大六大行业市场化交易规模，引导更多售电公司参与市场交易。推进永强、苍南彩虹园等增量配电国家试点项目建设，降低企业用能成本。

2. 推进劳动力要素市场化配置

一是加大人才引育力度。放大世界青年科学家峰会效应，聚焦生命健康、新材料等领域，全面参与浙江省“鲲鹏行动”计划，出台顶尖人才“瓯越鲲鹏计划”和院士招引专项政策，“一人一策”引聚全球顶尖人才、青年顶尖人才。联动推进全球精英引进计划、高层次人才特殊支持计划、新动能工程师引进计划、高水平创新团队引育计划、领军型人才创业项目等人才引育五大工程，进一步完善各领域各部门相互衔接、融会贯通的领军人才引育体系。着力办好“中国·温州民营企业人才周”活动，深入实施高校毕业生招引“510计划”，全面实施“十万工匠培育工程”。推动人才链与产业链、创新链、金融链、项目链、生态链的深度融合、一体发展，持续打响“创业之都欢迎您·来了就是一家人”品牌，加快实现“百万人才聚温州”。

二是创新人才激励机制。不断升级完善“人才新政40条”及其配套举措，全力打造更具温州特色、更具竞争力的“1+X”人才政策生态。改进人才遴选方式，实行高校科研院所、领军企业等人才引进推荐认定制，畅通有行业引领力、影响力的高层次人才计划遴选渠道。深入实施人才住房租售并举办法，有效解决人才住房困难问题。鼓励企业参照高级管理人员标准落实高技能人才经济待遇，探索实行年薪制，不断提升技能人才职业认同和社会待遇。

三是打造优质人才发展平台。积极推进人才工作数字化转型，全力建设人才服务云平台2.0版，开发上线全市统一的“人才码”，实现整体智治。建好用好温州民营经济人力资源服务产业园，引进培育一批知名猎头机构和人力资源大数据公司，为企业提供人才配置、社保管理、劳动关系、工商注册、法务税务、股改融资等专业服务。高标准建设“人才客厅”，让科学家、企业家、创投家汇聚交流。围绕“温州人才日”开展人才服务系列活动，营造尊才、爱才、重才的浓厚氛围。

四是建设职业教育产教融合先行区。积极推动国家职业教育改革试点，统筹推进职业院校开展本科层次职业教育、混合所有制模式办学等各项改革，深化内涵提升、普职融通、产教融合、校企合作，大力培养与区域产业转型升级高度适配的技术技能人才，打造温州职业教育创新高地。

五是深化户籍制度改革。试行按经常居住地登记户口的迁移制度，全面落实租赁住房落户政策，推动户籍准入年限同城化累计互认。扩大基本公共服务覆盖面，保障农业转移人口及其他常住人口随迁子女平等享有接受义务教育、医疗服务、就业创业服务、养老保险、住房救助等权利。完善促进基本公共服务均等化的公共财政体系，健全事权和支出责任相适应的制度。

3. 推进技术要素市场化配置

一是健全科技成果产权制度。开展科技成果使用权、处置权和收益权改革工作。探索赋予科研人员职务科技成果所有权或不低于10年的长期使用权，建立赋权成果的负面清单制度。落实科技成果转化自主权，建立健全职务科技成果管理制度。依法明确科技成果转化收益权，创新完善科技成果转移转化利益分配机制。复制推广“定向服务、定向研发、定向转化”的研发转化机制，鼓励高校、科研院所以市场需求为导向，研发团队全程参与企业技术攻关和成果转化，帮助企业突破发展急需的关键技术。

二是完善科技创新资源配置方式。强化创新链产业链精准对接，创新产学研合作与技术研发攻关模式，提高产业链附加值。建立健全支持基础研究长期稳定投入的工作机制和科技成果评价标准，建立重大科技项目由企业牵头组织实施的市场化机制。提升科技项目组织管理水平，实行“揭榜挂帅”等制度。完善科技评价制度，深化科研放权赋能改革。推进科技项目经费使用包干制改革，赋予科研人员更大的人财物自主支配权和技术路线决策权。打造线上线下融合互补的科技成果路演和展示平台。

三是完善高水平创新平台体系。全力打造创新资源高度协同、创新网络紧密高效的“一区一廊一会一室”空间布局，加快构建形成“一核两带多园区”发展格局。推动瓯江实验室建设成为国家实验室分部。加强省级高新园区建设，推进七都国际未来科技岛和洞头科技创新岛建设，加快国际科技金融中心、长三角科技企业总部园、浙大创新创业研究院等创新平台落地。鼓励科研院所、行业龙头企业、高校和地方政府等联合建设新型研发机构，开展合作机制、模式和管理创新试点，加快建设科技成果转化中试基地以及中国眼谷、基因药谷等高水平创新平台。围绕科技成果转化全链条，加强与知识产权运营、中试熟化、企业孵化、投融资等机构的合作，集聚一批服务科技成果转化的配套资源，构建产学研协同创新共同体。

四是加快科技服务体系改革。探索科技服务业培育孵化新模式，建设3.0版网上技术市场，实施科技大市场五年计划，培育集聚一批技术交易、咨询评估、科技金融、研发设计、知识产权等重点科技中介服务机构，加快形成一站式科技成果转移转化、产业化的创新服务链。规划建设温州国际科技成果转移转化中心。加强技术转移管理人员、技术经纪（经理）人等技术转移人才队伍建设，畅通职业发展和职称晋升通道，探索职业化技术转移人才职称评定。

五是促进技术和资本要素融合发展。通过知识产权证券化、天使投资、创业投资等方式推动科技成果资本化。深化科技金融结合，推广技术产权证券化试点经验，大力推进技术产权资产支持专项计划，创设民营企业融资新途径。发挥产业引导基金招引大好高项目作用，加大科创基金投资力度，推进科技企业信贷工作，做大科技型企业贷款规模。推动企业、科研院所和知识产权服务机构联合组建高价值知识产权培育和运营平台，设立温州知识产权法庭。

4. 推进数据要素市场化配置

一是深化公共数据共享应用。聚焦全域数字化改革，推进各地各部门数据归集共享，做大做强一体化智能化公共数据平台，为部门业务协同和数字化应用提供更强数据支撑。实行数据清单化管理，建立数据需求清单、数据归集清单、数据共享清单和数据治理清单，形成数据共享工作的管理闭环。从公共数据采集源头把关，施行“一数一源一标准”，建立健全疑义数据校正和自治共治机制，提升数据质量。强化数据资源统一调度和科学配置，围绕党政机关整体智治、数字政府、数字社会、数字经济、数字法治等领域，统筹推进跨部门、跨层级多跨协同应用建设，强化数字赋能科学决策、基层治理和高效服务。

二是推进社会数据开放融合。建立规范有序、安全高效的公共数据开发利用机制，鼓励企业、行业协会、社会组织等开放自有数据资源，构建多源数据采集体系。加快个人、企业“数据宝”建设，探索建立政务数据、企业数据和社会数据的共享（有偿）交换、授权和使用机制。围绕医疗健康、普惠金融、市场监管、社会保障、交通出行等重点领域需求，探索建立分行业、分场景的可控数据开放机制，优先开放与民生密切相关、社会迫切需要、潜在经济效益明显的公共数据，安全有序推进公共数据与社会数据的融合创新和开放应用，形成公共数据资源市场化服务机制。开展公共数据授权运营试点，鼓励第三方深化对公共数据的挖掘利用，持续加快数据开放创新应用，推动全社会利用政府开放数据创造价值。

三是数字赋能实体经济。大力实施数字经济“一号工程”2.0版，推进乐清、龙湾省级数字经济创新发展试验区建设。依托5G试点城市，实施5G“百千万”行动，大力发展5G产业，推动更多“5G+制造”应用场景落地。全力实施物联网产业创新发展三年行动方案，推动数字安防、网络通信、智能计算等标志性产业发展提升，探索建立以数据链有效联动产业链、创新链、资金链和人才链的“五链协同”机制。积极推进传统产业“上云用数赋智”行动，实施“5G+工业互联网”工程，打造“5+N”工业互联网平台体系。推广发展网络化协同设计制造、个性化定制、服务型制造等新模式，加快建设一批“智慧车间”“最美工厂”“未来工厂”“灯塔工厂”，全面提升人均效能。

四是提升数据安全防护能力。围绕数据采集、传输、存储、处理、使用、销毁等环节，构筑公共数据全生命周期安全防护体系。建立全市公共数据分级分类管理、安全风险预警和数据安全应急防控机制，形成容灾备份、安全评价、日常巡检等数据安全防护管理制度和数据安全审计制度。加快推进存储传输加密、数据水印溯源、数据安全网管、数据动态脱敏、出口管控、多因子认证等系统建设，落实数据分类分级、安全态势感知、数据权限管控、日常审计等运营工作，防范数据篡改、泄漏、滥用。建立健全数据安全防护能力评估指标体系，推动数据安全管理工作可量化、可追溯、可评估。

5. 推动长三角要素市场一体化

一是构建开放便捷的市场环境。对标上海高标准市场规则体系，大力实施国际化营商环境试点，推进政务服务提速增效。加强与上海等重点城市的政务服务合作和政务数据共享，加快共建长三角“一网通办”在线服务体系，不断完善服务功能，实现长三角政务服务线下异地办理和全流程线上办理。围绕公共服务、城市管理、电子商务等领域，开展区域标准一体化合作试点。加强长三角区域检验检测

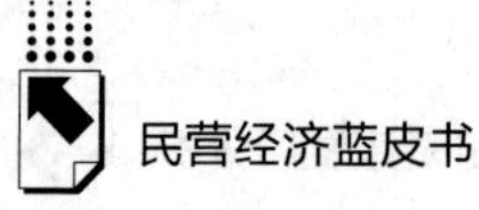

认证信息互通、结果互认，探索建立民生档案跨区域互认互通标准体系。

二是建立跨区域合作交易机制。深化温州与长三角重要城市的战略合作，推进在沪“科创飞地”机构招引入驻。共建温台民营经济协同发展高地，深化民营经济政策协同试点，推动资源开放共享、成果区域转化、人才交流培养等跨区域合作。参与建设长三角产权共同市场，探索共建水权、排污权、用能权、碳排放权等初始分配与跨省交易制度。

三是积极参与长三角信用体系建设。加强与长三角城市社会信用体系建设合作，聚焦产业发展、环境保护、食品安全、产品质量、旅游、互联网等重点领域，建立信用惠民便企产品互认机制，探索实施跨地区、跨部门的守信联合激励和失信联合惩戒机制。加快培育专业化、特色化信用服务机构，探索打造区域型信用服务产业基地。

（二）完善普惠性金融支撑体系

如何解决民营企业融资难问题，如何让金融扶持措施具有普惠性，是民营经济扶持过程中的重点与难点，是中央和各级地方政府关注的共同话题。温州在为民营经济提供普惠性金融支撑、缓解民营企业融资难问题方面做了大量富有成效的探索。自 2018 年“两个健康”先行区创建工作开展以来，保持金融输血渠道畅通是温州促进民营经济健康发展的工作重点。2020 年 8 月，温州市政府颁发《深入实施融资畅通工程助推民营经济高质量发展 2020 年工作方案》（温政办函〔2020〕22 号）（下文简称《融资方案》）。《融资方案》为温州之后促进民营经济健康发展的一系列金融政策奠定了基础，为普惠性金融扶持政策的体系建设提供了指南，具体包含八方面措施。

1. 加强金融资源有效供给

保障金融资源供给的有效性是为民营企业金融输血的重点。首先，温州在2021年之后努力贯彻落实稳健的货币政策更加灵活适度的要求，引导更多金融资源投向实体经济，用足用好再贷款、再贴现等货币政策工具定向支持、利率优惠等优势，加大对民营企业和小微企业、“三农”、“疫情四类企业”的信贷支持力度。其次，温州贯彻落实强化中小微企业金融服务和加大小微企业信用贷款支持力度等相关文件精神，充分运用好普惠小微信用贷款等支持政策，加大普惠小微信用贷款投放力度；支持大中型商业银行深化普惠金融“五专机制”建设，提高普惠型小微企业不良贷款容忍度。再次，温州全面落实财政资金“双直”要求，建立“双保”应急融资支持机制，通过政银担企协同联动，引导信贷资金精准支持吸纳就业多且融资有困难的企业。借助国有金融机构的优势，温州鼓励政策性银行、国有大型银行加大中长期信贷资金投入，推动建立地方与银行总部的沟通合作机制，促进更多金融资源向温州企业倾斜。指导地方法人金融机构聚焦服务中小微企业，发挥总部在温、决策快捷等优势，将定向降准释放资金全部用于支持小微企业发展，在信贷条件、融资额度、审批效率等方面给予倾斜。最后，温州加大制造业贷款投放力度，力促制造业授信户数稳定增加、贷款投放快速增长，优先满足技术改造、科技创新和产业集群发展等融资要求。

2. 构建多元化融资渠道

维持融资渠道的畅通是温州为民营企业提供金融支持的重点工作方向，温州的典型做法有四点。一是深入实施“凤凰行动”计划，以更大力度推进企业上市工作，抓重点、抓培育、抓梯队。二是鼓励引导企业通过发行企业债、公司债、短期融资券、中期票据等方式开展直接融资，发挥民营企业债券融资支持工具作用。三是探索开展投贷联动试点，发挥温州科技金融中心作用，加强对制造业科技型企业和企业科技创新、转型升级的金融支持。引进财富管理、基金投资、融资租赁等新型金融业态，鼓励和引导私募股权基金深度参与温州

“5+5”产业、“四新”经济发展。四是发挥市国有资本投资运营公司、市国有金融资本管理公司的作用，探索建立涵盖证券、保险、信托、金融租赁等的国有金融资本集聚平台。推动政府产业引导基金、科创基金与民间投资机构合作，通过引进国内普通合伙人、有限合伙人来挖掘培育更多优质民营企业。

3. 创新金融产品和服务

金融产品与服务的创新能提升金融输血渠道的多元性，提高金融输血工作的效率。温州大力发展信用贷款，督促银行机构积极完善小微企业信用贷款的创新产品体系，深化“信易贷”“银税互动”“银商合作”等融资服务，增加信用贷款中长期授信额度，支持更多小微企业获得免抵押担保的纯信用贷款。同时，温州深化银行机构抵质押方式创新，采取顺位余值抵押、组合类信用担保等方式，切实提高抵质押率。扩大应收账款、知识产权、仓单和存货、外贸订单、保单等抵质押融资覆盖面，建立健全知识产权登记、评估、流转机制。中小企业以应收账款申请担保融资的，各级机关、事业单位和大型企业等应付款方应当及时协助确认债权债务关系。此外，温州还探索区域供应链金融科技新模式，建立供应链核心企业名单管理机制，形成覆盖企业全生命周期的金融服务链。探索开展技术产权证券化试点，构建多元化、多层次的科技金融体系，以及加强金融科技在信贷服务中的应用，加快推广“移动办贷”“信贷工厂”等数字普惠金融服务，大力推进“自助式”贷款服务模式。

4. 深化保险保障和融资服务功能

温州的典型做法包括四点。一是加强与保险资金管理机构的对接，引导保险资金通过股权、债券、基金、资产支持计划等方式，支持温州基础设施、战略性新兴产业和医疗、健康、养老等产业发展。二是强化保险融资增信功能，探索开发政策性小微企业财产保险业务，综合运用贷款保证保险、保单融资等产品，发挥保险融资增信作用。三是加强与国家政策性保险机构的合作，用好出口退税、出口信用保险等保险政策工具，推动小微企业政府联保平台实现全市覆盖。四是推广完善安全生产、环境污染等责任保险以及重大装备首台（套）、新材料首批次等科技保险机制，研究探索巨灾保险。推广在保证金领域运用保险机制，充分释放建设工程、政府采购履约等各类保证金。鼓励保险机构推出政府采购合同预付款保险产品。

5. 持续降低综合融资成本

温州的具体做法包含三点。一是督促银行机构严格落实收费减免政策，杜绝不合理服务收费。对保全措施不弱化、未出现风险的企业贷款实行等额续贷，对受疫情影响的小微企业根据有关政策适当下调贷款利率。充分用好中小微企业贷款阶段性延期还本付息等政策，落实“应延尽延”要求。二是深化政策性融资担保体系建设，探索市信保基金与县级政策性担保公司一体化运作模式，推动市融资担保公司进一步优化服务、提质扩面。三是充分发挥应急转贷资金作用，支持暂时出现流动性困难的企业转贷，推动转贷成本下降。

6. 优化服务提高融资效率

温州的主要做法为如下五点。一是深化信用信息共享和信用体系建设，加快金融综合服务平台建设，整合各金融监管部门的业务系统和电力、海关、税务等多个部门的信用数据，搭建集金融供需对接、信用评价等功能于一体的“信贷超市”，为企业提供综合、便利、优质的金融服务。二是督促银行机构进一步下沉服务，下放审批权限，开辟“绿色通道”，完善银团贷款、联合授信、联合会商、续贷沟通等机制，构建银企共同发展的“伙伴关系”。三是探索建立不动产抵押“不见面”登记制度，实施不动产押品“查、评、登”一站式服务，将不动产登记预受理窗口延伸至银行，简化流程，提高服务效率。四是督促银行机构单列民营和小微企业信贷计划，完善考核评价激励机制，推行线上审批、派驻专职审批人员等做法，健全能贷愿贷敢贷会贷机制。五是督促银行机构制定“授权清单”“授信清单”“尽职免责清单”三张清单，建立信贷全流程限时办结制度，提高服务质效。

7. 持续推进首创性实践

温州着重推广首创性活动，主要措施有五点。一是优化企业“首贷户”推进机制，明确授信准入门槛，推动企业、个体工商户和小微企业主经营性贷款“首贷户”协同增长。二是持续深化无还本续贷、循环贷创新，进一步推广年审制、无缝续贷、循环贷款等创新产品，完善业务操作流程和授权标准，提升服务效率，扩大惠及面。三是全面推广农民资产授托代管融资模式，落实财政风险补偿政策，增加授托资产种类，扩大授托对象至小微企业。四是做大做强温州银行、温州民商银行、光大金瓯资产管理公司等地方法人金融机构，加快推动设立投资管理型村镇银行、民营证券公司。五是稳步发展升级小额贷款公司、融资担保公司、融资租赁公司、商业保理公司、典当行等地方金融组织，畅通金融服务实体经济的“毛细血管”。

8. 积极防范化解金融风险

温州做了四方面重点部署。一是依法严厉打击恶意逃废债、非法集资、非法金融、金融领域涉黑涉恶等违法行为，实现 P2P 网络借贷等互联网金融在温分支机构风险 100% 出清，新立涉嫌非法集资案件涉案金额与当年新增贷款之比小于 3%。二是深入开展“构建诚信、惩戒失信”专项活动，落实失信联合惩戒机制。全面深化破产制度改革，推进重整企业信用修复和个人债务集中清理工作，实现从个案突破到全面开花。强化金融机构金融债权、民营企业合法财产和金融消费者权益保护。三是深化“金融大脑”平台应用，建立风险预警指标体系，对企业金融风险和涉众风险进行预警防控。四是加强“四张清单”动态管理，即民营企业发债需求清单、上市公司股权质押风险纾解清单、重点企业资金链担保链风险管控清单和帮扶困难企业清单，对有市场前景但暂时经营困难的企业，督促“瘦身健体”、积极自救，协调金融机构同进共退帮扶纾困。

为了让上述八个方面的改革举措落地，温州市政府明确了各个职能部门的作用，主要包括三个方面。首先，加强组织领导。在温州市委、市政府的统一领导下，建立健全融资畅通工程推进机制，强化市县协同、部门协作和政银企联动。各地各有关单位及各金融机构要加强实施融资畅通工程的组织领导，压实属地责任、管理责任和主体责任，抓深抓细抓实，增强工作合力。其次，加强政策支持。为充分用好上级有关货币、监管、税收、财政等优惠政策，市有关部门和各县市区要积极落实配套支持措施，并在金融集聚区空间规划、金融机构和上市公司用地指标、金融人才队伍建设、金融业发展专项财政资金等方面加大支持力度。充分发挥财政支持深化民营和小微企业金融服务综合改革的政策激励作用，强化落实财政奖补资金和竞争性存放等支持措施。最后，加强督查考核。开展融资畅通工程实施情况评价、考核、督查和通报。对成效突出的县市区、金融机构和有关部门，实施通报激励、财政奖补等激励措施；对落实不力的县市区，采取约谈等措施予以督促，确保各项措施落地见效。

（三）优化政务服务

政务服务的优化是政府立足自身完善，为民营企业和个体降低行政负担、提高办事效率的重要政策着力点。2022 年，温州持续优化政务服务，用数字化技术深化“最多跑一次”改革，遵循“整体智治、唯实惟先”的现代政府理念，针对与企业生产经营、群众生活密切相关的政务服务事项，加快政务服务供给模式改革，创新“跨区域通办”“全市域通办”工作机制，实现政务服务网上随时办、异地远程办、区域就近办、简易快捷办，不断提高政务服务水平，做强全省第三极，建好长三角南大门，续写新时代温州创新史。2021 年 3

月，温州市政府出台《温州市加快推进政务服务“跨区域通办”“全市域通办”工作方案》（温政办〔2021〕15号）（下文简称《政务方案》）。《政务方案》成为温州之后优化政务服务工作的指南，具体包含三方面措施。

1. 强化顶层设计

温州持续优化政务服务，在顶层设计层面具有四个重要突破。一是统一事项标准。对标国家“四级四同”事项建设标准，以接入政务服务2.0平台的高频事项为基础，统一规范“跨境通办”“跨市通办”“全市通办”事项的名称、编码、依据、类型等基本要素，努力实现同一事项在不同区域无差别受理、同标准办理。二是规范审批流程。按照“应减尽减”原则，优化调整“跨境通办”“跨市通办”“全市通办”事项办理流程，明确申请条件、申报方式、受理模式、审核程序、办理时限、发证方式、收费标准等内容，规范编制办事指南，实现同一事项在不同区域申报便利化、审批高效化。三是分类梳理清单。按照“谁审批、谁负责”原则，聚焦为侨服务、涉外服务等领域，以“全球通”平台迭代升级为重点，梳理规范“跨境通办”事项清单。聚焦“五城五高地”建设，以深度融入长三角一体化高质量发展为重点，不断增加长三角“一网通办”政务服务事项，梳理建立“跨市通办”事项清单。聚焦在外温州人和新温州人的办事需求，梳理建立与省内外政务服务合作城市的“跨市通办”事项清单。聚焦打通基层群众办事“最后一公里”，以省定民生服务事项为基础，梳理建立“全市通办”事项清单。四是严格审核报备。按照“属地管理”原则，同步建立事项清单动态更新机制，对于新设、承接、取消、下放、整合等政务服务事项调整情形，由同级政务服务管理部门负责审核把关，报同级改革办备案。

2. 畅通办事渠道

在畅通政务办事渠道方面，温州的重要举措有五项。一是“一网通办、全程网办”。对接全国一体化政务服务平台，推动全国高频政务服务“跨省通办”事项100%落地应用。除法律法规规定必须到现场办理的事项外，凡是纳入政务服务2.0、“浙里办”APP等平台的政务服务事项，在保留线下办事渠道的同时，全部推行全流程、全环节网上办、掌上办，实现“跨市通办”。依托长三角“一网通办”平台，持续深化与沪苏皖地区的政务合作机制，实现“跨市通办”事项拓面增项；探索建立与对口支援城市“跨市通办”协作；与在外温州人集聚、在温创业新温州人群体等关联度较大的城市实现高频事项“跨市通办”。

二是“自助终端、就近办理”。加快“瓯e办”自助服务事项的清理规范、页面的优化调整、功能的升级改造，确保所有纳入“瓯e办”自助终端的服务事项实际可办，实现高频“全市通办”事项自助办理；鼓励通过互设终端、开放端口等途径，推动“瓯e办”自助终端事项扩容、布点扩面，形成24小时“跨市通办”自助服务体系。

三是“收办分离、代收代办”。对法律法规明确要求必须到现场办理的政务服务事项，通过“收办分离”模式，打破事项办理属地化管理限制。统筹设置市县两级政务服务大厅“跨区域通办”专窗，通过各种方式协助开展形式审查、身份核验等工作，并以邮件快递、扫描传送、网络平台端口授权等方式转交至业务属地部门完成办理，业务属地部门通过快递或网络等方式送达审批结果。同步建立收办两地业务流转、投诉处理等配套工作机制，确保权责清晰、协同高效。

四是“多地联办、集成服务”。对需要申请人分别到不同地方现场办理的事项，探索改革原有业务规则，整合异地办理流程，实现多层次、多类型联办。

五是“全球服务、跨境通办”。深化“全球通”服务平台建设，持续推进“全球通”服务点数量拓展、质量提升、服务优化，不断完善网上远程办事服务，打造全国政务服务“跨境通办”“跨市通办”特色品牌。实现“全球通”移动版事项增加、功能升级、全市应用。

3. 完善服务支撑

在完善服务支撑方面，温州也创造了一些典型做法，具体包括三个方面。一是强化线上线下通办服务能力。进一步强化一体化平台服务能力，实现网上办事单点登录、全国漫游、无感切换。深化政务服务2.0平台应用，推进部门审批业务系统与一体化平台无缝对接。推动高频便民利企事项向基层便民服务中心延伸覆盖，配置相应设备和专职人员，加强业务培训，提升服务规范化水平。巩固提升“两集中两到位”改革，除涉密、安全和对场地有特殊要求等原因外，政务服务事项100%在政务服务大厅受理和办理，为“跨区域通办”“全市域通办”提供强有力的业务支撑。及时清理和修改完善与“跨区域通办”“全市域通办”不相适应的有关地方性规章和规范性文件，及时调整细化相关配套政策和规则标准。

二是提升数据共享汇聚支撑能力。完善统一身份认证、电子证照、电子印章等支撑能力，加快推动高频电子证照标准化和跨区域互认互享、电子证明跨区域开具。建立权威高效的数据共享协调机制，满足“跨区域通办”“全市域通办”数据需求；加强数据共享运行监测，提升数据质量和协同效率，保障数据的及时性、准确性和安全性。推动将更多直接关系企业和群众办事的高频数据纳入共享范围，依法有序推进政务数据与公共服务机构共享。深化政务数据、信用数据等汇集共享，推动“瓯江分”、失信黑名单、个人征信等信用数据在行政审批领域的深度运用，做优“信用+行政审批”场景应用。

三是因地制宜创新通办服务形式。温州积极探索开展异地委托审查、内部系统流转、承诺制深化应用等便民利企举措。依托温州

"12345"热线，做优政务服务前端咨询与导服，建立业务咨询知识库，有效解决政务服务"最后一纳米"问题。

三　2022~2023年温州民营经济健康发展的成效

在政策有效落实的情况下，温州民营经济得到了长足的发展。2022~2023年，温州民营经济的总量和增速双方面都取得了卓越成就，招商引资工作得到有效稳定的开展，民营企业获得了普惠有效的金融输血支持，民营经济的营商环境得到了进一步的优化。

（一）民营经济逆势增长

根据温州市统计局、国家统计局温州调查队的数据，2022年，温州市地区生产总值（GDP）首次突破八千亿元大关，达到了8029.8亿元，按可比价格计算，同比增长3.7%，增速分别高于全国、浙江省0.7个、0.6个百分点。温州市场主体稳步壮大，2022年末全市在册市场主体130.3万户，其中企业38.9万户、个体工商户90.4万户。民营经济对GDP的贡献超过九成，是温州经济在不平凡的2022年取得成就的重要力量，彰显了温州民营经济的强大韧性与高度活力。

2022年，即使面对复杂严峻的国内外形势和多重超预期因素冲击，温州全市经济运行持续恢复，经济总量迈上新台阶，发展质量稳步提升，生产需求持续扩大。分产业看，温州市第一、第二、第三产业增加值分别同比增长4.6%、3.5%和3.8%，三次产业结构为2.2∶42.1∶55.7，其中，制造业增加值占GDP比重为32.0%，比2021年提高0.2个百分点。在外贸方面，2022年温州市实现进出口总额2949.6亿元，同比增长22.4%。其中出口总额2502.0亿元，同比增长22.9%；进口总额447.6亿元，同比增长19.3%。

值得关注的是，温州工业生产稳步恢复，先进制造业加快发展。2022 年，温州市实现规模以上工业增加值 1467.8 亿元，同比增长 4.7%。规上工业中，数字经济核心产业制造业、战略性新兴产业、装备制造业增加值比 2021 年分别增长 18.5%、7.7%和 8.6%，增速分别高于规上工业 13.8 个、3.0 个和 3.9 个百分点。

（二）招商引资打开新局面

在招商引资工作上，温州打造了“一季度一主题一签约”招商品牌。2022 年，温州瞄准大块头、紧盯新产业，创新性开展 4 场主题鲜明的季度专题签约活动。一季度，温州以“打造全国新能源产能中心和应用示范城市”为目标导向；二季度，温州聚焦 CBD 总部大楼、文旅、生产性服务业、农业农村、金融、商贸等六大领域；三季度，温州结合“央企走进浙江山区县建设共同富裕示范区温州站活动”开展集中签约；四季度，温州以“温商回归+驻外招商”为主题。4 场活动合计签约项目 218 个，计划总投资 4119 亿元。这批签约项目具有技术含量高、带动能力强、发展前景好等特点，项目投资主体包含世界 500 强企业、央企国企、行业龙头企业等，为温州做强做大“全省第三极”注入强大动力，也充分彰显了广大企业家看好温州、投资温州的信心和决心。

为确保签约项目真落地、真开工、真见效，项目签约后，温州各县市区主要领导亲自抓、分管领导具体抓，全市各部门各单位协同抓，齐心协力推动签约项目开工建设。落实“一项目一专班”服务机制，实施专项通报，实行三色管理，已开工项目标绿底，当月有重大进展项目标蓝底，进展滞后项目标红底，每月更新进展情况，向全市进行通报，开展专项督查。截至 2023 年 8 月底，一季度签约的 12 个新能源产业项目已开工 9 个，二季度签约的 107 个项目已落地 74 个，三季度现场签约的 35 个工业项目已开工 12 个，全年实现当年签约当年开工超百亿元产业项目 7 个。

温州坚持“招大引强”，全面构建“大招商、招大商”的工作格局，切实凝聚招商引资工作的最强合力。2022 年 4 月，温州成立驻北京、上海、深圳、杭州、武汉招商引智办事处，全市派出 500 名左右精兵强将开展一线招引，规模力度空前，累计跟盯对接项目信息 1024 条，签约落地项目 135 个。首次系统全面编制招商手册，按照“缺什么引什么、弱什么补什么”的原则，编制 5 大特色优势产业和 5 大战略新兴产业招商手册，形成产业分布图、产业鱼骨图、产业升级施工图、产业创新平台汇总表、重点招商目标企业表、重点咨询机构和招商平台表等“三图三表”，按图索骥招大引强、强链补链。优化“招落推”机制，出台一系列政策，加大政策扶持力度。

新兴行业的深度生根，是温州民营经济在招商引资层面取得卓越成绩的重要表现，是温州民营经济不仅在“量”上得到优化，更在“质”上得到提升的典型佐证。2022 年以来，温州瞄准百亿元、十亿元、亿元大项目，新招引落地亿元以上产业项目 221 个，其中有近 2/3 是新能源、新材料、数字经济等战略性新兴产业。温州上报浙江省商务厅认定制造业签约项目 34 个、计划总投资 1125.25 亿元，数量和投资总量占浙江全省比重分别为 17.9%和 30.7%，均为全省第一。以 2022 年前三季度为例，温州数字经济核心产业制造业增加值增长 14.7%，装备制造业增加值增长 8.1%，增速高于规上工业 2.6 个百分点。2022 年 1~10 月，温州全市新能源产业规上产值突破千亿元大关，达 1089.6 亿元，同比增长 14.0%。

除了新能源等新兴行业之外，数字经济作为民营经济新的发展方向和民营企业重要的布局领域，成为温州新兴行业的另一发展动力，是温州招商引资工作中新兴产业落地生根的另一重要体现。“十三五”以来，温州市深入贯彻浙江省委省政府关于数字经济发展的各项工作部署，全面落实《温州市数字经济五年倍增实施方案》，大力推进数字经济“一号工程”，全力推进国家数字经济创新发展试验区建设，取得了如下总体性成效。

一是数字经济保持平稳较快增长。2015~2020年，全市数字经济核心产业增加值年均增长约8.7%。2021年，全市规上数字经济核心产业主营业务收入1241亿元，同比增长23.3%，首次突破千亿元大关；核心产业增加值560亿元，占GDP比重为7.3%，排名全省第三。2022年，全市规上数字经济核心产业制造业实现增加值266.7亿元，同比增长18.5%，增速居全省第四。

二是创新发展不断取得新突破。近年来，温州先后入选全国5G试点城市、国家智慧城市试点城市、国家信息惠民试点城市、中国（温州）跨境电商综合试验区、国家信息消费示范城市等国家级试点项目。电气产业集群入选工信部2020年国家级先进制造业集群培育名单。2022年，温州市获评全国十大优秀信息消费示范城市、全国移动物联网“物超人”领先城市，在全国数字化发展能力50强城市中排第24位。

三是数字经济基本盘不断壮大。截至目前，全市共培育数字经济上市企业18家、数字经济领域国家专精特新“小巨人”企业41家、省级电子信息百强成长型企业22家。2019年至今，累计招引亿元以上数字经济项目173个。规上数字经济核心制造业企业从2019年的580余家增加至目前的804家，其中，超亿元企业175家；软件和信息服务业重点企业达132家，超亿元企业12家。

四是产业集聚发展初见成效。目前，温州逐步形成电子信息制造业、软件和信息服务业、物联网、数字化装备等特色数字经济产业集群，其中乐清以电子元器件、嵌入式软件、物联网传感器、汽车电子、云计算等产业为主；鹿城、龙湾、瓯海以软件信息服务业、5G及通信卫星、数字安防等产业为主；浙南产业集聚区等地以汽车电子、智能计算等产业为主；瑞安、平阳以汽车电子、智能装备、电子专用材料等产业为主；永嘉以智能泵阀装备等产业为主；苍南以智能仪器仪表等产业为主。

（三）民营企业融资难题得以显著缓解

普惠性金融支撑体系的完善，让温州民营企业得到了长效支持，体现在如下七个方面。

第一，民营企业的信用机制得到了修复，为企业正常运转打下了坚实基础。温州建立了破产重整企业信用修复机制，开展了破产重整企业信用修复情况调研，出台了《温州市破产重整企业信用修复与金融支持工作的指导意见》《关于完善金融机构对破产程序配套服务优化营商环境的纪要》，帮助重整后企业正常开展经营、合理获得融资、公平参与竞争，实现社会资源优化配置，实现破产重整企业在司法、税务、金融等领域信用修复全覆盖，为全省重整企业信用修复工作提供温州经验。2022 年，温州累计为 37 家重整成功的企业完成了信用修复，实现对重整后经营正常企业的全覆盖，协调重整企业获得银行授信累计超亿元。截至 2023 年 3 月末，累计为 41 家重整成功的企业完成了信用修复，实现对重整后经营正常企业的全覆盖，帮助重整企业公平参与市场竞争。打通相关银行业金融机构对重整企业的授信审批通道，帮助重整企业获得银行授信累计超亿元，破解重整企业融资难题。重整企业信用修复荣获第四届“新华信用杯”全国优秀信用案例、2022 年中国（浙江）自由贸易试验区联动创新区优秀案例、“信用温州”建设 20 周年十大最佳实践案例等。相关做法被写入国家相关部门、浙江省高级人民法院文件，并在全国范围内复制推广。譬如，国务院办公厅职转办印发《全国优化营商环境简报》（第 184 期），将构建重整企业信用修复体系、打造企业再出发良性生态作为温州市营商环境改革的 5 个典型做法之一进行推广。

第二，温州民营企业通过风险分类获得了更有效支持，不良贷款

率得以下降。温州健全了风险企业分类处置机制，完善了企业诉调对接和预重整机制，建立了困难企业“白名单”、“两链”风险管控清单，分别开展深入帮扶、加大处置力度，动态掌握清单内企业的帮扶处置进展情况，实行销号制度。截至 2022 年末，“白名单”企业完成帮扶并成功销号 45 家，销号率达 88%；成功实施“行政调解+赋强公证”案例 127 例，涉及金额 0.26 亿元，为企业节约诉讼费 26.86 万元；帮扶风险企业 100 家，处置不良贷款 121.09 亿元，年末不良贷款率为 0.63%，与全省平均水平持平。截至 2023 年 3 月末，“白名单”企业累计完成帮扶并成功销号 92 家（次），整体销号率为 61%；成功实施“行政调解+赋强公证”案例 365 例，涉及金额 0.89 亿元，为企业节约诉讼费 105.6 万元；帮扶风险企业 216 家，处置不良贷款 265.03 亿元，不良贷款率为 0.63%，较全省平均高 0.01 个百分点。

第三，温州金融机构建设了更为健全完善的考核奖励机制，贷款发放额增速加快。温州完善了金融机构监管考核和激励机制，以金融业绩考核为抓手，通过将金融业绩考核结果直接纳入财政竞争性存款招投标，引导金融机构进一步加大对重点领域和薄弱环节的信贷投放力度。截至 2022 年末，全市金融机构本外币贷款余额 18116.8 亿元，同比增长 14.5%；其中，制造业贷款余额 2490.1 亿元，同比增长 16.6%；民营经济贷款余额 7765.2 亿元，同比增长 16.5%；小微企业贷款余额 8012.4 亿元，同比增长 24.3%。上述三类贷款的增速都高于贷款总额增速。截至 2023 年 3 月末，全市金融机构本外币贷款余额 19321.8 亿元，较年初新增 1205.1 亿元，同比增长 14.5%；民营经济贷款余额 8325.8 亿元，较年初增加 562 亿元，同比增长 16.7%；制造业贷款余额 2687.1 亿元，较年初增加 197 亿元，同比增长 17.4%。

第四，民营企业贷款效率大幅提升。温州建设了温州金融综合服务平台，以大数据、云计算、人工智能为技术支撑，实现融资对接、助贷服务，推动与浙江省信用信息服务系统、信用温州、企业码等信息资源实现互联互通，促进银企信息对称、融资服务畅通。科技赋能金融服务实体经济，平均融资耗时降至4个工作日，相比传统信贷模式缩短一半。目前，全市55家金融机构全部入驻平台，发布金融产品超500个，累计服务企业超42000家，累计授信超过1700亿元。2022年，温州为超过20000家企业提供超2700亿元融资授信服务，放贷金额超890亿元，获贷企业加权平均利率为4.54%。相关做法被纳入2022年“两个健康”可复制推广经验做法清单。温州金融综合服务平台获评浙江省数字经济系统第一批优秀地方特色应用，获全国第五届“绽放杯”5G应用征集大赛智慧金融专题赛三等奖。

第五，温州民营企业金融担保水平显著提高。温州打造了全省领先的政府助贷机制，将政府性融资担保体系建设作为缓解企业担保难、融资难、融资贵问题的重要抓手，完善机制、创新产品、优化服务，充分发挥政府性融资担保的桥梁和杠杆作用，重点帮助轻资产、无抵押、无信用记录的小微企业跨越首贷障碍和融资“高山”。截至2022年末，全市政府性融资担保机构融资担保户数为3.3万户，余额为220.3亿元，分别比年初增加5669户、62.7亿元，同比增速分别为20.8%、34.9%，担保放大倍数为6.5倍，累计为小微企业和“三农”减免担保费8670万元，业务规模在浙江省城市中排第二位。2021年以来，全市政府性融资担保机构累计新增融资担保金额370亿元。

第六，温州上市企业得到了有效奖补，有效激发了资本市场的活力。温州实施了“凤凰行动”计划，完善了相关上市奖补政策。依托上市联席会议协调、市县两级联动机制，实行上市后备资源“五色图”分类管理，多层次推进资本市场持续发力。2022年年中，温州新增上市企业9家，上市公司累计达到57家。新增报会企业12

家、过会待发企业3家。引导上市公司高质量发展，完成并购重组71起；通过股权、债权新增直接融资397.9亿元。截至2023年9月，全市境内外上市公司累计达58家，其中境内上市36家、境外上市22家。另外还有4家企业过会待发，11家企业在会待审。

第七，温州民营企业防范金融风险意识增强。温州打造了立体式、全方位的金融风险防范宣传矩阵，依托广播电台融媒体、"金融进文化礼堂"、防范金融风险云平台等多类载体，向群众提供全方位、立体式、多元化的金融知识，提升群众金融风险防范意识。在2022年年中，温州创新打造全国首列"防范和处置非法集资专列号"，实现S1线轻轨整车包车宣传，覆盖乘客流量日均约7.5万人次。深化"金融进文化礼堂"活动，确立182个"一镇一品"文化礼堂宣教点，实现市域乡镇与金融机构挂钩结对全覆盖，累计开展各类活动100余场。打造定点"云宣传"模式，在全市1200余个党报电子屏和"温州新闻"APP上开设"处非"频道，累计发布170余条防非提示及案例、20余期风险防范主题海报和3部金融风险防范主题宣传片。

（四）涉企政务服务质量持续提升

自2022年始，温州坚持以"放管服"改革和数字化变革破解深层次体制机制障碍，以惠企利民之心推动落实助企纾困解难，奋力推进营商环境优化提升"一号改革工程"大突破。2022年至2023年年中，温州在营商环境上所取得的具体成效体现在如下六个大的方面。

第一，完善了工作机制，夯实了改革的基础。温州坚持市委主要领导高位抓推动，建立市委书记挂帅的领导小组，将营商环境建设视为牵一发而动全身的重大改革。一是建立"一办八组"组织架构。步调一致统筹实施"两个健康"和营商环境建设，建立例会、工作流转、督查考核、信息通报等工作机制，实现"清单谋划、落地实施、绩效评估、深化迭代”的项目闭环管理。二是实施“一张工作蓝图”。出台《温州市培育和激发市场主体活力持续优化营商环境实施方案》，明确年度重点任务清单，提出5大方面28条49项具体工作举措，绘就营商环境工作“总施工图”，并实行“年目标、季分解、月晾晒”项目推进机制，一年接着一年干，确保预期目标逐步落实到位。三是对标“一套评价体系”。温州学习世行BEE评价体系新规则，承接开展全省营商环境评价，实施县（市、区）营商环境动态监测，发布全市营商环境调研报告。四是健全“一套保障机制”。连续三年将营商环境工作列入对市直部门和县（市、区）的考绩，对重要任务、节点完成情况开展专项督查和过程监管，实施“销号”倒逼，推动工作落实落细。

第二，涉企服务便利化水平大幅提升。一是深化国家电子证照改革试点，率全省之先实现电子营业执照在金融领域“一照多应用”，为银行等机构提供电子营业执照的身份认证、证照留存、信息获取、电子授权等应用服务，解决金融服务过程中实名认证、身份识别、授权管理等问题，实现金融业务“一照通办”、金融应用系统“一照集成”。二是加快“跨省通办”，与上海嘉定、吉林市等19个地区达成政务服务合作协议，在户籍迁移、就学就医、婚姻登记、社保医保等高频“跨省通办”事项上实现线上线下办事联动。三是试点企业投资项目促产“一件事”改革，推动项目“拿地即开工、竣工即试产、竣工即领证”。实行告知承诺制审批改革，允许工程边批边建、边验收边装修、边调试边投产，允许施工图分阶段审查，允许分幢、分层验收，推动项目早投产早见效，这项改革入选国务院第九次大督查发现的典型经验做法。

第三，统筹要素配置，市场竞争环境更加公平。比如，土地要素方面，集成打造工业项目全周期服务管理平台，形成工业项目全周期、全链条线上预警、动态监控、空间谋划及用地效益评价的精准智能化管理体系和多部门协同共管机制，已实现全市 1500 多宗工业用地全流程动态管理。资本要素方面，连续获批全国首批中央财政支持普惠金融发展示范区、合格境外有限合伙人（QFLP）试点、个人侨汇结汇便利化试点等一批重大改革试点。数据要素方面，中国（温州）数安港“九个一”架构全面落地，合作、签约企业 53 家；组建温州市大数据运营公司；挂牌成立浙江省大数据联合计算中心、浙江大数据交易中心温州基地；设立全国首家数据资源法庭、数据资源公证服务中心、数据资源仲裁院并实现实质性运作，迈出了数据从资源到资产的关键一步。

第四，提升国际化水平，构建全面对外开放新格局。温州推进“四港联动”，全力建设商贸服务型国家物流枢纽，为企业更好参与国际竞争畅通渠道。加快打造世界一流强港金南翼，2022 年开工建设 5 座 5 万~10 万吨级码头，温州港集装箱吞吐量突破 100 万标箱，新增温州至越南、泰国、韩国近洋直航航线，累计拥有直航航线 11 条。加快建设区域性国际航空枢纽，累计开通温州至米兰、洛杉矶、东京、大阪、首尔等 6 条国际货运航线。持续擦亮为侨服务“全球通”招牌，在 11 个国家 14 个城市设立 16 个海外服务点，服务事项增至 125 项，累计办理华侨服务事项和咨询 1.6 万多件，帮助华侨节约回温办事成本超 3 亿元。

第五，坚持尊商重商，营造政企互动良好氛围。温州打造了“两个健康”直通车，整合各类政企沟通机制和为企服务载体，健全涉企问题“一表通管”的闭环处理机制，常态化做好企业诉求的收集研判、协调交办和办理反馈工作。大力倡导弘扬企业家精神，连续四年举办“温州民营企业家节”、中国（温州）新时代“两个健康”论坛。出台“助企纾困减负稳增长 30 条”“助市场主体纾困解难 30 条措施”“减负纾困助力中小微企业发展 24 条”“助力个体工商户纾困发展 30 条”等政策，为企业降本减负、保驾护航，推动市场主体扩量提质增效。编制政策“明白卡”，建立企业服务专员制度，将奖补类政策全部纳入惠企利民资金直达智控在线平台，实现奖补政策“无感兑现”“免申即享”，相关做法被中央深改办、国办职转办简报刊发并向全国推广。

四　温州民营经济的未来发展方向

温州民营经济健康发展在2022年以来取得了新成效，但依然存在值得完善的地方。基于课题组的调研，我们为温州民营经济健康发展提出五个值得探索的方向。

一是在对标争先提升上尝试突破。温州可以进一步聚焦企业全生命周期服务，深入学习国内和国际先进经验，如复制推广国家营商环境创新试点50项改革举措任务、全面落实《长三角国际一流营商环境建设三年行动方案》等，在“减环节、减材料、减时限、减费用、增便利”等方面加大攻坚力度，着力打造一批“人无我有、人有我优”的创新性温州方案。

二是在企业精准帮扶上持续发力。温州可以进一步细化扶持民营经济的配套细则，确保法规刚性落地、有效实施。温州还可以精准对接企业期盼和需求，推行更有实效性的惠企助企政策，强化对中小微企业、个体工商户的帮扶和支持。此外，温州要充分发挥“帮企云”等数字化平台功能，完善助企纾困政策，兑现“一门式”办理服务，增强企业获得感。

三是在破解要素制约上深度探索。温州需要在要素市场的需求释放和供给上深度发力，加快破解市场主体最关注的土地、用能、劳动力、资本、技术等领域依然存在的问题，加快形成可看、可学、可复制的改革成果。在数据流通安全保障、公共数据授权运营、数据要素收益分配、数据跨境流通交易、数字信用体系建设等方面先行先试，形成一批具有温州辨识度的数据要素市场化改革样板。

四是在创新开放引领上大胆尝试。温州可以充分发挥世界温州人大会、世界青年科学家峰会、世界华侨华人新生代创新创业大会效应，推进瓯江实验室、浙大温州研究院、国科温州研究院、华中科大温州研究院、中国眼谷、中国基因药谷等高能级创新平台提质增效，构建“科研平台+头部企业”的产学研协同创新模式，推进关键共性技术攻关。温州需要持续引导民营企业实施多角度多领域的升级改造，有效利用世界温商资源优势，打造内外互动的高能级开放平台，为温州民营企业参与国际竞争合作搭建舞台、提供便利。

五是在数字经济模式上多维发展。数字经济目前已经在温州深度扎根，并处于高速发展进程中。需要注意的是，温州本地数字经济在体量、类型、细分领域等方面尚存在进一步发展的空间，且数字经济通过数字化进程布局对相关民营企业的正向作用也可以进一步放大。因此，进一步大力发展数字经济，深度推广数字技术与模式在生产、销售、消费、产业链协同等领域中的应用，可以成为温州民营经济的另一个发展方向。

B.3 2022~2023年温州民营企业家健康成长分析

欧阳耀福*

摘　要： “非公有制经济要健康发展，前提是非公有制经济人士要健康成长”。2018~2021年，温州为促进民营企业家健康成长先行先试，率先探索提高民营企业家社会地位、保障民营企业家财产和经营安全等一系列创新举措，取得了显著成效。在延续这些有益探索的基础上，2022~2023年温州继往开来，成体系地出台了一批新举措，进一步促进民营企业家健康成长。新举措的重点是建设中国特色一流商会，引导民营企业家助力共同富裕，系统性、制度化地加强民营企业家队伍建设。这些举措在优化政商关系、引导民营企业家推动共同富裕、提振企业家信心和提高企业家素质等方面发挥了积极作用。温州促进民营企业家健康成长的基本经验有两条：首先，主动作为、靠前服务是促进民营企业家健康成长的重要法宝；其次，商会是促进民营企业家健康成长的重要平台。为进一步促进民营企业家健康成长，温州需要催生新时代企业家、强化政策连续性稳定性、鼓励民营企业做大做强做优等。

* 欧阳耀福，中国社会科学院经济研究所副研究员。

关键词： 民营企业家 “四千精神” 商会改革 共同富裕

一 引言

“非公有制经济要健康发展，前提是非公有制经济人士要健康成长”。党的十八大以来，党中央、国务院高度重视非公有制经济人士对国家发展的重要作用。2023 年 3 月 6 日，习近平总书记在看望参加政协会议的民主建国会和工商联界委员时强调，要正确引导民营经济健康发展、高质量发展。“党中央始终坚持‘两个毫不动摇’、‘三个没有变’，始终把民营企业和民营企业家当作自己人”，“在民营企业遇到困难的时候给予支持，在民营企业遇到困惑的时候给予指导”，并提出“要优化民营企业发展环境，破除制约民营企业公平参与市场竞争的制度障碍，依法维护民营企业产权和企业家权益，从制度和法律上把对国企民企平等对待的要求落下来，鼓励和支持民营经济和民营企业发展壮大，提振市场预期和信心”。

习近平总书记还深刻指明了民营企业家和民营企业在推动中国式现代化中的重要作用。一方面，“高质量发展对民营经济发展提出了更高要求。民营企业要践行新发展理念，深刻把握民营经济发展存在的不足和面临的挑战，转变发展方式、调整产业结构、转换增长动力，坚守主业、做强实业，自觉走高质量发展路子。”另一方面，“民营企业家要增强家国情怀，自觉践行以人民为中心的发展思想，增强先富带后富、促进共同富裕的责任感和使命感。民营企业要在企业内部积极构建和谐劳动关系，推动构建全体员工利益共同体，让企业发展成果更公平惠及全体员工。民营企业和民营企业家要筑牢依法合规经营底线，弘扬优秀企业家精神，做爱国敬业、守法经营、创业创新、回报社会的典范。要继承和弘扬中华民族传统美德，积极参与和兴办社会公益慈善事业，做到富而有责、富而有义、富而有爱”。习近平总书记的重要论述让广大民营企业和民营企业家深受鼓励，更加深刻理解了党中央支持民营企业家健康成长的方针政策，坚定了发展信心。

2023 年 3 月 15 日，在十四届全国人大一次会议记者会上，国务院总理李强强调，“‘两个毫不动摇’是中国基本经济制度的重要内容，是经济的长久之策，过去没有变，以后更不会变”。他特别提道：“时代呼唤广大民营企业家谱写新的创业史。虽然新时代的创业方式和形体发生了变化，但是上世纪八九十年代浙江和江苏发展个体经济时所涌现的‘走遍千山万水，想尽千方百计，说尽千言万语，吃尽千辛万苦’的‘四千精神’永不过时。”

温州是“四千精神”的发源地。“四千精神”是温州广大民营企业家品格和风貌的真实写照。改革开放初期，温州民营企业家敢为天下先，特别能创业，探索在社会主义条件下发展市场经济，开创了许多全国第一。“四千精神”成为温州民营企业家、温州模式的底色，也是温州创建新时代“两个健康”先行区的重要内涵。当前国内外环境发生深刻变化，世界大变局加快演变，外部环境动荡不安，新冠疫情影响深远，我国经济恢复的基础不牢固，需求收缩、供给冲击、预期转弱三重压力仍然较大。与此同时，以大数据、人工智能、云计算、物联网等为代表的新一轮科技革命和产业变革加速演化，为我国经济发展带来全新的战略机遇。面临日益复杂的发展环境和重大战略机遇，培育弘扬“四千精神”，促进民营企业家健康成长、与时俱进、不断创新，续写新时代温州创新创业史，意义重大。

自 2018 年温州启动创建新时代“两个健康”先行区以来，促进民营企业家健康成长就是先行区创建的重要内容。2018~2021 年，温州率全国之先，首创推出了一批促进民营企业家健康成长的举措，重点提升民营企业家社会地位，保障企业家经营和财产安全，构建亲清政商关系，加强民营企业家队伍建设。这些探索有力地提振了民营企业家的发展信心，解决了不少民营企业家“成长的烦恼”。在延续这些有益探索的基础上，温州在2022~2023年继续开拓创新，力推一批新的举措，进一步促进民营企业家健康成长。一是系统推进、持续深化商会改革。商会建设成为“两个健康”先行区创建的重要抓手，商会改革从局部探索创新转向制度体系建设，推动商会高质量发展，为“两个健康”注入强劲动力。二是引导民营企业发挥在促进共同富裕中的基本单元功能，引领打造物质与精神共同富裕的民企样本，助力温州高质量建设共同富裕示范区市域样板。三是成体系加强民营企业家队伍建设，对民营企业家开展宣传引导，完善民营企业家培训体系，创新“青蓝接力”方式。

2022~2023年，温州以体系化、制度化的举措促进民营企业家健康成长。例如，在培育弘扬“四千精神”方面，出台了《深化“温商青蓝接力”促进新生代企业家健康成长的行动计划》（温委办发〔2022〕5号）、《关于开展党建引领“共享社·幸福里”民企版创建工作的实施方案》（温联发〔2022〕47号）、《关于进一步规范涉企培训 培育温州市新时代“两个健康”先行温商队伍的实施方案》（温“两个健康”办〔2020〕1号）等方案。又如，在商会改革方面，温州出台了《关于创建新时代“两个健康”先行区中促进工商联所属商会改革发展的实施意见（试行）》、《温州市商会发展服务综合体（商会广场）建设指导方案》（创建办〔2023〕）等改革建设方案。这些制度和方案，充分体现温州对促进民营企业家健康成长的理论认识在不断深化。

这些体系化、制度化的创新举措对培育弘扬“四千精神”、提振企业家信心、优化政商关系、激发市场活力等方面发挥了重要积极作用，为全国其他地区促进民营企业家健康成长提供了两点有益的启示和参考。首先，主动作为、靠前服务，是促进民营企业家健康成长的重要法宝；其次，商会是促进民营企业家健康成长的重要平台。与此同时，进一步促进民营企业家健康成长仍有一些需要探索努力的方向，主要包括催生新时代企业家、强化政策连续性稳定性和鼓励民营企业做大做强做优等。

二　2022~2023年温州促进民营企业家健康成长的探索

自2018年温州启动创建新时代“两个健康”先行区以来，促进民营企业家健康成长就是先行区创建的重要内容。2018~2022年，温州率全国之先，首创推出了一批促进民营企业家健康成长的举措，重点提升民营企业家社会地位，保障企业家经营和财产安全，构建亲清政商关系，建强民营企业家队伍。这些探索有力地提振了民营企业家的发展信心，解决了不少民营企业家“成长的烦恼”。在延续这些有益探索的基础上，温州在2022~2023年继续开拓创新，力推一批新的举措，进一步促进民营企业家健康成长，主要分为三个方面：一是建设中国特色一流商会；二是引导民营企业家助力共同富裕；三是培育弘扬“四千精神”，加强民营企业家队伍建设。

（一）建设中国特色一流商会

行业协会、商会（以下统称为“商会”）是政府与市场之间的第三方组织，是我国优先发展、迄今发展最为充分的社会组织，在助力民营企业发展、创新社会治理方式等领域扮演着重要角色，是建设社会主义现代化国家一支不可忽视的重要力量。党的十八大以来，温州在培育、发展和规范商会方面进行了广泛深入的探索。尤其是2018年8月温州创建新时代“两个健康”先行区以来，温州系统推进、持续深化商会改革，使得商会建设成为“两个健康”先行区创建的重要抓手。目前，温州商会改革已从局部探索创新转向制度体系建设，为“两个健康”注入了强劲动力。①

1. 把商会建设作为创建“两个健康”先行区的重要抓手

2018 年温州获批创建新时代“两个健康”先行区。创新非公有制经济领域统战工作、推进工商联和商会改革发展，培育和发展中国特色商会组织是先行区建设目标之一。

温州已经形成高度重视商会作用的良好环境。一是专题研究部署商会改革发展任务，出台了《关于创建新时代“两个健康”先行区中促进工商联所属商会改革发展的实施意见（试行）》等系列文件，为商会在先行区创建中更好发挥作用制定任务书、画出路线图。二是温州市委市政府重要会议都会邀请商会参加，重要工作都会布置商会参与，商会反映的问题也一定会得到政府重视。近年来，温州市工商联推荐了优秀会长 190 多人（次）列席市“两会”、市委全会和市政府经济工作会议。建立了市领导联系重点商会机制，35 位市领导“一对一”联系 35 家商会，以帮助解决商会的困难问题。三是部门联动赋能商会成为常态。温州市工商联建立“两个健康”政企恳谈机制，聚焦营商环境、要素支撑、政策落实等共性问题，定期邀请商会代表与党政领导、职能部门共商对策，形成问题收集、定期会商、协调落实、动态反馈工作机制。借助工商联与公检法司联动机制，“共享法庭”、企业合规、经侦联络、民商事调解等机制有效衔接商会、服务企业。依托“亲清直通车”、商会营商环境监测点等渠道，对接民营企业维权服务平台，及时反映会员企业呼声。

2. 将商会改革从局部探索创新转向制度体系建设

温州商会的制度建设从单点突破起步，逐步打出系列组合拳，形

① 赵文冕：《以历史自觉加快推进商会建设现代化》，中国民间商会论坛，2022 年 11 月 10 日。

成多点开花、体系初成之势。

一是构建商会组织体系“四梁八柱”。温州率全国之先，由市两办发文明确全市工商经济领域商会统一归口市工商联管理，在温异地商会整体划转市工商联主管，乡镇（街道）商会全部在民政部门登记，并由所在地县级工商联主管。目前全市工商联系统管理商会501家（其中市属173家），已经形成服务民营经济高质量发展的组织体系。

二是厘清商会管理指导的条线关系。温州探索“三方治理”机制，明确民政负责登记监督，工商联负责业务主管，党建领导、政府部门负责行业指导，形成商会“三方治理+党建管理”新模式。温州市委组织部、市民政局等部门联合发文，进一步明确了三方的具体职责。

三是强化商会组织规范运行。2012年，温州在全国率先开展商会规范化建设，构建“1+9”内部治理制度体系［“1”指法人治理结构规范，“9”指选举、会员（代表）大会、理事会、监事会（监事）、财务管理、印章文件管理、信息披露管理、分支机构管理、法定代表人述职］，指导商会成为依法办会、服务为本、治理规范、行为自律的社会组织。与此同时，温州全面推动“季总结、季计划、季创牌”（三季）制度落地，每个季度对170多家商会工作进行通报，形成了规范商会工作的浓厚氛围。温州市工商联联合民政部门出台《温州市工商业联合会所属商会规范化建设管理办法（试行）》（温联发〔2022〕93号），以“四好”为标准，在商会成立与归口管理、商会换届、党建工作、财务管理、重大事项报告、惩戒与清退等方面做出进一步明确规定，保证商会工作有规矩、运行有规则、管理有规范。

四是激活商会的“动力引擎”作用。温州市工商联与各部门联合出台一批规范性制度，激活商会作用。譬如，联合市发改委出台商会优化布局实施方案，通过挥动“做强一批、整合一批、注销一批”

指挥棒，合力推进商会“撤扩并”，倒逼商会发挥作用。联合市编办出台政府向商会转移职能系列文件和三张清单，使得商会作用显著增强。联合市财政局印发《温州市工商联直属行业协会商会工作评价办法（试行）》（温联发〔2020〕7号），设立商会发展专项资金100万元，从党建工作、会务建设、参与先行区创建和工作创新等四个维度对商会进行工作评估，每年认定一批杰出、优秀、良好商会，给予资金奖励。与市法院、市检察院、市公安局联合印发《关于建立司法助企联动机制　推进“两个健康”创建的若干意见》（温联发〔2022〕22号），推出20项举措增强商会维权能力。会同市税务、海关部门出台有关文件，加强政府部门与商会的会商沟通，赋能打造示范标杆商会。

3. 推动商会高质量发展

在开展商会规范化、示范化、实体化建设的基础上，温州在2017年率先提出推动商会高质量发展的总体思路和“一体两翼”发展的布局思路，以“四好”商会建设为主体，以商会“雁阵”培育行动和“商会建功新时代”行动为两翼，牢牢扭住队伍建设这一牛鼻子，逐步形成一流商会的温州雁阵。温州采取了如下五个方面的具体措施。

一是构建商会服务发展新阵地。出台建设商会发展服务综合体（商会广场）的指导方案，推进商会阵地建设由“盆景”变“风景”。全市已建成商会发展服务综合体28个，面积达2.86万平方米。探索开展数字化商会建设，促进线上线下双服务，为商会广场赋能，打造精品商会示范带11条，成为构建产业链和生态圈的重要抓手、推动区域经济发展的重要引擎。例如，坚持“资源集中、功能集聚、服务集成”原则，瓯海、永嘉、龙港等地创建了“两个健康”服务综合体，乐清打造了“乐商家园”，成为新时代“两个健康”先行区创建成果集中展示窗口。永嘉县以“一把手”工程抓全省基层商会改革试点，把乡镇综合商会建设成推动区域经济发展的重要引擎。乐清市在乡镇商会全面推行民营企业服务驿站，做到服务下沉，较好解决了服务民营企业“最后一百米”的问题。龙湾区永兴商会覆盖永兴小微园，成为园区商会的样板。洞头区北岙商会、苍南县金乡商会着力构建商会生态圈，延伸补齐了产业链和供应链。泰顺县罗阳商会打造总部经济，创立“泰商驿站”品牌，吸引在外泰商回归，收到“奇兵”之效。服装品牌联合会参与打造“G104时尚走廊”，牵头建成12万平方米的融时尚研究、时尚教学、时尚生产、时尚街区、时尚生活等于一体的时尚产业综合体，并托管50万平方米的时尚智造小镇，规划带动300亿元产业集群。推进市五金商会、永嘉县鞋革行业协会、龙港市印刷包装行业协会等建设行业发展服务综合体，引入产品展示、电商培育、设计对接、业务培训等集成服务，实现商会和产业紧密互动，构建完善的产业生态链。

二是培育商会队伍“领头雁”。深化“雁阵”培育行动，出台《温州市工商联所属商会换届规范流程（试行）》（温联发〔2019〕24号），形成启动换届、人选酝酿、综合评价、组织考察、党组研究、大会选举、结果备案“七步工作法”，培养了一批“掌门人”式会长。实施商会会长述职制度，鼓励从社会公开招聘秘书长，打造专职化队伍。通过“三季”“互看互学”活动，营造比学赶超的浓厚氛围，涌现出一批“好管家”式秘书长。

三是在疫情期间织密商会疫情防控“防护网”。动员商会携手共筑疫情防控“防火墙”，173家工商联所属商会全部建立疫情防控工作领导小组，按照“能线上不线下”的原则，在全国率先探索举行云换届、召开云年会，实现疫情防控和商会建设两不误、两促进。

四是筑牢商会清廉建设“防火墙”。市工商联联合市纪委监委机关，编制清廉民企建设文件汇编和制度文本，打造了正泰、奥康、森马、康奈、华峰、红蜻蜓等22个清廉民企示范点，组建了清廉民企建设联盟和清廉民企建设研究所。联合市纪委监委创新建立亲清政商联席会议机制，在部分商会和企业设立营商环境监测点、“亲清直通车”联络站，提升了涉企部门办理企业投诉的效能。推出清廉商会建设“八要”正面清单、“八不准”负面清单，划出商会履职的高线和底线。

五是树立商会组织建设新标杆。将 182 个商会党组织划分为 6 个党建片组，由商会领导兼任党建指导员，实施网格化管理，扎实推进商会“党建强，发展强”。开展“双创双树”党建提升工程，市工商联所属商会全部成立党组织，开展规范党组织、争创示范党组织活动，以党建标准化推动管理常态化，形成“一会一品”，推动商会党建“百花齐放”。出台《温州市工商联所属商会统战工作联络员制度》（温统发〔2019〕19 号），开展所属商会统战工作联络员试点，建立健全统战工作联络员队伍，实现统战工作在商会全覆盖。

（二）引导民营企业家助力共同富裕

2023 年 3 月 6 日，习近平总书记在看望参加全国政协十四届一次会议的民建、工商联界委员时发表重要讲话，指出“无论是国有企业还是民营企业，都是促进共同富裕的重要力量，都必须担负促进共同富裕的社会责任。民营企业家要增强家国情怀，自觉践行以人民为中心的发展思想，增强先富带后富、促进共同富裕的责任感和使命感”。温州积极贯彻落实习近平总书记的重要讲话精神，印发《关于开展党建引领“共享社·幸福里”民企版创建工作的实施方案》（温联发〔2022〕47 号），围绕“八个共享”，制订细化 18 个模块 52 项工作指引清单，进一步引导民营企业在促进共同富裕中发挥现代化基本单元功能，发挥两新党建实质作用，完善企业内部治理，提升员工幸福指数，推动企业可持续健康发展，提升企业核心竞争力，以新理念、新机制探索重塑企业功能与员工关系，引领打造物质与精神共同富裕的民企样本，助力温州高质量发展、建设共同富裕示范区市域样板。

温州以习近平新时代中国特色社会主义思想为指导，以推动企业可持续发展为导向，以促进共同富裕为核心，鼓励企业转型升级，进一步发挥企业在社会治理中的细胞作用，打造共同富裕基本单元建设的实践范例，构建民营经济领域助力共同富裕的实践路径。在共同富裕大场景下，以民营企业为基本单元，发挥其主动性和创造性，彰显党建引领力，打造民企版“共享社·幸福里”，优化企业发展生态。通过完善企业内部治理结构、探索员工共创共享方式，充分调动员工创造财富的积极性，推动企业竞争力更强、社会活力更足、职工生活更美好，推动两新党建整体跃升，为“续写创新史、走好共富路”提供坚强保障。温州通过宣传一批“共享社·幸福里”民企样板，以点带面，推动民营企业积极投身共同富裕实践。

在实施过程中，温州遵循六条基本原则。一是坚持完整准确全面理解和贯彻新发展理念，坚持创新发展、协调发展、绿色发展、开放发展、共享发展，推动共富型发展。坚定信心、坚守实业、锐意创新、塑造变革、追求卓越，在做大“蛋糕”的同时分好“蛋糕”，推动高质量发展。二是坚持共建共享。通过创建活动，建立民营企业的新型社会责任机制，建立新型劳动关系，进一步促进社会和谐稳定。三是坚持以人为本。以提升员工幸福指数为出发点，着眼于尊重人的创造、提高人的素质、促进人的全面发展，引导员工幸福工作生活，进而促进企业和社会的和谐进步。四是坚持因地制宜。以不增加企业负担为前提，提供指引性、参考性指标，由企业根据所在行业、发展规模等实际情况自主选择，实现自我完善、自我成长。五是坚持问题导向。针对当前企业内部治理中存在的突出问题，特别是聚焦企业员工在生产与生活中尚未解决的急难愁盼问题，通过创建活动着力破解。六是坚持党建引领。探索将党的建设内容写入企业章程规范文本，引导和监督企业遵守国家的法律法规，团结凝聚职工群众，维护

各方合法权益，促进企业健康发展，在实现共同富裕中发挥党的政治引领作用。

温州引导民营企业助力共同富裕的做法十分丰富全面，囊括了民营企业促进共同富裕的方方面面，主要是围绕“八个共享”，为民营企业家促进共同富裕提供了重要引导。

一是做强做优企业，共享发展成果。通过科技创新、制度创新、管理创新以及数字化转型等途径做大做优企业，提升企业核心竞争力，促进企业健康发展。

二是坚守诚信底线，共享守法环境。模范遵守国家法律法规，树牢法制观念，强化自律意识，依法纳税，诚信守法经营，严格遵循市场规则和行业规范，共同营造诚信守法、风清气正的营商环境。

三是履行社会责任，共享价值担当。弘扬新时代企业家精神，积极参与第三次分配，助力培育壮大中等收入群体，做好稳岗稳就业工作，为缩小地区差距、城乡差距、收入差距做贡献。

四是构建和谐关系，共享尊重信任。企业运行管理规范，规章制度健全合理、执行到位，营造公正、公开的管理氛围，推动构建规范有序、公正合理、互利共赢、和谐稳定的新型劳动关系。

五是强化分配激励，共享劳动成果。以员工幸福为基础，全面推行多劳多得、按贡献分配的薪酬分配制度，通过“成果共享、合作共赢、自利利他”等纽带，形成强大向心力。

六是加强环境建设，共享安居乐业。持续改善员工生产生活条件，打造空间布局合理、环境舒适、配套设施完善、生活服务便利的环境。构建闭环管控的安全生产体系，使得企业生产经营符合环境保护、节能减排等规定。

七是实施文化铸魂，共享精神富足。加强思政教育，筑牢共富根基。深刻认识共同富裕是中国特色社会主义的本质，是由党的宗旨和性质决定的，是企业发展的内在要求，切实增强自觉性、责任感、紧迫感。以社会主义核心价值观为导向，营造崇善尚德、积极向上的企业文化，培育合作共赢、和谐发展的企业核心价值理念，鼓励员工向上、向善，健康发展。加强人文关怀和心理疏导，帮助员工形成幸福价值观。

八是重视员工发展，共享成长环境。构建与员工共同发展、共同成长的体制机制，为员工提供良好的职业发展空间，提高员工可持续发展能力。

进一步，温州围绕“八个共享”，提供了几十项具体的工作指引清单，为民营企业家促进共同富裕提供可操作的指南。表1详细列举了“共享社·幸福里”民企版创建工作指引清单。

表1　“共享社·幸福里”民企版创建工作指引清单

创建项目	参考内容
1. 做强做优企业,共享发展成果	
1.1 优化管理模式	建立治理结构合理、股东行为规范、内部约束有效、运营高效灵活的现代企业制度;完善公司股东会、董事会、监事会等制度,健全企业治理机制和市场化运营管理机制,重视发挥公司律师和法律顾问作用;实施灵活多样的股权激励和员工持股计划,建立优秀员工激励机制,提高组织管理效率,增强员工工作积极性
1.2 增强企业核心竞争力	深化科技创新,加强品牌培育,打造自主品牌;加大技术研发投入,开展关键核心技术攻关,优化企业内部研发创新和成果转化机制,扩大高质量产品与服务供给;牢固树立“质量立企”理念,提高产品质量、性能和信誉,以高品质产品打造一流自主品牌和行业标杆;积极参与数字经济伙伴关系协定(DEPA),主动融入全球数字贸易中心建设,创新数据交易机制、模式;进行企业数字化转型与数据共享,与高校、科研机构、社会组织等开展国际科技合作与国际市场拓展合作
2. 坚守诚信底线,共享守法环境	
2.1 坚守守法诚信底线	树牢法治观念,强化自律意识,依法纳税,诚信守法经营;严格遵循市场规则和行业规范
3. 履行社会责任,共享价值担当	
3.1 助力乡村振兴	积极参与“百会千企兴百村”促共富行动;积极投身乡村教育、科学、文化、卫生、体育、养老、环境保护等公益事业,助推农业农村现代化,促进农民、农村共同富裕

续表

创建项目	参考内容
3.2参与第三次分配	通过参与光彩事业、公益慈善、定点帮扶、慈善信托等方式积极履行社会责任,争做优秀企业公民
3.3推进稳岗就业	健全工资决定和正常增长机制;建立利益共享分配机制
4. 构建和谐关系,共享尊重信任	
4.1保障基本权益	依法与员工签订劳动合同,按时、足额发放员工工资,各类年金、公积金等缴纳规范;依法建立和完善员工保险制度,依法按时足额缴纳各项社会保险费;有合理的休假、调休、加班等制度规定
4.2内部关系和谐	企业规章制度完备,人员管理、企业运营等工作机制体系健全;通过制度建设固化管理理念,管理层及员工制度意识强,制度执行到位;建立民主决策机制,涉及员工切身利益的重大决策征求员工意见
5. 强化分配激励,共享劳动成果	
5.1强化人文关怀	定期组织召开职工大会,鼓励员工畅所欲言,形成员工与企业间的良性互动;设立员工救助基金,对员工发生大病特病、遭遇重大变故等情况予以帮扶;与员工家庭建立联系,设立亲友接待日,开展家属慰问、家庭关怀等活动;及时了解员工的思想动态和合理诉求,解决员工最关心、最直接、最现实的问题
5.2员工共享成果	全面推行多劳多得、按贡献分配的薪酬分配制度;将共同富裕纳入企业中长期发展规划,融入企业战略发展体系
6. 加强环境建设,共享安居乐业	
6.1优化工作环境	构建闭环管控的安全生产体系,企业生产经营符合环境保护、节能减排等规定
6.2优化生活环境	持续投入,不断改善员工生产生活条件,重视员工宿舍餐厅、活动中心、心理疏导室、托育管理等配套建设,构建员工幸福之家;员工宿舍干净整洁,水、电、网等基础设施有保障,居住舒适;餐厅菜品丰富、营养均衡,能够满足员工需求;淋洗间、洗衣房等配套生活设施齐全
6.3完善安全机制	安全生产条件完备,有关安全生产的规章制度落实到位;定期开展安全生产和相关安全知识培训;定期开展安全隐患排查整治;生活区消防安全设施配备齐全;危险区域设置警示标志;定期组织开展职业病防治筛查;设置医务室或建立医护应急机制,能第一时间处置员工紧急健康状况

续表

创建项目	参考内容
7. 实施文化铸魂,共享精神富足	
7.1 强化党建引领	加强企业党建工作,将其融入企业发展全过程,公司决策和经营方向自觉同党的政策要求对标对表;有正式党员三人以上的企业,应成立党组织;符合条件的企业党委建立纪委,开展“清廉民企”建设;重视与商会党建联动,促进企业健康发展;建立工青妇组织,以党建带工建、团建、妇建,在增强企业党组织凝聚力和向心力、促进业务线工作顺利开展等方面建立长效机制
7.2 实施文化铸魂工程	开展理想信念教育实践活动,以社会主义核心价值观为导向,营造崇善尚德、积极向上的企业文化,培育合作共赢、和谐发展的企业核心价值理念,鼓励员工向上、向善,健康发展
7.3 倡导幸福文化	开展企业幸福文化建设,定期开展文娱活动,员工文化生活丰富多彩;设立员工图书馆、企业书屋等,资料查阅设备齐全、使用便利;建立心理疏导机制,及时解决员工心理健康问题;激发员工主人翁意识和工作热情,营造快乐工作氛围,让员工感受工作的乐趣,提升价值感和获得感
8. 重视员工发展,共享成长环境	
8.1 帮助员工成长	常态化开展上岗培训、劳动技能培训;经常性开展竞赛活动,激发员工的聪明才智、创新潜能
8.2 注重员工培养	建立岗位胜任评价体系,制定科学的学习路径,帮助员工制定职业规划和成长计划;建立员工轮岗培训和多岗锻炼机制,常态化开展综合素质提升培训,加强对员工的素质培养;为员工提供一定的职业上升通道,拓展员工个人成长空间

资料来源:《关于开展党建引领“共享社·幸福里”民企版创建工作的实施方案》(温联发〔2022〕47号)。

(三)培育弘扬“四千精神”,加强民营企业家队伍建设

“走遍千山万水,想尽千方百计,说尽千言万语,吃尽千辛万苦”的“四千精神”是温州广大民营企业家品格和风貌的真实写照。改革开放初期,温州民营企业家敢为天下先,特别能创业,探索在社会主义条件下发展市场经济,开创了许多全国第一。“四千精神”成

为温州民营企业家、温州模式的底色，也是温州创建新时代“两个健康”先行区的重要内涵。当前国内外环境发生深刻变化，以大数据、人工智能、云计算、物联网等为代表的新一轮科技革命和产业变革加速演化。在此背景下，培育弘扬“四千精神”，加强民营企业家队伍建设，与时俱进、不断创新，续写新时代温州创新创业史，是促进民营企业家健康成长的重要内容。为此，温州创新推出一系列举措，包括加强对民营企业家的宣传引导、健全民营企业家培训体系和完善“青蓝接力”制度等。

1.加强对民营企业家的宣传引导

坚持强化对民营经济人士的政治引领和思想引导，是温州“两个健康”先行区创建工作的首要任务。在先行区创建中，温州深入贯彻落实习近平总书记关于“非公有制经济要健康发展，前提是非公有制经济人士要健康成长”的重要论断，大力弘扬“四千精神”和“敢为人先，特别能创业创新”的温州人精神，加强党的领导在企业发展中的政治引领作用，积极对民营企业家进行宣传和引导。

第一，大力弘扬“四千精神”。通过与省市主流媒体合作，温州推出《走进商协会》《对话温商》《企业家访谈录》等专题节目，开设“健康温商”等专栏，传递“温商好声音”，弘扬优秀企业家精神。从市直属商会、市工商联执常委、县（市、区）工商联三个层面全面发动宣传，积极推进“浙商之家”微信公众号吸粉工作。

第二，积极引导民营企业家，建立民营企业家理想信念教育长效机制。一方面，引导广大民营经济人士坚定发展信心，开展“温商永远跟党走”系列教育活动。全市工商联系统举办各类宣讲会、学习会、主题讲座、培训等理想信念教育活动1000多场（次）。推出“坚定信心　坚守实业——工商联主席说”“同心抗疫”“走进协会商会”系列报道，开展“坚定信心　共谋发展——在不确定中找到确定性”大讨论大实践活动。另一方面，构建民营经济人士理想信念教育长效机制，形成了教育基地体系化、教育机制常态化、教育活动联动化的工作新模式。建成平阳中共浙江省一大会址等17家市级民营经济人士理想信念教育基地，其中2家被认定为省级教育基地，形成全市覆盖、多类型、多元化的教育基地体系。启动第三批理想信念教育基地认定，各县（市、区）工商联共申报7家，并启动实地考察工作。

2. 健全民营企业家培训体系

在宣传引导的同时，温州深化“企业家素质提升工程”，设立温州民营经济研修院，统筹整合涉企教育培训资源，打造全新的民营企业家教育与实践平台。为此，温州专门出台《关于进一步规范涉企培训　培育温州市新时代“两个健康”先行温商队伍的实施方案》（温“两个健康”办〔2020〕1号），统筹规范涉企培训行为，做好涉企培训资源整合的制度顶层设计，以此充分发挥温州民营经济研修院的平台作用，加快整合全市涉企教育培训资源，最大限度地提升企业家培训效果，努力培育一支“义利并举、以义为先”的新时代“两个健康”先行温商队伍。

具体而言，温州坚持问题导向和效果导向，强调涉企培训坚持自主导向，以不增加企业负担为前提，提供形式多样、特色鲜明的培训服务，让企业家自主选择、自愿参加、自我成长；坚持按需施教原则，完善需求对接机制，及时掌握企业家诉求，制订符合企业家要求的培训计划。在运行机制上，该方案构建实施“五统三分”工作模式，“五统”指由市委统战部、市工商联牵头，对涉企培训统筹计划、统筹学员、统筹师资、统一形象、统一评价；“三分”指在民营经济研修院统筹下，涉企部门分主题制订计划、分渠道落实经费、分职责组织实施，全面规范全市涉企培训工作，提升教育培训质效。在实施上，温州民营经济研修院院务联席会议办公室统一安排各涉企部门的涉企培训，建立班次、学员、师资三大信息数据库，构建培训协作平台，在各涉企部门自行组织办班的基础上，创新涉企培训模式，选择在温综合性高校和口碑好、规模大、师资强的培训机构，建立培训协作单位采购清单，供涉企部门自主选择，构建相对稳定、开放协作的多层次培训平台，形成以温州民营经济研修院为主导、第三方运行为补充的涉企培训格局，创新民营企业家培训体系。

3. 完善“青蓝接力”制度

2018 年以来，温州针对民营企业家的代际传承问题，率先推出温商“青蓝接力”行动，取得了显著成果。2022~2023 年，温州进一步完善“青蓝接力”行动的体制机制，由市两办出台《深化“温商青蓝接力”促进新生代企业家健康成长的行动计划》（温委办发〔2022〕5 号），通过 5 个方面 15 条举措，从人才发现、成长环境、教育培养、平台保障等方面完善工作机制，具体如下。

第一，以“青蓝头雁”为引领，激发队伍活力。培养“青蓝头雁”方阵，以全市龙头企业、专精特新“小巨人”、“隐形冠军”、“单项冠军”和独角兽企业等为主，启动建立新生代温商培育对象“千名人才库”相关工作。促进能力素质锻造，培育一批具有“互联网+”“人工智能+”新思维、良好发展潜质的新时代青年企业家。定期遴选在产业转型升级、科技创新、争创品牌、经营销售、开拓市场等方面有所作为的企业家人才，享受相应人才政策待遇。组织开展企业家专题培训、高级研修、学习考察、代际交流、导师帮带、挂职锻炼等活动。加强对新生代企业家的政治培养和政治激励，推荐他们担任各级党代表、人大代表、政协委员和工商联执行常委。

第二，以“青蓝优创”为目标，改善成长环境。一是搭建“双创”平台，依托温州市科技创新创业投资基金，加大对新生代企业家创业创新项目的资金支持力度，鼓励新生代企业家在新技术、新产业、新业态、新模式等方面有新突破。发挥温港同心基地、青年创新基地、留学生创业园等平台作用，增强创新活力。二是深化师徒传承。完善新生代企业家导师库建设，利用温州民营企业家智库，聘请具有创业经验和社会责任感的老一辈企业家，以及法律、专利、金融、财务、创业投资等相关领域专家学者担任新生代企业家导师。三是构建亲清生态。视情况安排新生代企业家代表参加或列席地方党委经济工作会议和人大、政协有关会议等重大会议和活动，将新生代企业家纳入制定重要涉企政策的意见征求范围。

第三，以“青蓝联享”为特色，推动多维发展。一是增进内外融合。面向世界温州人群体，加强市内与市外、国内与国外温籍新生代企业家互动。发挥各地温商组织网络优势，组建温州内外新生代企业家联盟，促进内外新生代温商产业融合、市场融合、创新融合、资本融合，推动情感回归、项目回归、资金回归。以重点行业为特色，建立新生代企业家常态化小组交流机制，形成新生代行业联盟，将企业与消费者、品牌、平台相连接，搭建全产业链平台。扩大新生代企业家“朋友圈”，建立与“两个健康”经验推广城市新生代企业家的良性互动机制。探索建立温商全球校友会联盟，以国内外知名高校的校友会为依托，在发现新生代温商人才、拓宽资源对接渠道、增进内外温商互动等方面形成有效助力。二是增强社团协作。探索市域新生代企业家社团组织联动机制，建立市、县两级新生代企业家联谊会组织负责人联席会议制度，加强工作互动、信息联动，协同推进重要工作。三是促进政企联通。增强新生代企业家与区域经济发展、政府部门工作的黏合度。

第四，以“青蓝共建”为保障，重塑平台能级。首先，强化党建引领。积极稳妥做好在新生代企业家中发展党员工作，优化党员吸收和管理工作流程，逐步提高新生代企业家党员比例。其次，完善组织建设。拓宽优秀新生代企业家视野，发动社会各界推荐行业龙头企业接班人、优秀创业青年加入新生代企业家组织。最后，加强阵地建设。依托世界温州人家园，打造集“青蓝新学”教学基地、新生代企业家交流活动场所、新生代企业及其产品和文化展示功能于一体的“青蓝空间”。

第五，以“青蓝新学”为抓手，加强思想武装。擦亮“青蓝新学”品牌，建立健全“青蓝新学”长效机制，进一步完善学员遴选、教学管理、班级运营工作制度。创新思政举措，教育引导新生代企业家用习近平新时代中国特色社会主义思想武装头脑、指导实践，提高政治判断力、政治领悟力、政策执行力。强化社会主义核心价值观引领，开展多种形式宣传活动，依托党校（行政学院）、社会主义学院，加强对新生代企业家的教育。

三　2022~2023年温州促进民营企业家健康成长的成效

伴随着以上一系列促进企业家健康成长举措的实施，2022~2023年温州民营企业家健康成长又出新彩，特别是在优化政商关系、推动共同富裕、提振企业家信心方面。

（一）政商关系得到优化

商会是民营企业家与党和政府之间的重要桥梁。温州系统推进、持续深化商会改革，将商会建设作为创建“两个健康”先行区的重要抓手，优化了政商关系，激活了市场活力。通过商会改革，建立商会改革的体制机制，推动商会高质量发展，进一步促进民营企业家健康成长。以商会为抓手引导民营企业家和民营企业，优化营商环境、拓展产业培育空间、促进国内国际双循环，助力疫情防控和促进共同富裕。

第一，温州商会改革创新在全国形成示范引领。通过改革赋能，全市涌现出全国“四好”商会 22 家、省百家示范商会 7 家、省市

“四好”商会132家，数量居全省首位，树立了一批示范标杆。温州商会的一个重要特色就是党建红色领航。市工商联所属商会党组织应设尽设，党建工作实现全覆盖，党组织从119个增至184个，在册党员从429名增至519名。开展“双创双树”活动，创成“红色管家”“红色物流”“红剪刀”“五色拉链”等50多个党建特色品牌，创成“四化”党支部30家、规范化党支部20家、示范党支部14家，培育市级“双强红领”13名，实现商会党建会建双提升双发展。建立商会联系制度，市工商联将所属商会分为8个片组，累计开展片组活动近300场。市工商联在中国民企500强峰会“民营经济领域党建”专场论坛上作为全国唯一地市级工商联代表发言；市金属行业协会被全国工商联评为“百家商会党建工作示范单位”，市物业管理行业协会被省工商联认定为“党建工作示范商会”。

第二，在商会改革的引领下，温州强化主体商会功能，推动商会在协同政府双向驱动服务高质量发展中发挥了独特作用，对优化营商环境、拓展产业培育新通道、助力疫情防控、推动共同富裕、推动高质量发展方面发挥重要积极作用。一是提升了营商环境新位次。商会积极参与涉企政策制定征询企业家意见工作，助力一流营商环境建设，通过多种方式及时向政府反映营商环境中存在的各种问题，协同政府构建市场化、法治化、国际化营商环境。近两年温州在“万家民营企业评营商环境”中蝉联第二名。二是拓展产业培育新通道。温州市工商联联动政府实施产业链链长制“十个一”机制，进一步发动产业链相对应的商会助力“5+5+N”两大万亿产业集群培育；按照“5+5+N”产业链链长制要求，商会积极跟进对接，累计召开各类座谈会、调研活动12场次。突出做强商会主体功能，温州市工商联指导商会制定产业规划20多项、国家标准120多项、行业自律公约352个；牵头或参与制定各类行业标准300多项，建立技术专家组、专业技术委员会等机构，参与质量共治达58家，建立人才工作站55家，承接行业人才培训和职称评审职能，开展15场专业培训，评定职称2万多人（次），推动行业专家入库近800人，基本覆盖温州市主要产业，推动行业转型提升。三是融入国内国际双循环新格局。在商会的牵头组织下，温州轻工产业涌现了一批在业界较有影响力的展会和活动，如市眼镜商会承办的中国（温州）国际眼镜业展览会，成为UFI认证的国际性品牌展览会，也是国内眼镜制造产业链和对外出口贸易最大的展览会。市服装商会打造中国（温州）男装节，市鞋革行业协会连续3年精心举办线上线下中国鞋都鞋类采购节，助力构建双循环新格局。市工商联组织商会制定实施“一业一方案”79个，建立行业联盟32个，帮助解决产业链、供应链问题165个；建立行业互帮互助联盟、产业联盟和党建联盟109个，促进会员企业中存量资源和生产能力优化再配置。

第三，积极助力疫情防控。商会通过抓实企业防控、防疫宣传、行业自律、诉求反映、志愿服务等工作，守牢疫情防控“前哨”。按照聚集性活动管控要求，累计暂缓商会聚集性活动90多场（次），共减少聚集24000多人（次），筹集防疫资金和物资1.63亿元。

（二）民营企业家积极参与共同富裕建设

广大温州民营企业理想信念更加坚定，坚持党的领导，响应党的号召，积极学习党的大政方针，围绕温州提出的“八个共享”、52项工作指引清单，促进共同富裕。广大民营企业家和民营企业积极参与“共富工坊”“千企结千村”“助力大学生就业创业”工作，参与山区5县结对帮扶工作，已有42家商会或企业与各县（市、区）薄弱村结对挂钩，帮扶薄弱村的经营性项目投入达到8930万元。全市96家企业为2022年应届毕业生提供就业岗位592个。

（三）企业家信心和能力得到提升

在国内外环境深刻变化的背景下，温州民营企业家在改革开放初期形成的“四千精神”对促进民营企业家健康成长具有十分重要的意义。为此，温州重点推出了对民营企业家宣传引导、完善民营企业家培训体系、创新“青蓝接力”方式等一系列举措，对提振民营企业家信心、提升民营企业家素质具有积极作用。第一，广大温州民营企业家发展信心更加坚定。这一点体现在2022年温州投资特别是高新技术产业和技改投资方面。根据温州市统计局数据，2022年，全市固定资产投资比上年增长7.8%，其中高新技术产业投资、工业技改投资比上年分别增长9.6%、8.8%，增速分别高于全部投资1.8个、1.0个百分点。第二，民营企业家能力大幅提升。温州民营经济研修院自设立以来，将民营企业家培训纳入统筹的主体班次累计达130期，培训学员1.2万人（次）。温州市工商联主办的“青蓝新学”、法治大讲堂等主体班次逐渐打响品牌。开展民营经济人士思想状况调研，共计谈心谈话和问卷调研100余人（次）。发动商会参与“最美温州人”寻访。特别是，温州出台的规范涉企培训的相关方案，理顺了民营企业家培训的工作机制，在为民营企业家减轻负担的同时，增强了民营企业家培训的效果，提高了民营企业家能力，受到广大民营企业家的好评。

四　促进民营企业家健康成长的经验启示和未来方向

（一）经验启示

2018年，温州获批新时代“两个健康”创建先行区，成为全国唯一试点地区。2018~2021 年，温州为促进民营企业家健康成长，先行先试，率先探索实践提高民营企业家社会地位、保障民营企业家财产和经营安全等一系列创新举措，取得了显著阶段性积极成效。在延续这些有益探索的基础上，温州进一步深化对促进民营企业家成长的理论认识，重点突出打造促进民营企业健康成长的体系化、制度化的创新举措。在商会改革方面，出台了《关于创建新时代“两个健康”先行区中促进工商联所属商会改革发展的实施意见（试行）》（办字〔2019〕69 号)、《温州市商会发展服务综合体（商会广场）建设指导方案》（创建办〔2023〕）等方案。在引导民营企业助力共同富裕方面，颁布了《关于开展党建引领“共享社·幸福里”民企版创建工作的实施方案》（温联发〔2022〕47 号)。在培育弘扬“四千精神”、加强民营企业家队伍建设方面，出台了《深化“温商青蓝接力”促进新生代企业家健康成长的行动计划》（温委办发〔2022〕5 号)、《关于进一步规范涉企培训，培育温州市新时代“两个健康”先行温商队伍的实施方案》（温“两个健康”办〔2020〕1 号）等方案和计划。这些体系化、制度化的创新举措对优化政商关系、激发市场活力、弘扬“四千精神”、提振企业家信心发挥了重要积极作用，为全国其他地区促进民营企业家健康成长提供了有益的启示和参考，其中一些探索值得在全国其他地区推广。

1. 主动作为、靠前服务，是促进民营企业家健康成长重要法宝

改革开放以来，我国探索在社会主义条件下发展市场经济，广大民营企业家在发展市场经济中成长起来，民营经济发展迅速，为中国贡献了 60%以上的 GDP、近 70%以上的技术创新成果、80%以上的城镇劳动力就业岗位、90%以上的企业数量。2012 年，党的十八大报告明确提出，毫不动摇鼓励、支持、引导非公有制经济发展。2017 年，党的十九大报告把“两个毫不动摇”写入新时代坚持和发展中国特色社会主义基本方略，作为党和国家的大政方针。2022 年，党的二十大报告再次明确“两个毫不动摇”是党和国家的大政方针。习近平总书记在不同场合强调“三个没有变”，即非公有制经济在我国经济社会发展中的地位和作用没有变，我们毫不动摇鼓励、支持、引导非公有制经济发展的方针政策没有变，我们致力于为非公有制经济发展营造良好环境和提供更多机会的方针政策没有变。

然而，即便是党和国家将发展民营经济确定为国家大政方针，社会上仍会出现一些不利于民营企业家健康成长的杂音，甚至出现污名化民营企业家的现象。及时有效地清除杂音，为优秀民营企业家发声，坚定民营企业家发展信心，提振民营企业家发展预期，是促进民营企业家健康成长的重要内容。温州创建“两个健康”先行区，促进民营企业家健康成长的一个重要经验就是要主动作为、靠前服务，及时有效地解决民营企业家在发展过程中面临的困惑、社会上的质疑和“成长的烦恼”。温州在2018~2021年率先推出提高民营企业家社会地位、保障民营企业家财产和经营安全等一系列创新举措。这些创新举措有力地驳斥了当时社会上出现的所谓“民营经济退场论”等杂音，稳定了广大民营企业家发展的信心和预期。

2020年10月，党的十九届五中全会明确提出，到2035年，“全体人民共同富裕取得更为明显的实质性进展”。2021年，“全体人民共同富裕迈出坚实步伐”也被列入“十四五”时期经济社会发展主要目标。2021年6月，党中央、国务院发布《关于支持浙江高质量发展建设共同富裕示范区的意见》，选择浙江省先行先试，探索共同富裕的实现，积累经验，为全国其他地区提供示范。2022年10月，党的二十大报告提出，共同富裕是中国特色社会主义的本质要求。习近平总书记深刻指出：“共同富裕是社会主义的本质要求，是中国式现代化的重要特征。”[①] 然而，社会上出现的一些干扰民营企业家

① 习近平：《扎实推动共同富裕》，《求是》2021年第10期。

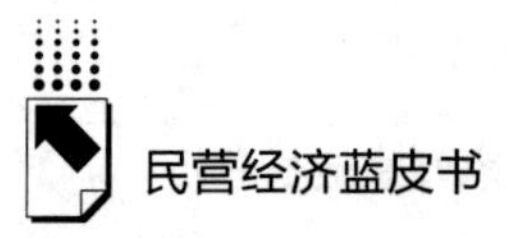

健康成长的杂音，让民营企业家对国家推动共同富裕战略出现了认知上的偏误。一方面，社会上一些人认为，共同富裕就是要“吃大锅饭”，就是平均富裕，所以推动共同富裕就是要“杀富济贫”。另一方面，民营企业家对共同富裕认识不够全面，认为民营企业和民营企业家促进共同富裕只是做慈善、捐钱捐物。

对此，温州主动作为、靠前服务，专门组织对共同富裕方面的研究和梳理，围绕8个共享，制定了18个模块52项工作指引清单，专门发布《关于开展党建引领“共享社·幸福里”民企版创建工作的实施方案》（温联发〔2022〕47号），指引民营企业家促进共同富裕。指引清单涉及企业发展的方方面面，指明了无论是大企业还是个体工商户都可以为促进共同富裕贡献力量。这个方案不仅及时有效地澄清了社会上对于共同富裕的各种误解，而且纠正了民营企业家对国家共同富裕战略的偏误，为民营企业家促进共同富裕提供了可操作的指引。正是在指引清单的正确指导下，温州广大的民营企业家积极投身于促进共同富裕。例如，温州全市形成了600多家的共富工坊，重点解决农村人口的低收入难题。

总之，自2018年创建“两个健康”先行区以来，主动作为、靠前服务就是温州促进民营企业家健康成长的重要经验。只有主动及时地关注民营经济人士的思想状况，坦荡真诚地同他们交思想上的朋友，在主动作为、靠前服务中把引导教育工作做到民营经济人士的心坎里，才能真正准确地掌握民营经济人士健康成长面临的困难，及时地把党和国家的大政方针宣讲给民营企业家，不断向广大民营企业家传递信心和力量，团结凝聚广大民营经济人士坚定不移听党话、跟党走，最大限度地凝聚共识、凝聚人心、凝聚智慧、凝聚力量。

2. 商会是促进民营企业家健康成长的重要平台

商会是促进民营企业家健康成长的重要抓手，是连通政府和民营企业家的双向平台。一方面，商会可以自上而下，将党和国家的重要政策和大政方针及时、有效、准确地传递给民营企业家，让广大民营企业家能够及时准确地学习领会党和国家的大政方针，进而在企业发展过程中贯彻落实我国经济社会发展的政策。同时，商会可以有力地团结凝聚广大民营经济人士，关注民营经济人士的思想状况，对民营企业家进行理想信念教育，保障民营企业家坚定不移“听党话、跟党走”，坚持党的全面领导，增强“四个意识”，坚定“四个自信”，做到“两个维护”。另一方面，商会可以自下而上，成为民营企业家向上反映问题、提出建议的重要渠道。主动作为、靠前服务是温州促进民营企业家健康成长的重要法宝，而商会就是温州主动作为、靠前服务的重要依托平台。通过商会，温州市委、市政府可以主动了解民营企业家“成长的烦扰”，进而提出相应的解决思路。没有商会作为自下而上的沟通渠道，党和政府可能无法及时准确地了解民营企业家健康成长和民营企业健康发展的情况和问题，也就难以提出有针对性、行之有效的政策。因此，有中国特色的、高质量发展的商会是政府与民营企业家之间的重要桥梁，对促进民营企业家健康成长至关重要。

在创建“两个健康”先行区工作中，温州坚持强化基层工商联建设和培育中国特色商会组织，将其作为先行区创建工作的有效抓手，深入推进工商联和商会改革，率先形成商会“三方治理+党建管理”新模式，明确乡镇（街道）商会全部由所在地县级工商联主管；坚持党建引领，以党建促会建；建设商会发展服务综合体，搭建综合服务平台；指导商会制定产业规划、国家和行业标准、行业自律公约，做强商会主体功能。温州商会改革发展的实践充分证明，商会是凝聚广大民营经济人士建设社会主义现代化国家共识的重要阵地，是引导广大民营企业实现高质量发展的重要平台，是助推国家治理体系和治理能力现代化的重要力量。必须进一步完善商会职能，规范商会自身建设，搭建各类服务平台，切实团结引导广大民营企业关注、支持、参与“两个健康”工作，实现同心同向、同力同行。

值得注意的是，商会平台的建设需要因地制宜，并不是所有行业、所有地区都有必要或有条件大力发展商会平台。在建设商会平台的过程中，要避免商会成为政府部门干预企业正常经营活动的触手或工具，要避免商会成为行业内合谋的工具或桥梁，如抑制市场活力，排除、限制市场公平竞争。

（二）未来方向

2022~2023年温州创建“两个健康”先行区，促进民营企业家健康成长，在推进商会改革、引导民营企业家助力共同富裕和强化民营企业家队伍建设方面推出了很多创新举措。进一步促进民营企业家健康成长仍有一些值得探索的方向，主要包括催生新时代企业家、强化政策连续性稳定性、鼓励民营企业做大做强做优等。

1. 催生新时代企业家

改革开放初期，广大温州民营企业家充分发挥“四千精神”，特别能吃苦，特别能创业，创造了著名的“温州模式”，为发展社会主义市场经济进行了非常有意义的探索。正如李强总理在记者会上指出的，虽然现在时代和环境变了，但是这种“四千精神”历久弥新，仍然十分重要。

但是，我们还是要注意到，当今的环境确实发生了巨大变化，企业家创新创业环境、创新方式等各个层面都不同以往。一方面，当前国内外经济环境发生深刻变化，全球化趋势遭遇逆流，世界各国日益重视发展安全、强调产业链多元化，同时我国经济进入高质量发展阶段。企业家面临的创新创业环境与改革开放初期完全不同。另一方面，以大数据、人工智能、物联网等为代表的新一代科技革命和产业变革加速推进，企业创新创业的方式发生了重大转变，从原来的以劳动力、资金、厂房等较为原始的创新创业转向以技术为引领的创新创业。技术引领下的创新创业更加强调资本市场、企业家人力资本、技术创新的重要作用。在这种模式下，创新创业的群体往往是具备技术研发能力的团队和人才，以技术突破为重点，需要资本市场持续提供资金支持，资本的回报期更长。正因如此，适应新一代科技革命和产业变革的创新创业者往往并不是20世纪八九十年代的第一批创业者，也往往不是第一批创业者的接班人，更多的是全新的创新创业者。

面临新的发展环境和新的创新方式，如何催生出一批能够抢抓新一代科技革命和产业变革战略机遇的新企业家群体，值得温州在促进民营企业家健康成长中加强探索。这一问题十分具有代表性。目前，全国很多的传统工业化城市都面临转型为现代化创新城市的问题。这些城市从依赖劳动要素、资本要素驱动转向依赖技术驱动，关键就是要催生和依靠新的企业家群体、培育新时代企业家精神。为此，政府需要考虑为适应变革的新企业家产生提供发展条件和环境，重点是研发人才、研发平台、创新资源等创新要素的供给，天使投资、创业板等资本市场的对接。

2. 强化政策连续性稳定性

民营企业家在推动企业发展过程中，会面临各种各样的风险，如经营风险、市场冲击风险、供应链风险等。其中，政策不确定性也是民营企业面临的重要风险。党中央和国务院高度重视和肯定民营企业家和民营经济对我国发展和未来建设中国式现代化的重要积极作用。但是，社会上不时会出现质疑甚至污名化民营企业家群体的声音。因此，促进民营企业家健康成长仍然需要进一步强化政府政策的连续性、稳定性，降低民营企业家健康成长过程中的政策不确定性风险。事实上，目前温州探索出的主动作为、靠前服务和商会改革发展对解决这一问题已经发挥作用。通过商会平台宣讲党和国家的大政方针，同时主动作为、靠前服务，让民营企业家充分学习领会党和政府的发展政策，从而有效规避政策不确定性风险。当然，国家层面的政策只是民营企业家健康成长环境的一部分，另一个重要的层面就是地方政府政策的连续性和稳定性问题。广大民营企业家所面临的“朝令夕改”问题往往就是地方政策缺乏连续性、稳定性。解决这种政策不确定性问题对稳定民营企业家发展预期、提高民营企业家发展信心至关重要。

强化政府政策连续性和稳定性一个可能的思路就是制度化、法规化许多重要的政府政策，减少事后调整的空间，与此同时减少出台一些短期性、选择性过强的政府政策。过多短期性的政府政策意味着政府政策多变，产生政策不确定性风险，而选择性过强的政府政策给政府事后调整政策留下了空间，增加政策的不确定性。

3. 鼓励民营企业做大做强做优

党的二十大报告指出，要完善中国特色现代企业制度，弘扬企业家精神，加快建设世界一流企业。因此，建设世界一流企业应当成为广大企业家的奋斗目标。温州是民营企业和民营企业家的发源地和聚集地。温州在册市场主体超过 120 万户，其中在册企业近 40 万户。这意味着，每 10 个温州人中就有一位老板，每 27 个温州人就拥有一家企业。然而，温州仍然缺乏大型企业、产业链链主企业。比如，温州目前只有“财富世界 500 强”企业 1 家、“中国企业 500 强”企业 6 家、“中国民企 500 强”企业 12 家，同省内杭州、宁波相比仍存在差距。而且，温州上市企业数量也不够多。因此，未来促进民营企业家健康成长，仍需要进一步支持民营企业做强做优做大，通过上市等方式实现从传统家族企业到现代公司制企业的转型；助力民营企业家把握新一轮科技革命和产业变革的潮流，推动企业数字化、智能化、绿色化发展。

专 题 篇

Topic Studies

B.4
2022～2023年温州“两个健康”先行区创建经验全国推广情况分析

程钦良*

摘　要： 温州市“两个健康”创建工作经验形成了良好的先行示范作用。为实现温州市“两个健康”创建工作经验的全面推广和全国民营经济高质量发展，全国工商联在全国范围内选取了12个推广试点地区。各试点地区都出台了较为完善的推广工作行动方案。这些方案具有两个共同点。首先，推广“两个健康”试点工作的核心内容一致，即注重对民营经济人士的政治引领和思想引导，引导民营企业贯彻落实新发展理念、实现高质量发展，构建亲清政商关系、持续优化营商环境，以及强化基层工商联建设和培育中国特色商会组织。其次，推广“两个健康”试点工

* 程钦良，兰州财经大学统计学院副教授，中国社会科学院经济研究所访问学者。

作的组织构架相似，即推广小组由地区主要领导挂帅，坚持上下联动和部门间横向协同。除了上述共同点，不同城市也形成了自己的特色，譬如青岛注重孵化专精特新中小民营企业，宝鸡着力发展第二产业民营企业集群，深圳着力推动民营企业实现更多“从 0 到 1”的突破，赣州重点解决民营企业人才匮乏问题，昆明积极打造开放型民营经济发展特色。

关键词： “两个健康”　温州经验　民营经济

一　引言

2018 年 8 月 9 日，温州市获批创建新时代“两个健康”先行区，自此启动“两个健康”创建工作。在全国工商联、浙江省和温州市的统筹协调、合力推进下，温州市“两个健康”创建工作顺利推进。经过四年多的努力，先行区建设成果卓著，营商环境持续优化，民营经济在地方经济社会发展中的作用不断增强，民营企业家政治素养、理论认知、守法经营意识和经营信心持续提升，在领导机制建立、政策制度优化、责任落实等方面取得了一系列可供推广的理论认识成果和规律性启示。具体地，四年来滚动推出“两个健康”41 条意见、80 条新政和 146 项责任清单，温州指数、无还本续贷等 58 项改革成果在全国全省示范引领；2022 年创新推出 17 项可复制推广的经验做法，其中“科创指数贷”、“重整企业”信用修复等多项改革举措为全国首创，获国家层面认可推广。在此基础上，温州市持续总结提炼改革创新经验，出台制度性文件 150 多部，特别是率全国之先制定“两个健康”评价指标体系，以“温州解法”填补民营经济统计和民营企业家政治画像的空白；积极推动全国首部“两个健康”地方立法，实现“两个健康”建设工作从改革探索向制度策源的跃升。这些理论认识和规律启示对全国其他地区做好“两个健康”工作、推动民营经济高质量发展具有重要的借鉴意义。

当前，温州“两个健康”创建工作完成了从“先行先试”到“先行示范”的成功转变。2022 年 8 月，全国工商联办公厅发布《关于印发温州新时代“两个健康”先行区创建经验推广试点单位名单的通知》（全联厅印发〔2022〕40 号）（以下简称《通知》），确定内蒙古鄂尔多斯、吉林通化、江苏常州、江西赣州、山东青岛、河南鹤壁、湖北黄石、湖南长沙、广东深圳、重庆渝北、云南昆明、陕西宝鸡 12 个市（区）工商联为温州新时代“两个健康”先行区创建经验推广试点地区。《通知》旨在不断深化“两个健康”先行区创建工作，同时通过更大范围内的试点推广，探索形成更多的“两个健康”发展经验、制度和举措，推动全国范围、更深层次民营经济高质量发展。另外，《通知》在明确推广试点工作重点时指出，各推广试点地区要学习《全国工商联关于温州新时代“两个健康”先行区创建报告》中总结的创建工作典型做法和六个方面的启示，以及温州市工商联在新时代“两个健康”先行区创建工作中加强民营企业家特别是年轻一代民营企业家队伍建设、服务民营企业高质量发展、推动优化营商环境、建立完善政企沟通协商机制、保护企业家合法权益、加强工商联自身建设、推动所属商会改革发展等典型做法。2022 年 11 月，为做好温州新时代“两个健康”先行区创建经验推广试点工作，全国工商联在温州召开温州新时代“两个健康”先行区创建经验推广试点工作交流会。至此，温州“两个健康”创建完成了由“先行先试”到“先行示范”的成功转变，其经验开始在全国范围内复制推广。

扎实推进先行区创建经验试点工作，是努力将民营经济发展

"试验田"转变为"丰收田"的重大工程，需要切实借鉴温州经验，也需要因地制宜。首先，从试点地区的地域分布来看，12 个试点地区分别位于中国北部沿海（青岛）、东部沿海（常州）、南部沿海（深圳）、黄河中游（鄂尔多斯、鹤壁、宝鸡）、东北（通化）、长江中游（赣州、黄石、长沙）、西南（渝北、昆明）七大经济综合区，且从八大地区区域划分来看，宝鸡也属于西北地区，"试验田"空间分布广泛，试点工作的成功有助于"两个健康"创建经验在全国不同地域范围、不同发展阶段经济区的推广和试验。其次，试点地区拥有良好的民营经济发展基础，民营经济对地方经济增长的贡献较大，但民营经济发展的结构特征存在一定的差异。譬如，长沙和常州的民营企业主要分布于服务业领域①，鄂尔多斯和宝鸡的民营企业主要集中于第二产业。② 最后，从民营经济发展活力来看，深圳和青岛是全国创业型城市的典型代表，创新能力十分强。因此，各试点地区在推进"两个健康"工作的过程中，要借鉴温州经验，更要因地制宜。对此，《通知》也明确指出，各推广试点地区要结合实际，探索推出体现本地特色、具有引领性的创新举措。

本报告梳理各试点地区学习温州"两个健康"创建工作经验、推进地区民营经济高质量发展的具体行动方案，归纳不同方案间的共性，概括存在的差异，结合当地民营经济发展情况和地方经济特色分析背后的原因。这能为全国其他非试点城市更好地学习借鉴温州"两个健康"先行区创建工作经验厘清思路，进而推动全国民营经济高质量发展。

---

① 长沙市 2021 年第三产业民营经济增加值为 4775.54 亿元，占全市民营经济增加值的 55.7%。

② 鄂尔多斯 2022 年民营经济增加值为 3325.2 亿元，其中第二产业 2158.6 亿元，占全市民营经济增加值的 64.9%。宝鸡市民营经济围绕大企业配套形成了汽车零部件、钛及钛合金、机床工具、石油装备等产业集群。

二 试点地区学习“两个健康”温州经验的行动方案及共同做法

（一）试点地区学习“两个健康”温州经验的行动方案

2022 年 8 月《通知》下发后，各试点地区迅速做出反应，积极推动学习温州新时代“两个健康”创建工作经验，截至 2023 年 4 月都已出台了行动方案。表 1 介绍各试点地区出台的主要行动方案和目标。各城市学习“两个健康”温州经验的做法各有侧重，分述如下。

表 1　各试点地区学习“两个健康”温州经验的主要行动方案及目标

试点地区	政策名称	主要目标
鄂尔多斯	《对标温州模式促进新时代“两个健康”工作实施方案（征求意见稿）》《鄂尔多斯市民营经济促进条例》《关于助推民营企业转型发展“1+3+X”行动的实施方案》	把“温州样板”真正转化为“鄂尔多斯实践”
通化	《通化市“两个健康”先行区试点建设促进条例》《通化市开展培育壮大市场主体三年行动（2022~2024 年）实施方案》《关于弘扬企业家精神关心支持企业家干事创业的若干措施》	把通化建设成为特色鲜明的、引领民营经济高质量发展的先行区试点
常州	《常州市创建新时代“两个健康”先行区实施方案》《常州市市场主体高质量发展培育方案》《常州市 2022 年打造一流营商环境重点任务清单》《常州市工商联商会建设三年行动计划（2021~2023）》《关于开展工业项目“标准地+承诺制”改革试点的实施意见》	打造全面深化改革的样板、民营经济统战的示范、优化营商环境的高地
赣州	《关于创建新时代民营经济“两个健康”示范区的实施意见》《赣州市创建新时代民营经济“两个健康”示范区考评方案》《关于促进市属和驻市高校、职业学校、技工学校学生“留赣干”的实施意见》	把赣州建成民营经济高质量发展、营商环境优化升级、优秀企业家精神弘扬传承和商会组织创新发展的示范区

续表

试点地区	政策名称	主要目标
青岛	《青岛市新时代非公有制经济和非公有制经济人士“两个健康”提升行动方案》《青岛市年轻一代民营经济人士健康成长促进计划(2023~2027年)》《青岛市营商环境优化提升三年行动规划(2022~2024年)》《青岛市“深化作风能力优化营商环境”专项行动方案》《青岛市助企纾困和支持市场主体发展的若干政策措施》《青岛市民营和中小企业发展促进办法》《全市政法机关服务保障民营经济高质量发展优化法治营商环境二十五条措施》	打造促进“两个健康”青岛样板
鹤壁	“两个健康”“十大提升工程”、《鹤壁市“十四五”营商环境和社会信用体系建设发展规划》	创建河南省新时代民营经济“两个健康”示范市,走出一条可复制推广的“两个健康”鹤壁路子
黄石	《2022年黄石市清廉民企建设评价标准(试行)》《黄石市清廉民企、清廉商会建设指导手册》《关于在市工商联开展“下基层、察民情、解民忧、暖民心”实践活动的实施方案》	探索创建新时代“两个健康”先行区的“黄石经验”“湖北样板”
长沙	《长沙市创建民营经济示范城市总体方案》《优化营商环境促进市场主体高质量发展三年行动计划(2022~2024年)》	打造“两个健康”中部样板
深圳	《深圳市创建新时代“两个健康”先行区工作方案》《深圳统一战线服务高质量发展行动计划(2023年)》《关于营造更好发展环境支持民营企业改革发展的行动方案(2021~2023年)》	打造新时代“两个健康”示范城市
重庆渝北	《重庆市渝北区高质量孵化载体建设实施方案(2022~2025年)》	走出一条符合渝北实际的“两个健康”发展之路
昆明	《昆明市新时代“两个健康”先行区创建经验推广试点工作实施方案》《昆明市民营经济发展促进条例》	当好新时代“两个健康”发展排头兵

续表

试点地区	政策名称	主要目标
宝鸡	《宝鸡市民营经济高质量发展三年行动计划(2022~2024)》《营造更好发展环境支持民营企业改革发展实施方案》《宝鸡市统一战线助力民营经济高质量发展工作措施(2022~2024年)》《宝鸡市金融支持民营经济服务中小微企业发展的若干措施》《宝鸡市金融支持民营经济服务中小微企业发展的若干措施》	推动温州经验在宝鸡落地生根,不断提升服务“两个健康”的能力水平

说明：以上为不完全统计，资料来自各试点地区工商联网站及其官方微信公众号。

鄂尔多斯以把“温州样板”真正转化为“鄂尔多斯实践”为主要目标，围绕学习借鉴“两个健康”温州经验出台了《对标温州模式促进新时代“两个健康”工作实施方案（征求意见稿）》① 等一系列文件，从整体要求、支持民营经济做大做强、破解民营经济发展难题、打造一流营商环境、培育新时代民营企业家和夯实制度保障六方面提出具体行动内容和责任清单。

通化市以把通化建设成为特色鲜明的、引领民营经济高质量发展的先行区试点为主要目标，相继出台了《通化市“两个健康”先行区试点建设促进条例》②、《通化市开展培育壮大市场主体三年行动（2022~2024年）实施方案》（通市政办发〔2022〕2号）、《关于弘扬企业家精神关心支持企业家干事创业的若干措施》③ 等行动方案，通过打造“红色通商培育工程”、“荣耀通商关爱工程”、“产业跃升提质工程”、“营商环境培优工程”、“健康发展护航工程”和“暖企

① 《鄂尔多斯市召开〈对标温州模式促进新时代“两个健康”工作实施方案〉征求意见座谈会》，http：//szb. nmgsb. com. cn/content/2023-01/10/021581. html。

② 《通化市扎实推进民营经济高质量发展》，http：//www. jl. gov. cn/zw/yw/zwlb/sx/sz/202305/t20230512_ 2358300. html。

③ 《关于弘扬企业家精神支持企业家干事创业的若干措施》，http：//www. jlcity. gov. cn/yw/jcyw/202101/t20210105_ 921861. html。

十大行动”六大品牌工程，推动“非禁即入”落地落实，在对标温州经验中寻求“两个健康”创新突破。

常州市以打造全面深化改革的样板、民营经济统战的示范、优化营商环境的高地为主要目标，出台了《常州市创建新时代“两个健康”先行区实施方案》①、《常州市市场主体高质量发展培育方案》（常政办发〔2022〕19号）、《常州市2022年打造一流营商环境重点任务清单》（常办〔2022〕40号）等一系列政策，坚持借鉴国内先进经验与常州本地实践相结合，对标“温州模式”成功做法，从强化对民营经济工作的领导、构建政府服务体系、构建亲清政商关系、畅通政企沟通渠道、加大企业家培育力度等方面发力，以创新的理念、改革的举措着力推动“两个健康”先行区创建试点工作有序进行。

赣州市以把赣州建成民营经济高质量发展、营商环境优化升级、优秀企业家精神弘扬传承和商会组织创新发展的示范区为主要目标，出台了《关于创建新时代民营经济“两个健康”示范区的实施意见》②《赣州市创建新时代民营经济“两个健康”示范区考评方案》③等一系列行动方案，以“三大战略、八大行动”为重点内容，对标温州经验推动赣州市“两个健康”建设。另外，为了解决民营企业发展人才支撑不足难题，赣州市还出台了《关于促进市属和驻市高校、职业学校、技工学校学生“留赣干”的实施意见》（赣市办发〔2022〕8号）。

---

① 《实施五项工程　探索四条经验　常州市新时代“两个健康”先行区创建纪事》，http：//www. changzhou. gov. cn/ns_ news/693163088834434。

② 《赣州市积极创建新时代民营经济“两个健康”示范区》，http：//www. jxtyzx. org/system/2023/04/10/020021439. shtml。

③ 《赣州市积极创建新时代民营经济“两个健康”示范区》，http：//www. jxtyzx. org/system/2023/04/10/020021439. shtml。

青岛市以打造促进“两个健康”青岛样板为主要目标，出台了《青岛市新时代非公有制经济和非公有制经济人士“两个健康”提升行动方案》[①]、《青岛市年轻一代民营经济人士健康成长促进计划（2023~2027年）》[②]、《青岛市营商环境优化提升三年行动规划（2022~2024年）》[③] 等一系列政策，强调要以提高政治站位和服务质效、构建亲清政商关系、持续优化营商环境、强化基层工商联建设和培育特色商会组织为基础，全方位推进新时代“两个健康”先行区创建经验推广试点工作再上新台阶。

鹤壁市以创建河南省新时代民营经济“两个健康”示范市，走出一条可复制推广的“两个健康”鹤壁路子为当前主要目标，出台关于“两个健康”经验试点的实施意见和政策文件50余项，实施“两个健康”“十大提升工程”，将“两个健康”工作纳入了市“十四五”规划，全面推动“两个健康”试点工作深入开展。

黄石市以探索创建新时代“两个健康”先行区的“黄石经验”“湖北样板”为主要目标，出台了《2022年黄石市清廉民企建设评价标准（试行）》《黄石市清廉民企、清廉商会建设指导手册》[④]、《关于在市工商联开展“下基层、察民情、解民忧、暖民心”实践活动的实施方案》[⑤] 等政策行动方案，实施“双传双推”工程，推进

---

① 《青岛印发行动方案：打造促进“两个健康”青岛样板》，http：//news. bandao. cn/a/672441. html。

② 《5年内培养千余名“雁阵式”集群！青岛关注年轻一代民营经济人士成长》，https：//finance. qingdaonews. com/content/2023-06/07/content_ 23452424. htm。

③ 《青岛市营商环境优化提升三年行动规划（2022—2024年）》，http：//www. qingdao. gov. cn/zwgk/zdgk/fgwj/zcwj/swgw/2022ngw/202208/t20220819_ 6317068. shtml。

④ 《【清廉民企】黄石市工商联：擦亮亲清底色促进“两个健康”大力培树清廉民企示范点》，https：//www. hbsgsl. gov. cn/dflz02/18607. jhtml。

⑤ 《黄石市住建局关于组织开展党员干部下基层、察民情、解民忧、暖民心实践活动方案》，http：//www. zcbk. cn/huangshi/index. php? m = home&c = View&a = index&aid = 110334。

"两个健康"创建试点工作扩面提质、走深走实。

长沙市以打造"两个健康"中部样板为主要目标，出台了《长沙市创建民营经济示范城市总体方案》[①]、《优化营商环境促进市场主体高质量发展三年行动计划（2022~2024年）》（长政办发〔2022〕6号）等行动方案，从解放思想、打造优质"软环境"、紧抓营商环境等方面出发，全力营造"两个健康"发展环境。获批新时代"两个健康"先行区创建经验推广试点地区以来，长沙更是以汇聚三种力量、构建三个机制和实施三项工程为具体行动方案，不断推动"两个健康"试点工作迈上新台阶。

深圳市以打造新时代"两个健康"示范城市为主要目标，出台了《深圳市创建新时代"两个健康"先行区工作方案》[②]、《深圳统一战线服务高质量发展行动计划（2023年）》[③]、《关于营造更好发展环境支持民营企业改革发展的行动方案（2021~2023年）》（深发〔2021〕3号）等政策。围绕民营企业家交流服务中心建设，深圳市政府、金融机构、科研教育机构和民营企业间紧密沟通协调机制建设、民营经济人士教育、优化营商环境等，精心打造了"四大品牌"和"六项行动"方案，全面推进"两个健康"试点工作深化落实。

重庆市渝北区以走出一条符合渝北实际的"两个健康"发展之路为主要目标，出台了《重庆市渝北区高质量孵化载体建设实施方案（2022~2025年）》（渝北府办发〔2022〕23号）等政策，把思想政治引领作为首要任务、把推动民营经济高质量发展作为中心工

---

① 《关于征求〈长沙市创建民营经济示范城市总体方案（征求意见稿）〉意见的函》，http://cssgsl.changsha.gov.cn/xxgk/tzgg/202104/t20210408_9872608.html。

② 《学习贯彻中央统战工作会议精神创建新时代"两个健康"先行区工作推进会召开》，http://www.sz.gov.cn/cn/xxgk/zfxxgj/zwdt/content/post_10023109.html。

③ 《深圳统一战线多措并举服务高质量发展》，http://www.tzb.sz.gov.cn/xwzx/gzdt/content/post_973961.html。

作、把解决企业难题作为关键举措，建立健全议事协调机制、沟通联系机制、联动共建机制和工作保障机制，着力推动“两个健康”试点工作走深走实见效。

昆明市以当好新时代“两个健康”发展排头兵为主要目标，出台了《昆明市新时代“两个健康”先行区创建经验推广试点工作实施方案》①、《昆明市民营经济发展促进条例》② 等政策，以学习贯彻党的二十大精神为主线，以打造“春融同心”品牌为载体，以奋力“当好排头兵”为目标，以实施“八大行动”为抓手，建立完善领导协调、走访联系、联合联动、问题建议直达和考核评比五大机制，形成“两个健康”试点工作合力，推动“两个健康”不断深化。

宝鸡市以推动温州经验在宝鸡落地生根、不断提升服务“两个健康”的能力水平为当前目标，借鉴温州经验，出台了《宝鸡市民营经济高质量发展三年行动计划（2022~2024）》、《营造更好发展环境支持民营企业改革发展实施方案》③ 等一系列政策，创立了“聚焦一个目标”、“立足四个转变”、“抓实五项工作”和“突出三项建设”的“一四五三”试点思路和工作方法。

（二）试点地区学习“两个健康”温州经验的共同做法

《通知》指出，各试点地区在学习“两个健康”温州经验，推动地区民营经济高质量发展的过程中，除需要围绕自身民营经济发展特色和禀赋优势外，还需要重点学习《全国工商联关于温州新时代

---

① 《推动“两个健康”在昆明取得新成效》，http：//gsl. km. gov. cn/c/2022-11-29/4596471. shtml。

② 《推动“两个健康”在昆明取得新成效》，http：//gsl. km. gov. cn/c/2022-12-09/4601917. shtml。

③ 《2021 年，全市中小企业发展活力激增》，http：//gxj. baoji. gov. cn/art/2022/1/21/art_ 3962_ 1467257. html。

“两个健康”先行区创建报告》中总结的创建工作典型做法和六个方面的启示，以及温州市工商联在新时代“两个健康”先行区创建工作中加强民营企业特别是年轻一代民营企业家队伍建设、优化营商环境、保护企业家合法权益、推动商会改革等典型做法。因此，各试点地区在学习“两个健康”温州经验上具有很多共同的做法，具体可概括为核心内容一致和组织架构相似两个方面。

1. 推广“两个健康”试点工作的核心内容一致

首先，注重对民营经济人士的政治引领和思想引导。各试点地区将注重民营经济人士的政治引领和思想引导作为推动“两个健康”推广工作的首要任务。鄂尔多斯举办了宏观形势分析、现代企业管理、大数据思维、年轻一代企业家素质提升等专题培训班，开创了“理论学习+现场观摩+与外地同行交流”的民营经济人士培训模式。通化市成立了新生代企业家联谊会，开展了“新时代通化企业家精神”大讨论，并依托吉林杨靖宇干部学院建设了全国民营经济人士理想信念教育基地，构建了“专家辅导+研学实践+情景教学+交流研讨”模式。常州市举办了推进“百千万工程”、企业经理人培训班、“走进企业、学习先进”等系列活动。赣州市推动组建基层党组织 174 个，实现商会党建全覆盖。青岛市挂牌成立了多家民营经济人士理想信念教育基地，建立了党员与民营企业骨干、商会骨干“双向培养机制”。鹤壁市实施了“党建引领”提升工程。黄石市以黄石企业家学院为主阵地，创办了“红色课堂”“专业课堂”“实践课堂”，以黄石市总商会党委为统领，构建了“党组织+商会+产业链+招商引资+社会公益”的大党建、大联盟、大发展工作格局。长沙市揭牌成立了“民营企业之家”，启动了长沙百名青商“长青树”培养工程等。深圳市开展了“强堡垒·树先锋”非公党建工作，举办了“深圳企业家日”等系列活动。重庆渝北区安排 3000 平方米办公场地建设民营企业之家，创办了院校培训班、非公经济大讲堂和线上“云课堂”三大课堂。昆明市组织了民营经济代表人士赴井冈山、遵义等红色教育基地开展“传承红色基因，坚定理想信念”教育培训，实施了“会员成长促进行动”。宝鸡市挂牌成立了宝鸡民营经济人士理想信念教育基地。各试点地区举办的各种培训班和活动，在深入贯彻习近平总书记“非公有制经济要健康发展，前提是非公有制经济人士要健康成长”重要论断的同时，从深化理想信念教育、加强民营企业党建工作、建立民营经济培训和教育基地等多方面发力，关注民营经济人士思想状况，在主动作为和靠前服务中凝聚民营企业家人心、智慧和力量，推动民营经济人士健康成长。

其次，注重引导民营企业贯彻落实新发展理念、实现高质量发展。这是各试点地区落实“两个健康”经验推广工作的内在需求，也是从温州先行区创建工作中得到的重大启示。顺应时代大势、解决企业发展中积累的矛盾问题、在新发展格局下推动民营企业实现高质量发展，必须引导和推动民营企业完整、准确、全面贯彻新发展理念。各试点地区将引导民营企业贯彻落实新发展理念、实现高质量发展作为工作的重要领域，在民营企业助力乡村振兴、支持疫后重振、注重创新推动和人才引进、积极融入和服务“一带一路”建设、碳达峰碳中和等方面做出了诸多尝试。值得注意的是，除上述内容外，通化市还围绕“十大行动、百项工程”贯彻新发展理念，联合深交所设立东北地区首家服务基地。

再次，注重构建亲清政商关系、持续优化营商环境。温州“两个健康”先行区创建工作的实践表明，促进“两个健康”必须依靠营商环境的持续优化和亲清政商关系的构建，切实保护民营企业、民营企业家合法权益，不断提升政府服务水平，用制度约束和激励干部“亲”而有度、“清”而有为。对此，各试点地区都将构建亲清政商关系、持续优化营商环境作为“两个健康”推广工作的重点内容和推进“两个健康”发展的重要保障，针对性地开展构建亲清政商关系专项行动和出台优化营商环境专项政策。例如，针对构建亲清政商关系，常州市提出了亲清政商关系提优工程，印发《市领导走访全市民营企业家“送服务、解难题、办实事”意见建议交办任务清单》①，不仅推动市四套班子领导、各级工商联走访民营企业，着力推动解决市辖区民营企业发展和生产经营中遇到的问题，还通过建立企业家意见建议受理办理工作平台，对企业家意见建议进行录入、交办、办理、答复、督办、反馈，并且向优秀民营企业家发放“常商服务卡”，帮助协调解决民营企业家子女入学等问题。鹤壁市实施了亲清政商关系提升工程，通过打造“亲清政商智慧平台”体系，开展亲清政商共建行动、清廉企业和商协会创建活动、“三清单一走访”活动，构建良好政商关系②，切实解决民营企业发展经营难题。针对优化营商环境，通化市提出了“营商环境培优工程”，通过创建“组织+纪检+统战”工作机制，制定激励干部担当作为、容错纠错、失实举报澄清的三个办法，出台《关于市纪委监委和市委统战部协作配合的工作办法（试行）》③，设立优化营商环境监测点，创办“三一三无”“通·通办”服务品牌④，创建税商联动十项机制，以及成立“民营经济综合服务中心”为企业开展代办制一站式服务，推动营商环境持续优化。青岛市深入开展政务服务环境、法治环境、市场环境、创新创业环境四大提升行动，服务企业、自

---

① 《关于市领导走访全市民营企业家“送服务、解难题、办实事”意见建议办理的通知》，http：//tzb. changzhou. gov. cn/html/tzb/2021/JJOQKMID_ 0802/17956. html。

② “三清单”为亲清政商交往正面清单和负面清单、引导清单。“一走访”为政风行风大走访。

③ 《市纪委监委、市委统战部召开协作配合工作座谈会》，http：//ccdijl-th. gov. cn/gzdt/dfzf/202301/t20230124_ 643520. html。

④ “三一”为一张清单、一网覆盖、一城通办；“三无”为无差别受理、无障碍服务、无证明城市。

然人、项目建设、创新创业“四个全生命周期”，出台了多项优化营商环境的行动方案。

最后，注重强化基层工商联建设和培育中国特色商会组织。温州先行区创建工作的实践表明，工商联和商会是凝聚广大民营经济人士建设社会主义现代化国家共识的重要阵地，是引导广大民营企业实现高质量发展的重要平台，是推动国家治理体系和治理能力现代化的重要力量。因此，各试点地区都注重工商联和商会建设。例如，针对强化基层工商联建设和培育中国特色商会组织，鄂尔多斯市工商联通过资金扶持、合办活动等方式，向基层工商联组织赋能，开展了工商联系统和民营经济领域互学互促、外埠商会互学互促等活动；赣州市推行“网上工商联”建设，通过构建“1133 工作法”，推动商会高质量发展①；深圳市开展打造中国特色标杆商会创优行动；重庆渝北区推动商会创新发展，通过实施商会标准化建设，创建“一会一品”特色品牌，提升商会党建工作水平以及深化清廉商会、清廉民企、信用商会建设，推动渝北商会发展为全国一流商会。

2. 推广“两个健康”试点工作的组织架构相似

试点工作组织架构是提升行动效率，促进“两个健康”有创新、有突破、有实效的关键。温州市先行区创建工作的经验表明，建立自上而下统筹协同、既有高位谋划又能发挥基层组织主动性和创造性的组织架构，是搞好先行区创建工作的根本保证。各试点地区深入学习《通知》精神和温州经验，搭建了具有下述共同特征的组织架构。

一是由单位主要领导挂帅。各试点地区都由单位主要领导担任

① “1133 工作法”即明确一个总体定位、构建一个区域创新体系、聚焦三大科技创新核心要素、实施科技创新三大任务。

“两个健康”试点行动小组组长，由组长定期召集开展专题研讨。例如，长沙市成立了由省委常委、市委书记任顾问，市长任组长的领导小组；鹤壁市组建了由市委书记任组长、市长任第一副组长的领导小组，下设由市委统战部部长任主任的领导小组办公室和10个专项工作组。

二是坚持上下联动。各试点地区主动对接全联、省联，并着重在市、区（县、市）两级建立完善民营经济统战工作协调机制，市委常委成立专班讨论和制订具体行动方案。例如，深圳市由市委统一战线工作领导小组印发工作方案，新设民营经济统战专项工作组，指导市、区有关部门做好“两个健康”工作；常州市不仅建立了市、区（县）两级民营经济统战工作协调机制，定期召开联席会议，研究部署工作任务，形成了党委总揽全局、协调各方的统战工作合力，还建立健全了民营企业家意见建议受理办理工作机制，通过优化受理办理工作平台，形成了问题录入、交办、办理、答复、督办、反馈工作闭环。

三是坚持横向协同。通过联动市发改委、工信局、招商局、检察院、法院、司法局等部门和金融机构，搭建多维度、全方位企业服务体系，推动试点工作有效开展。例如，宝鸡市工商联联合各部门搭建了“政企交流、银企对接、维权保障、人才引进、招商引资”五大平台；常州市工商联联合市法院、检察院、司法局等部门构建了涉案企业合规第三方监督评估机制，联合市地方金融监管局和多家银行推进“金融+智造”融合发展，联合市科协、市总工会为提升企业科技能力提供培训支持，联合市税务局推动落实各项税费支持政策；昆明市将《昆明市民营经济发展促进条例》列入了2023年立法计划，旨在有效发挥昆明市中院、市检察院、市公安局、市司法局与工商联横向联动关系，营造法治化营商环境。

三 试点地区学习“两个健康”温州经验的典型案例

温州“两个健康”先行区创建工作为民营经济健康发展和民营企业家健康成长提供了框架和经验，但绝不能生搬硬套。《通知》要求各地在学习温州经验的同时，探索出具有本地特色的“两个健康”之路，不断尝试完善“两个健康”理论，全面推动我国民营经济高质量发展。基于此，考虑到各试点地区的地域分布和资料可得性，本报告选取青岛、宝鸡、深圳、赣州和昆明5个试点地区，分析它们学习“两个健康”温州经验时的一些富有特色的做法。

（一）青岛：孵化专精特新中小民营企业

我们对青岛市建设“两个健康”先行区的相关政策文件和新闻报道进行文本分析，得到如表2所示的分词排序。表2中第一梯队的词语反映青岛市推进民营经济健康发展的基本战略目标。第二梯队词语中的“民营经济发展局”“专精特新”“创业”等高频词反映青岛市着力推动专精特新中小企业高质量发展，特别是开创性地成立民营经济发展局，以直接落实各项帮扶政策，为民营企业提供资金、技术、市场等资源，从而引领民营经济高质量发展。第三梯队中“独角兽企业”“巨人”“瞪羚企业”等词频繁出现，说明青岛市重视全市优质中小企业发展，着力建立健全中小企业孵化育强体系。

培育专精特新企业是青岛市重视民营企业发展，健全中小企业孵化体系的主要内容。从产业发展的需求出发，青岛市民营经济发展局高度关注培育专精特新企业集群，实施专精特新上市培育行动。2022年分别出台《青岛市加快推动“专精特新”中小企业高质量发展行动方案（2022～2025 年）》（青政字〔2022〕31 号）和《推动“专精特新”企业高质量发展行动方案》，为企业在融资、市场、土地和引进人才等方面提供政策支持，促进创新型中小企业快速发展，引导企业通过专业化、精细化、特别化、新颖化的路径实现高质量发展。

具体来看，在打造全国民营经济高质量发展的“青岛样板”时，一是加大资本引进力度，出台《青岛市进一步支持打造创投风投中心若干政策措施》（青政发〔2023〕7 号），吸引全球资本加快集聚，为专精特新企业发展提供资金助力。二是搭建政企服务平台，建立“青岛政策通”一站式政务服务平台，为民营企业提供惠企政策的全流程服务。三是深化制度改革，率先在全国试点“无感审批”，在山东省内首次实现“电子营业执照+电子印章”同步发放，提高审批效率，畅通专精特新企业的发展路径。

表 2　青岛市相关政策文本分析的分词排序

第一梯队		第二梯队		第三梯队	
词语	词频排序	词语	词频排序	词语	词频排序
民营	1	民营经济发展局	10	独角兽企业	19
青岛	2	专精特新	11	联席会议	20
民营企业	3	市委	12	巨人	21
中小企业	4	商会	13	理想信念	22
两个健康	5	非公有制经济	14	健康成长	23
工商联	6	创业	15	瞪羚企业	24
企业家	7	营商环境	16	政策措施	25
市场主体	8	民间投资	17	政企	26
机制	9	年轻一代	18	统战部	27

青岛市民营经济基础好，但中小企业发展动力不足，因而建立健全中小企业孵化育强体系也成为其“两个健康”试点工作的重点内容。青岛市民营经济贡献了全市50%以上的投资、60%的税收、70%的进出口值、80%的城镇新增就业岗位、90%以上的市场主体数量，是全社会经济发展的中坚力量。2021年，全市新登记民营市场主体29.9万户，占全市新登记市场主体户数的99.2%，占比稳居全国副省级城市第三位。截至2021年末，全市实有民营市场主体191.9万户，同比增长8.4%，两年平均增长16.6%，占全市市场主体总量的98.2%。同时，青岛作为我国东部沿海的重要港口和国际贸易口岸城市，在对外贸易上享有极大优势。2021年，全市民营企业实现进出口值5709.4亿元，同比增长34.9%，高于全市进出口总值增速2.5个百分点；进出口值首次突破5000亿元，占同期全市进出口总值的67.2%。由此可见，青岛市在推进“两个健康”建设上具有良好基础。但值得注意的是，与温州、杭州等城市相比，青岛民营经济相对薄弱，中小企业发展动力不足。2022年，青岛新认定市专精特新中小企业3716家，位居“专精特新十强城市”第八位，12家企业入选全球独角兽企业500强，位居全国第五。因此，在稳主体稳工业和提升产业竞争力的背景下，打造专精特新企业、建立健全中小企业孵化育强体系成为青岛市“两个健康”试点工作的重点内容。

（二）宝鸡：发展第二产业民营企业集群

对宝鸡市推进“两个健康”先行区创建经验试点工作的相关政策文件、新闻记录和时事评论文本进行词频统计分析，得到表3。由表3可知，第一、第二梯队词语反映出宝鸡市推进民营经济健康发展的基本战略目标，而第三梯队中的“招商引资”“产业集群”等词语高频出现，说明宝鸡市在推动非公有制经济发展中强调产业规划，依托本市的资源优势和产业布局，积极打造产业集群。同时，宝鸡市根据重点产业分类实施精准招商，促进民营经济发展壮大。

表 3　宝鸡市相关政策文本分析的分词排序

第一梯队		第二梯队		第三梯队	
词语	词频排序	词语	词频排序	词语	词频排序
民营企业	1	统战部	10	专精特新	19
宝鸡市	2	人才	11	金融机构	20
工商联	3	法律	12	招商引资	21
市委	4	服务平台	13	总商会	22
试点工作	5	中小企业	14	第三方	23
营商环境	6	行动计划	15	基地	24
精神	7	红色	16	学院	25
商会	8	小微企业	17	产业集群	26
市政府	9	乡村	18	高质量	27

确立为试点城市后，宝鸡聚焦四大优势产业、五大新兴产业和九大产业基地，带动民营企业积极融入全市 13 条重点产业链，支持争当链主企业。具体来看，一是继续发挥自身资源优势，建立全国最大的钛及钛合金研发生产基地，延伸上游产业链，加强相关产业国企与民企的合作，带动产业集群规模增长。二是增强园区承载能力，打造重点特色产业园区。发挥现有各级高新区、经开区的支撑作用和县域工业集中区的集聚作用，推进各类园区改革创新，强化园区承载服务能力。同时，优化产业布局，完善基础设施，提升服务水平，建设特色产业园区。三是着力培养专业人才，加强产学研结合。成立民营企业指导专家工作站 4 个，在宝鸡职业技术学院设立宝鸡钛产业学院，为企业发展提供高级技术人才，为民营经济创新创造注入动力。四是加强企业创新，

推动制造业绿色转型升级。宝鸡持续发挥清洁能源与传统能源互补作用，推进可再生能源与重大发展战略目标的深度融合，引导民营企业节能、节水、资源综合利用等，打造绿色工厂、绿色园区、绿色产品、绿色供应链。五是开展数字化赋能，提升智能制造水平。鼓励民营企业建立工业化和信息化深度融合管理体系，引导民营企业应用先进智能装备，实现精益生产、敏捷制造、精细管理和智能决策。此外，宝鸡市注重招商引资战略，注重招大引强和专精特新项目的引进，依据重点产业链分类调整招商规划，为民营企业集聚发展提供新动能。

丰富的自然资源和良好的第二产业发展基础是宝鸡市打造民营企业产业集群的关键依托。宝鸡地处中国中西部，钛产品产量较大，是丝绸之路经济带的重要节点城市，也是中国西部工业重点城市。依托自身悠久的工业历史和雄厚的工业基础，宝鸡市经济增长主要依托发展第二产业，而民营企业极大地带动了第二产业的发展。截至 2022 年底，宝鸡市民营企业总数达 7.4 万多户，占企业总数的 90.91%，是全市经济发展的中坚力量。基于自身特点，宝鸡坚定不移深化改革、扩大开放，深入实施大企业大集团建设、集群化发展和园区化承载“三大战略”，工业现代化程度逐步提高。目前，宝鸡市正在加快产业创新升级，持续延伸产业链，打造汽车及零部件、钛及钛合金、新型能源化工、食品工业和优势装备产业 5 大千亿级产业集群。截至 2021 年，宝鸡市四大优势产业集群增加值占规模以上工业增加值的比重为 56.0%，同比增长 8.6%，对宝鸡市经济增长的贡献率达到 68.4%。

（三）深圳：推动民营企业实现更多“从0到1”的突破

对深圳市打造“两个健康”示范城市的相关政策文件、新闻报道等进行筛选，并对所有文本进行词频统计分析，得到表 4。根据表

4，在第一梯队中，“深圳”“两个健康”“民营”“企业家”“工商联”等词说明了深圳市推进“两个健康”工作的基本战略目标。在第二梯队中，“品牌”“高质量发展”“创新”等词为高频词，说明深圳市以打造地区品牌、推动民营企业创新为重点内容，通过畅通政企交流、优化营商环境等措施，激发民营企业创新能力，促进民营经济高质量发展。

表4　深圳市相关政策文本分析的分词排序

第一梯队		第二梯队		第三梯队	
词语	词频排序	词语	词频排序	词语	词频排序
深圳	1	统战工作	10	二十大	19
工作	2	先行区	11	非公有制经济	20
两个健康	3	创建	12	职能部门	21
民营	4	品牌	13	理想信念	22
企业家	5	高质量发展	14	服务中心	23
工商联	6	创新	15	营商环境	24
经济	7	城市	16	行业协会	25
新时代	8	人才	17	金融服务	26
服务	9	产业	18	产业链	27

深圳市促进民营企业实现更多“从0到1”的突破，持续发力“两个健康”工作。一方面，作为试点示范地区，深圳市提出“四大品牌”和“六大行动”举措。“四大品牌”是指：创新工商联服务载体、建立“智慧工商联”服务平台，为全市民营企业家打造“五有之家”；高质量举办“深圳企业家日”系列活动，为民营企业家营造服务、尊重、支持的氛围；探索搭建“职能部门+社会专业力量”双直联服务，为解决民营企业的问题形成金融、法律、人才等专业服务合力；积极探索“总部党建”“双向互动”“交叉

任职”“定责共建”等工作经验和方法，深化总部企业对异地分支机构的党建指导。深圳持续开展深化理想信念教育“铸魂行动”，建设国际一流营商环境改革创新试验区，支持民营企业承担我国重大科技战略任务和培育省级专精特新企业，着力培养具有创新开拓能力和责任感的优秀企业家，拓展政企沟通渠道，为民营经济的持续发展提供助力。另一方面，在推进“两个健康”战略中，不断加大研发投入，加强“微创新”和“再创新”，实现更多“从0到1”的新突破。同时，行业领军企业积极发挥带头作用，着重在高新技术产业上发力，不断攻克“卡脖子”技术，带动相关中小企业创新。

深圳市打造“两个健康”先行区的起步时间较早，民营企业创新能力强，为当前促进民营企业创新突破提供了重要支撑。2021年2月，深圳正式提出打造全国“两个健康”先行示范城市，开始着手推进先行区建设，全力推进相关治理工作，争取到2024年形成既明确分工又高效协同的民营经济统战工作格局。同年12月，深圳市委统一战线工作领导小组正式印发《深圳市创建新时代“两个健康”先行区工作方案》，提出重点任务是精心打造“四大品牌”和“六大行动”，推动深圳形成“两个健康”全国高地，开创新时代民营经济统战工作新局面。深圳是民营经济成长的沃土。成熟的市场化机制、大量的高素质人才、积极主动的对外开放战略以及产学研的深度融合等优势为深圳民营企业研发创新提供了基础。当前，深圳正在完善“基础研究+技术攻关+成果产业化+科技金融+人才支撑”的全过程创新生态链，力争在高端软件、人工智能、区块链、大数据、云计算、信息安全等领域实现更多创新。2021年深圳市投入R&D（研究与试验发展）经费达到1682.15亿元，占广东全省R&D经费的42.03%，居全国大中城市第三位。R&D经费投入强度为5.49%，比上年提高了0.03个百分点，居全国第二位，研发投入持续保持增长。同时，企业是深圳研发创新的主体，企业、科研机构、高等院校和其他四类活动主体的 R&D 经费分别占据广东全省的 94.0%、3.7%、2.1%和 0.2%。从民营企业行业分布来看（可参考表 5 规模以上私营工业企业相关数据），深圳市民营企业主要集中于计算机、通信和其他电子设备制造业，电气机械及器材制造业以及专用设备制造业等高技术行业领域，这为深圳市推动民营企业进一步创新发展提供了坚实基础。

表 5　2021 年深圳市规模以上私营工业企业分行业主要指标

单位：家，亿元

行业	规模以上私营工业企业单位数	工业总产值	行业	规模以上私营工业企业单位数	工业总产值
烟草制品业	20	28.65	有色金属冶炼及压延加工业	89	381.34
纺织业	46	29.87	金属制品业	524	411.30
纺织服装、服饰业	79	108.99	通用设备制造业	603	581.40
皮革、毛皮、羽毛及其制品和制鞋业	42	26.34	专用设备制造业	873	915.49
木材加工及木、竹、藤、棕、草制品业	19	11.34	汽车制造业	46	57.65
家具制造业	92	83.38	铁路、船舶、航空航天和其他运输设备制造业	59	45.49
造纸及纸制品业	143	75.43	电气机械及器材制造业	1311	1767.74
印刷和记录媒介复制业	144	133.18	计算机、通信和其他电子设备制造业	2903	5473.04
文教、工美、体育和娱乐用品制造业	230	580.77	仪器仪表制造业	339	273.87

续表

行业	规模以上私营工业企业单位数	工业总产值	行业	规模以上私营工业企业单位数	工业总产值
石油加工、炼焦及核燃料加工业	5	27.04	其他制造业	83	105.57
化学原料及化学制品制造业	166	154.05	废弃资源综合利用业	15	108.36
医药制造业	34	117.39	金属制品、机械和设备修理业	12	5.73
化学纤维制造业	0	0	电力、热力的生产和供应业	5	16.20
橡胶和塑料制品业	572	41.05	燃气生产和供应业	5	64.32
非金属矿物制品业	129	26.10	水的生产和供应业	10	7.75
黑色金属冶炼及压延加工业	21	29.83			

说明：数据来自《深圳统计年鉴 2022》。

（四）赣州：解决民营企业人才匮乏问题

对赣州市建设“两个健康”先行示范区以及推进民营经济高质量发展的相关政策文件、新闻报道进行文本分析，得到表 6。由表 6 可知，第一梯队中出现“民营企业”“营商环境”“服务”等词，表明赣州市在推进新时代民营经济“两个健康”示范区创建时，将营商环境和企业服务视作探索新道路的重点。同时，第二梯队出现“人才”“创新”“高质量发展”等词语，说明赣州市围绕民营企业反映的人才紧缺等创新能力不足难题做了大量工作，进一步明确了赣商赣才是赣州市民营经济高质量发展的基本盘。

为了解决民营企业人才匮乏问题，赣州打出了人才引进工作“组合拳”。首先，赣州市致力推动赣商赣才回归，实施“百家商会助振兴”“千家企业苏区行”“万名乡贤回家乡”三大工程，组织各地商会、企业、企业家赴赣州考察投资，推动信息回传、人才回乡、资金回流、项目回归。截至 2022 年，已有深圳市毅德控股集团、誉兴集团、西部城建集团等 200 多家企业项目落户赣州，投资金额达 200 多亿元。其次，为吸引和留住人才，赣州市依托地理位置优势，加快赣粤产业合作试验区建设，推动与东莞共建产业园，对接广深港澳科技创新走廊，推动共建“科创飞地”、人才服务站；由市委统战部牵头，推动市委办、市政府办联合出台《关于促进市属和驻市高校、职业学校、技工学校学生“留赣干”的实施意见》（赣市办发〔2022〕8 号），促成 10991 名毕业生留赣就业，有效满足民营企业的人才需求。

表 6　赣州市相关政策文本分析的分词排序

第一梯队		第二梯队		第三梯队	
词语	词频排序	词语	词频排序	词语	词频排序
民营企业	1	人才	10	大湾区	19
两个健康	2	教育	11	乡村振兴	20
民营经济	3	高质量发展	12	平台	21
企业家	4	党建	13	非公有制经济	22
服务	5	招商	14	经济发展	23
示范区	6	园区	15	健康成长	24
营商环境	7	创新	16	试验区	25
赣州市	8	中小企业	17	产业链	26
新时代	9	资金	18	监督	27

民营经济创新不足是赣州市打出人才引进工作“组合拳”的关键原因。2022 年赣州市民营经济贡献了 GDP 的六成、税收的七成、城镇就业岗位的八成、出口创汇的九成，已成为赣州经济发展最扎实的基础、最大的增长点和最强的创新驱动力，是赣州落实“三大战略、八大行动”的重要支撑力量。进一步，从民营经济发展优势来看，赣州市是江西省人口最多、面积最大的城市，劳动力资源充足，自然资源丰裕，并且是粤港澳大湾区、海西地区的直接腹地，区位优势明显，铁路、航空、水运等综合交通运输体系完善，对于民营企业投资具有较强的吸引力。这些资源和地理区位优势是赣州市不断吸引民营企业投资和推动民营经济发展的重要支撑。科技创新能力不足是阻碍赣州市民营经济高质量发展关键所在。具体来说，赣州市民营企业以材料、矿产品粗加工等传统和资源型产业为主，科技含量较低，产品同质化竞争严重。另外，赣州民营企业自身创新型人才资源等较为匮乏，引进高科技企业的衔接能力不足；企业品牌意识较差，多是局部改进，处于外观模仿和贴牌生产等阶段，整体市场竞争力不足。

（五）昆明：打造开放型民营经济发展特色

对昆明市建设“两个健康”先行区以及推进民营经济高质量发展的相关政策文件、新闻报道进行文本分析，得到表 7。第一梯队中出现“工商联”“商会”“机关”等词，表明昆明市坚持“建管并重”，形成工商联主管主抓、部门参与协同、商会自主发展的商会建设“昆明模式”。同时，第二梯队和第三梯队中分别出现“春城”“营商环境”“创新”“12345”等词语，而“12345”包含昆明市推动“两个健康”试点推广工作的四大特色，其中之一便是重视对接“一带一路”、RCEP。这说明，昆明市注重打造开放型民营经济发展特色。

表 7　昆明市相关政策文本分析的分词排序

第一梯队		第二梯队		第三梯队	
词语	词频排序	词语	词频排序	词语	词频排序
民营经济	1	党建	10	制度	19
民营企业	2	营商环境	11	试点工作	20
两个健康	3	政商	12	健康成长	21
昆明	4	先行区	13	统战部	22
工商联	5	非公有制经济	14	经济发展	23
商会	6	政策	15	创新	24
企业家	7	责任	16	12345	25
新时代	8	春城	17	中小企业	26
机关	9	高质量发展	18	关系	27

以“一带一路”、RCEP 为依托，拓展南亚、东南亚等市场是昆明市打造开放型民营经济的重要措施。具体来看，昆明市强调和鼓励民营企业抢抓 RCEP 生效、中老铁路开通运营、昆明托管西双版纳磨憨口岸三大历史机遇，有效发挥“四区”政策叠加优势，融入“8+N”产业链体系，积极开拓南亚、东南亚等国际市场，形成“两个健康”试点工作的昆明特色。为此，昆明采取了两方面措施。第一，在跨境电商方面，打造跨境电子商务产业园区，为民营企业提供物流、通关、结汇等综合服务；大力推广跨境电子商务“网购保税+前店后仓”“体验中心展示+线上商城销售”等模式，促进民营企业商务模式创新；持续提高“中老班列+跨境电商”运营服务能力，推动形成面向南亚、东南亚的跨境电商集聚效应。第二，在企业跨境合作方面，依托中国（云南）自由贸易试验区建设，聚焦中缅、中老经济走廊，落实 RCEP，引导和支持有条件的民营企业在“一带一路”沿线国家设立境外产业合作园区，积极开拓南亚、东南亚、中东等国际市场；聚焦沿边特色优势产业，深入推进边（跨）境经济合作区建设，重点布局边境贸易、口岸物流、大健康、旅游等特色产业，集

聚产业链供应链上下游企业，打造面向南亚、东南亚及国内的农产品、日用消费品等特色产品专业市场。

昆明民营经济增长态势平稳，外向型发展优势独特，为“两个健康”温州经验试点推广工作提供了基础。2022年，昆明市民营经济完成增加值3028.79亿元，同比增长3.4%，高于全市GDP增速0.4个百分点。统计数据显示，昆明市民营企业占全市企业数比重高达96.7%，民营经济贡献了全市40.2%的GDP、50.2%的税收、46.8%的投资、43.3%的进出口值。截至2022年，全市共有民营经济经营主体116.19万户，其中私营企业39.83万户、个体工商户76.36万户；全市共培育创新型中小企业371户，占云南省总户数的37.1%；培育专精特新中小企业148户，占云南省总户数的47.9%；新增国家级专精特新“小巨人”企业12户，占云南省总户数的63.2%。目前，昆明以创新型企业为基础、专精特新中小企业为骨干、专精特新“小巨人”企业为塔尖的优质中小企业梯度培育体系基本形成，可为全市实体经济转型升级提供有力支撑。从地理位置来看，昆明地处我国西南，邻近越南、老挝、缅甸等国，是我国面向东南亚、南亚的门户，“一带一路”经济走廊的咽喉，在农业、食品加工以及绿色食材和旅游资源上优势独特。这是昆明发展开放型民营经济的良好基础。

B.5
数字经济创新提质

周慧珺*

摘　要： 数字经济是新一轮科技革命和产业变革的重要驱动力量，也是推动我国经济高质量发展和中国式现代化建设的重要引擎。在中央和浙江省的政策指引下，温州深入实施数字经济“一号工程”，不断提升数字经济的核心竞争力和创新能力，加速推进数字经济创新提质。温州的数字经济具有四个方面的特征：首先，数字产业规模不断扩大，产业集群加速形成；其次，产业数字化转型不断取得新突破；再次，数字基础设施建设加快，数字社会构建取得新成效；最后，新业态新模式蓬勃发展，亮点频现。为促进数字经济创新提质，温州采取了下述举措：其一，提升数字产业能级，加强数字集群建设；其二，推动产业数字化转型，探索数实融合新模式；其三，完善数字基础设施，加快智慧城市建设；其四，创新场景应用，催生数字经济新业态新模式。温州数字经济创新提质形成的主要经验启示有三点：首先，充分发挥市场主体力量，实现电商赋能实体经济；其次，从各县市区实体经济基础出发，采用差别化发展战略；最后，强化平台一体化优势，推动数字化改革。

关键词： 数字经济　人工智能　电子商务　工业互联网

* 周慧珺，中国社会科学院经济研究所助理研究员。

数字经济是新一轮科技革命和产业变革的重要驱动力量，也是推动我国经济高质量发展和中国式现代化建设的重要引擎。一直以来，中央都高度重视数字经济发展，连续出台一系列数字经济相关政策。党的二十大报告明确指出，要加快建设网络强国、数字中国，加快发展数字经济，促进数字经济和实体经济深度融合，打造具有国际竞争力的数字产业集群。[①] 这为加快数字化转型、深入推进数字中国建设、打造全球数字经济创新高地提供了政策支持和保障。

浙江省是中国数字经济发展的重要窗口和示范区域。早在 2017 年，浙江省委、省政府就积极响应中央号召，启动实施数字经济“一号工程”，加强数字经济核心产业建设，推进数字化转型升级，提升数字经济的质量和效益，深化数字浙江建设。在“一号工程”的引领下，浙江省明确了培育数字经济新动能的工作目标，将数字经济作为实现高质量发展的重要抓手，制定了多项具体政策措施。例如，《浙江省新一代人工智能发展规划》（浙政发〔2017〕47 号）提出人工智能技术攻关和深度应用计划，力求人工智能等核心产业规模迈上新台阶、在各行业应用示范项目建设取得重大突破、人才队伍建设进一步加强，成为全国人工智能产业的重要支撑区域。在《浙江省数字经济五年倍增计划》（浙政办发〔2018〕91 号）中，浙江省则提出了数字经济核心技术突破、数字产业化水平提升等一系列行动方案，加快构建以数字经济为主导的新经济体系，强化互联网等新兴技术领域的创新发展，推动互联网与传统产业的融合，加快发展移动互联网、云计算、物联网、大数据等新业态新模式，推动数字经济产业集聚发展。

在一系列政策举措的支持下，“十三五”时期，浙江省在数字

① 习近平：《高举中国特色社会主义伟大旗帜　为全面建设社会主义现代化国家而团结奋斗——在中国共产党第二十次全国代表大会上的报告》，2022 年 10 月 26 日。

经济发展，尤其是人工智能、工业互联网等领域取得了重要进展，核心产业增加值年均增长率超过 15%，电子信息制造业、软件业规模分别位列全国第三、第四。2020 年，浙江省数字经济增加值超过 3 万亿元，占 GDP 的 46.8%；数字经济核心产业增加值超过 7000 亿元，对 GDP 增长贡献率达到 34.9%。2022 年召开的浙江省数字经济高质量发展大会提出“一号工程”升级版建设目标，象征数字经济“一号工程”进入 2.0 时代。目前，浙江省通过推进“数字产业化、产业数字化、治理数字化、数据价值化”协同发展，形成了全省数字技术赋能加速、数字规模持续扩大、数字场景应用拓展的良好态势。

为了贯彻落实中央和浙江省的数字经济发展战略部署，温州市积极开展探索和实践，出台了一系列政策文件，提出了一系列具体措施和目标，优化政策环境、培育产业生态、加强科技创新，着力打造数字经济的核心区域和重要增长极，切实推动数字经济发展。一是推动数字产业化建设。自“一号工程”提出以来，温州市在数字经济产业方面不断加大投入和优化布局，不断优化营商环境，鼓励数字经济企业创新创业，推进数字经济产业园区建设，设立数字经济领域的创新创业基地和众创空间，提高数字经济企业的发展能力，推进数字经济高质量发展。二是促进产业数字化转型。随着互联网技术的深入应用，数字经济已经深刻地影响了实体经济的各个领域，成为推动产业转型升级的重要动力。温州市切实推动互联网与传统产业深度融合，推进企业智能化改造，鼓励传统企业借助互联网技术进行创新升级，提高生产效率和经济效益。三是加强数字基础设施建设，不断拓展数字经济领域的应用场景。温州市积极推进 5G 网络建设，加强云计算和大数据中心建设，提升数据存储和处理能力。支持鼓励各行各业的“互联网+”模式，加强政务、企业、社会等多方面数字化建设，引入智能化办公、数字化审批等服务模式，构建政务、企业等多个数字化平台，形成了良好的数字化生态。

总体而言，数字经济已成为目前经济发展的重要引擎和突破口。在中央和浙江省的政策指引下，温州市坚持以创新为驱动、以数字化转型为先导，不断提升数字经济的核心竞争力和创新能力，加速推进数字经济高质量发展，为全国数字经济发展做出了积极贡献。本报告详细阐述近年来温州数字经济发展的阶段性特征，总结温州数字经济创新提质的政策举措及取得的成效，并在此基础上归纳出温州数字经济创新提质的经验启示和未来发展的政策方向。

一 数字经济发展现状

近年来，温州在数字经济发展方面积极探索和实践，不断加强创新和应用，大力推进数字化转型和信息化建设，形成了一批以互联网、大数据、人工智能为代表的数字经济新兴产业，提升了传统产业的智能化水平和竞争力，推动了数字平台发展和智慧城市建设。温州的数字经济具有如下特征。

（一）数字产业规模不断扩大，产业集群加速形成

近年来，温州市逐步形成电子信息制造业、软件和信息服务业、物联网、数字化装备等特色数字经济产业集群，产业规模不断扩大。2015~2020年，全市数字经济核心产业增加值年均增长率达到8.7%左右。2021年，温州数字产业化总指标在全省排名第三；全市规模以上数字经济核心产业增加值达560亿元，占GDP比重为7.3%；主营业务收入首次突破千亿元大关，达到1241亿元，同比增速达到23.3%。此外，数字经济核心产业R&D经费占营业收入的比重达到2.34%，每万人拥有数字经济核心产业有效发明专利数达到6.1件，实现劳动生产率19.1万元/人、亩均税收23.9万元。同年，温州市

数字经济核心制造业增加值达到213.3亿元，增速为10.4%，新产品产值率达48.5%。到2022年，在疫情持续影响、整体经济面临下行压力的大环境下，温州数字产业发展仍表现出较强的韧性和潜力，全市规上数字经济核心产业制造业实现增加值266.7亿元，同比增长18.5%，增速位居全省第四。数字经济核心制造业产值突破500亿元，达到575亿元，同比增长14.8%；数字经济核心制造业增加值为119.65亿元，占规模以上工业增加值比重高达30.6%，是全省平均水平的近2倍；数字经济发展综合评价在全省90个县市区中排名第五，起到了重要的引领和带头作用。

温州不断加大数字经济企业培育和项目招引工作力度，进一步发展壮大数字经济规模。截至2023年2月，全市共培育数字经济上市企业18家、数字经济领域国家专精特新"小巨人"企业41家、省级电子信息百强成长型企业22家。截至2023年4月，全市累计招引亿元以上数字经济项目173个，规模以上数字经济核心制造业企业也从2019年的580余家增加至目前的804家，其中超亿元企业175家。软件和信息服务业重点企业数量也达到132家，其中超亿元企业12家。2019~2022年，全市累计认定市级企业技术中心103家、市级工业设计中心134家，培育省级企业技术中心22家、省级工业设计中心24家。

温州市加快培育数字产业集群，合力形成新增长点。在数字经济产业集聚的过程中，温州各县市区积极发挥比较优势，形成了优势互补、各具特色的数字产业集群，其中乐清以电子元器件、嵌入式软件、物联网传感器、汽车电子、云计算等产业为主，鹿城、龙湾、瓯海以软件信息服务业、5G及通信卫星、数字安防等产业为主，浙南产业集聚区等地以汽车电子、智能计算等产业为主，瑞安、平阳以汽车电子、智能装备、电子专用材料等产业为主，永嘉以智能泵阀装备等产业为主，苍南以智能仪器仪表等产业为主。2022年，温州市国家自主创新示范区建设也取得一定成效，创投机构对园区企业投资总额完成45.1亿元，完成率达到225.4%；高新技术产业增加值占规模以上工业产业增加值的80.6%，较全市水平高出16个百分点。此外，示范区招引亿元以上创新型重大项目75个，带动高新技术产业投资增速达35.7%；认定高新技术企业423家，占全市总量的55.4%；新增省科技型企业1097家，占全市的50.8%。

（二）产业数字化转型不断取得新突破

近年来，温州市在数字化转型升级方面持续发力，推动智能工厂和数字化车间建设。浙江省数字经济发展综合评价报告显示，2021年温州数字经济投资占全部固定资产投资的比重达到4.0%，信息化投入占营业收入比重为0.253%，企业使用信息化进行购销存管理、生产制造管理和物流配送管理的普及率分别达到57.8%、39.2%和14.4%。截至2023年4月，面对生产和销售不稳定性均有所上升的双重考验，温州市切实推进“千企智能化技改”工程，累计实施智能化技改项目4717个，新增工业机器人9786台；累计打造省市级两化融合试点示范项目178个，其中省级制造业与互联网发展示范试点项目58个；累计打造各类工业互联网平台58个，其中入选省级工业互联网平台创建名单35个；建成省级工业互联网平台9个，其中省级重点平台6个；累计培育省级企业技术中心33家、省级工业设计中心30家；76项产品被认定为浙江省装备制造业重点领域首台（套）产品，其中国内首台（套）产品7项、国际首台（套）产品1项；累计认定省级数字化车间/智能工厂50个，电气、汽车及零部件、印刷包装、制鞋、泵阀产业集群（区域）入选全省新智造试点。

在产业数字化转型进程中，温州涌现出一批敢于突破、创新，引领数字化潮流的示范企业，获得了一系列国家级、省级荣誉称号，为全市企业的智能化技改树立了榜样。例如，东经科技入选2022年工信部新一代信息技术与制造业融合发展试点示范项目，浙江树创科技有限公司建成全国唯一中低压电气行业国家工业设计研究院，华峰集团成功入选工信部国家技术创新示范企业，瑞立等5家企业获评工信部制造业单项冠军企业（产品）。此外，正泰电器入选国家智能制造示范工厂，天正电气、嘉得电子入选智能制造优秀场景，正泰、瑞浦、瑞立、天正入选省级“未来工厂”，一鸣食品、文成娃哈哈列入省级“未来工厂”试点，东经科技、正泰仪器仪表分别入选省级“数字工厂”标杆企业认定类、培育类名单。与此同时，温州市各县市区也积极响应，推动企业数字化转型，促进两化融合。例如，乐清市2021年两化融合发展指数达到113.15，连续6年不断提升，连续4年在全省所有县市区中位居第五，处于领先梯队。2022年，乐清新增智能化技改项目310个、未来工厂2家、数字工厂培育1家、省级数字化车间和智能工厂17家、省级工业互联网平台（创建名单）9家、制造业“云上企业”41家、工信部2021年智能制造试点示范工厂揭榜单位和优秀场景名单入选企业3家。乐清积极引入国贸数字科技有限公司，以“数字赋能、品牌出海”等助推乐清经济发展，把推进“数字三农”建设作为实现乡村振兴的重大措施，提升数字技术应用水平，2家数字农场、1家数字渔场获省级认定，启动铁皮石斛全产业链大数据及应用平台建设。

（三）数字基础设施建设加快，数字社会构建取得新成效

温州市持续加大数字基础设施的建设力度，提升网络速度和扩大覆盖范围，为数字经济发展提供支撑。2021年，全市城域网出口带宽达到14372 Gbps，较2020年提高56.23%；FTTH/O宽带接入率（光纤宽带用户率）达92.5%；固定宽带端口平均速率为252.6Mbps，较2020年提升23.1%；每平方公里拥有移动电话基站

数量由2020年的6.2个提高至6.6个；5G套餐用户普及率由2020年的24.8户/百人上升至2021年的47.6户/百人；固定互联网普及率和付费数字电视普及率（含IPTV）也有不同程度的上升，分别达到46.7户/百人和182.8户/百户。全市累计建成5G基站数量超2万个，实现行政村100%覆盖，市属公办医院、重点高校、文化旅游重点区域以及开办客运业务的火车站、干线机场、重点道路等重点场所5G网络通达率达100%，全市5G用户超450万户。大数据中心和云计算中心方面，全市已建设完成且在用的数据中心达12个，其中浙江云谷磐石数据中心一期项目已正式投用。该中心按照国际T4、国内五星级数据机房标准建设，拥有的8000架标准机柜存储量相当于100万个国家图书馆，是浙南闽北赣东区域最大的五星级数据中心。

温州市着力推进政府和社会数字化，构建数字生态，数字应用场景不断拓宽。2021年，温州人均移动互联网接入流量216.1GB，高速公路入口ETC使用率达71.3%，生均教育信息化经费投入1049.5元，区域医院门诊智慧结算率达到88.0%，申请政务服务事项"一网通办"率和浙政钉应用水平分别达到100%和100分。具体而言，温州实施数字乡村"151"工程，整合乡村产业大脑应用、农旅融合应用、农田多规云、农机购置补贴系统等各类应用数据，取得一系列成效，获得一系列荣誉。乡村产业大脑应用的农业经营主体积分评价场景入选"浙江省信用数字化改革应用场景十大示范案例"，"瓯农慧"App获评2022年度浙江省农业农村"优秀应用"；"龙湾幸福码"列入浙江省"四治融合"城乡基层治理体系相关数字化应用清单、基层网格App整合市级试点。"龙湾城市频道"作为全省首批、全市首个上线的省级试点城市频道，目前已上架区级应用14个，可掌上办理政务服务事项2198项，"一网通办"率达97.64%，注册个人用户47.95万、注册法人用户9.18万，事项办事指南问题整改完成率

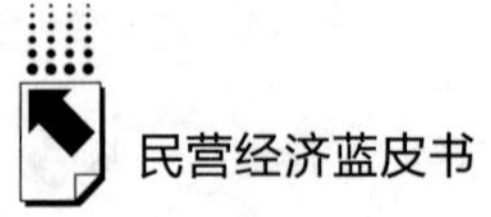

达100%，有效提升了数字便民工作水平。全市累计建成城市大脑数字驾驶舱5个，形成10个融合型场景应用。

随着数字基础设施建设的加快，政府和社会数字化取得成效，温州先后入选全国5G试点城市、国家智慧城市试点城市、国家信息惠民试点城市等国家级试点项目。2022年，温州市获评全国十大优秀信息消费示范城市、全国移动物联网“物超人”领先城市，在全国数字化发展能力50强城市中排名第24位。2021年，温州在“全国数字经济发展百强城市”中排名第27位，较上年度提升5位。2022年，温州市入选国家信息消费示范城市；龙湾区、乐清市入选省级数字经济创新发展试验区，其数字经济系统考核工作获得全省优秀的荣誉；平阳县、龙湾区、乐清市获评2022年全国县域农业农村信息化发展先进县（全国106个）。

（四）新业态新模式蓬勃发展，亮点频现

疫情发生之后，网络零售、线上购物市场越发活跃，在线下经济受到严重限制的形势下起到了重要的经济稳定器作用，网络直播、电商等新业态新模式也展现出较快发展的良好势头。根据浙江省数字经济发展综合评价报告的数据，2021年，温州市新业态新模式指标达到92.8，仅次于杭州市，位居全省第二。其中，全市人均电子商务销售额10347.0元，网络零售额占全社会消费品零售总额的57.8%，远高于全国平均水平；工业企业电子商务销售额占营业收入的比重为5.11%；移动支付活跃用户普及率达78.8%，人均移动支付业务量达98.2笔，均居全省前列。2022年，温州市累计实现网络零售额2321.8亿元，同比增长5.5%；累计实现居民网络消费额1590.3亿元，在浙江省排名第三，同比增长2.9%。截至2022年12月底，全市在重点监测的第三方电子商务平台上共有活跃网络零售店6.5万家，相当于当地网络零售店总数的30.3%，活跃网络零售店总数在

浙江省排名第三，直接创造就业岗位 18.3 万个，间接带动就业岗位 48.2 万个。此外，2022 年，温州市实现跨境电商交易额 522.7 亿元，占全省的 12.4%；其中海关监管平台跨境电商进出口额 292.47 亿元，同比增长 80.47%，连续两年实现裂变式增长。温州购、菜蔬生、呀团等平台逐渐发展壮大，卓诗尼、珞炫等企业在直播电商赛道上收获成效。此外，2022 年，温州市组织实施千名农播培育计划，举办农播电商普及培训班和农播电商精英培训班，开展百名农播乡村行系列活动，相关话题抖音点击量突破 2 亿次，全市农业龙头企业直播参与率达 60%，年农产品网络销售额超 100 亿元。其中，乐清市充分发挥在电子商务、移动支付方面的优势，积极推进数字经济技术与贸易、商务的深度融合，奋力打造数字经济创新发展的“乐清样板”。2021 年，乐清市实现网络零售额 253.57 亿元，培育了 106 个浙江省电子商务专业村和 39 个浙江省电子商务示范村，专业村和示范村数量均居温州市第一位。

温州大力支持新型消费场景建设和新业态新模式发展，推进智慧商圈等现代化建设，这一做法获得了浙江省和国家相关部门的认可，先后入选中国（温州）跨境电商综合试验区、国家信息消费示范城市等国家级试点项目。在商务部公布的首次全国综试区综合评估中，温州综试区建设“成效较好”，跻身全国优势梯队。乐清市、文成县入围省级数字生活新服务样板县创建名单，瓯海区获评首批省级数字生活新标杆县，瑞安市、文成县获评第二批省级数字生活新服务样板县，龙湾区跨境电商生态体系建设入选省产业集群跨境电商试点激励项目并在后期考核中获 A 级评价。双屿街道、莘塍街道、云周街道、昆阳镇获评 2022 年度省级数字生活新服务特色镇。平阳、永嘉、苍南、瑞安相继获评国家电子商务进农村综合示范县，使得温州获评名额占全省 1/6。瑞安获评国家发展农村电子商务拓宽农产品销售渠道工作督查激励县。全市 476 个行政村荣获 2022 年度全国淘宝村称号，

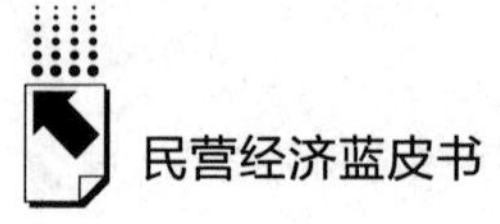

淘宝村数量同比增长 11.5%，总量居全省第二；45 个镇（街道）荣获 2022 年度全国淘宝镇称号，总量居全省第四。

二　数字经济创新提质的政策举措及成效

为深入实施数字经济“一号工程”，温州市积极推进数字经济创新提质，打造数字经济发展的核心区域和重要增长极，出台了一系列有力的政策举措，为数字经济快速发展提供了强有力的支撑和保障，也为全市经济发展注入了新活力。温州的政策举措和成效可概括为下述 4 个方面。

（一）提升数字产业能级，加强数字集群建设

温州市以“培育千亿级数字经济产业集群，打造浙东南数字经济发展高地”为目标，实施了一系列加强数字产业创新提质、加快产业集群建设的政策方案。

一是着力实施数字产业能级提升工程，优化产业结构，建好产业平台，引入培养重大项目，培育优质企业。推动核心基础元器件工艺和新材料研发，形成一批新型电子信息产品，提升传统电子信息产业水平。聚焦物联网、数字安防、网络通信、区块链、大数据、网络安全、智能计算、人工智能等产业创新发展，培育一批标志性产业链，做大新一代信息技术产业。开展软件和信息服务业创新发展行动，重点发展工业软件和行业解决方案、嵌入性软件、信息系统集成服务、信息技术咨询服务和新兴信息技术服务。发挥核心产业平台作用，构建以龙头企业为中心、上下游企业配套、全产业链发展的产业体系。提升发展温州文昌创客小镇、乐清电子智联小镇等一批数字经济特色小镇，加快正泰乐清物联网传感器产业园、天心天思数字经济创新中心、北斗产业基地、中国温州安全应急产业园等数字经济园区的建成

使用；做好温州国家大学科技园数字经济产业园、温州城市数字科创园等基地的运营，招引培育数字经济企业。紧扣国家发展战略，结合温州市产业特点和空间布局，重点招引一批数字安防、物联网、5G通信设备、超高清视频设备、高端电子等数字经济制造业项目。加强数字经济产业链招商，招引一批强链补链项目，重点抓“来了就能落，落了就能产”的大项目，加快落地项目的开竣工速度。实施“雏鹰行动”“雄鹰行动”“凤凰计划”企业梯次培育行动，搭建多层次资本对接平台，推动数字经济企业小升规、股改、挂牌和上市，开展科技企业新“双倍增”行动，培育一批单项冠军、隐形冠军、“小巨人”及高新技术企业。

二是加快数字经济集聚发展，构建数字经济“一核心多区块”错位发展格局。2022 年，温州市制定数字经济集聚区、国际云软件谷等建设方案，根据温州市数字经济发展规划的空间布局，重点建设温州数字经济集聚区核心区，打造国际云软件谷区域品牌，并辐射带动多个重点区块构建“一核心多区块”发展格局，形成具有全国影响力、温州辨识度的软硬件协同发展数字经济集聚区。其中，数字经济集聚区依托沿江发展轴打造温州数字经济集聚区核心区，以鹿城区、瓯海区、乐清市、瑞安市、永嘉县、平阳县、苍南县、瓯江口产业集聚区、浙南产业集群区等地形成的多个数字经济产业发展重点区块为“多区块”，凸显发展首位度，同时辐射带动多个重点发展区块，实现多地错位协同发展。加强集聚区内重点数字经济产业平台建设，优化数字经济产业存量，同时围绕数字经济主攻方向，做大数字经济产业增量，实现数字经济集聚发展。目前，已出台数字经济集聚区核心区“数字未来城”具体建设方案，正在加快推进核心区规划功能变更、配套设施建设和重点平台建设。国际云软件谷开园，举办2022 中国软件业创新发展大会，现场签约慧与（中国）等 14 个项目，落地长三角软件品牌一体化温州赋能基地等 6 个平台，揭牌成立数字双碳研究中心。中国数安港开园，召开“瓯江论数　数安中国”2022数据安全发展大会，招引26家企业入驻，成立浙江省大数据联合计算中心等机构。推进正泰（乐清）物联网传感器产业园、北斗产业基地等重点园区建设，招引培育数字经济龙头企业。做好瓯海国家大学科技园数字经济产业园、中关村信息谷（温州创新中心）等基地的运营工作，加快已入驻企业培育孵化。大力推进“大好高”项目招引，依托全国重点数字企业招商地图和温州市数字经济产业分布图，围绕新一代信息技术产业，实施大招商、招大商。正威电子、星曜半导体、大唐5G等新一代信息技术产业加快落地。

截至2023年4月，温州市多个产业集群已经粗具规模，取得阶段性成效。温州国际云软件谷核心区和中国（温州）数安港是其中的典型。

（1）温州国际云软件谷。2022年4月，温州市出台《温州国际云软件谷建设方案（2022~2024年）》（温政办〔2022〕25号），规划着力构建“一核多极”发展格局，一核引领、多极联动，合力打造温州国际云软件谷区域品牌。温州国际云软件谷规划面积7平方公里，主要提供办公用房（面积约100万平方米），用于培育以云计算与工业互联网为主的软件产业、以5G数字通信为主的数字智造产业、以光子发展为主的集成电路产业、以数字贸易为主的数字服务产业。其中“一核”是指国际云软件谷核心区。该区以DXC温州国际云软件生态平台和文昌创客小镇为核心区，进一步引导创新要素资源集聚，打造引领温州市软件和信息服务业发展的主引擎。“多极”指以鹿城区、瓯海区、乐清市和瑞安市为多个增长极，发展软件和信息服务特色应用产业，打造细分领域发展的新战场。

自建成以来，温州国际云软件谷加快优化空间布局规划，加速建筑微改造，推动重点园区集聚发展；加快打造产业链条生态，招引数字经济头部企业总部，梯次培育新一代优质数字经济企业，搭建高能级科创平台体系；做好综合要素保障，加强产业发展人才保障，招引专业化科技园区运营团队，已经取得一系列成效。第一，人才引培。目前，温州国际云软件谷已经汇聚 HPE、IBM、DXC 和上下游企业 564 名数字化工程师，引入 11 位头部人才（包括 6 位海外博士、3 位绿能海外专家以及 2 位头部产业高管），累计培训人才 524 人次。第二，企业招引。HPE 已经完成 10 家 HP 下游数字化企业落地（其中 4 家为软件服务类规上企业），计划在国际云软件谷发布会落地签约。与 Micro Focus、IBM Kyndryl 的招引沟通也在顺利推进。第三，云平台建设。目前，智能云软件公共测试服务平台二期项目已初步具备承接软件测试业务能力。智慧医疗云平台功能开发已完成。第四，诺奖数字双碳研究中心。该中心围绕“电力供给侧价格机制”展开研究与应用，持续研发完善动态大数据智能监控面板内容，同时不断补充竞价平台原型准备板块内容。

（2）中国（温州）数安港。中国（温州）数安港全称为中国（温州）数据智能与安全服务创新园，总规划面积 3.23 平方公里，于 2022 年 5 月开园。随着时代的发展，数据要素已经成为重要的战略资源，以数据要素为核心的“第四产业”也呼之欲出。温州市聚焦打造“千年商港、幸福温州”的目标，统筹推进物流港、商贸港、金融港、总部港、数字港“五大港”建设。数安港就是其中数字港的核心。数安港围绕落地一个数据智能与安全服务创新园、一个大数据联合计算中心、一个大数据交易中心、一套数据安全与合规体系、一套市场化交易机制、一系列专业司法保障部门（包括全国首家数据资源法庭、数据资源仲裁院、数据资源公证服务中心）、一个工程师学院、一个数据安全发展大会和一个数字产业基金的“九个一”架构，高起点规划、高标准建设、高效率推进，为全国数据要素市场化配置改革探路先行，蹚出合法合规的数据市场化新路子。截至目前，在开园不到一年的时间内，数安港已与 60 家企业达成实质性合作，招引落地中国电子、成都申威、浙数城市大脑、联仁健康、每日互动等 44 家企业，计划五年内引育数据安全行业企业 100 家以上、相关数字经济企业 500 家以上，入驻专业人才 1 万人以上，力争“3 年成规模，5 年破千亿”，着力打造领跑全国的数据安全与应用产业集群。

（二）推动产业数字化转型，探索数实融合新模式

温州市深化数字技术和实体经济融合，推进产业数字化转型升级，在制造业、服务业等领域加强政策引领，提升传统产业的智能化、信息化和数字化水平，增加数字化应用和创新场景，推动数字经济创新提质。

一方面，加快制造业产业数字化进程，利用数字化赋能制造业提质增效。一是探索建设产业大脑温州版。迭代升级温州市工业大数据平台，拓展政府侧功能，加快建设工业项目“一码管地”、产业人才“一键成像”、小微企业园“一图智达”等特色应用场景。加快企业侧平台建设，围绕温州市“5+5+N”产业集群，重点培育一批区域级、行业级工业互联网平台，形成一批工业 App。以打通政府侧和企业侧数据仓为目标，在一至二个优势产业建成产业链数据中心，建成产业大脑数据仓。

二是加快工业互联网发展。紧扣浙江省 SupET“1+N”工业互联网平台体系 2. 0 建设要求，围绕温州市“5+5+N”产业集群数字化转型，打造工业互联网平台体系，推进“一集群一平台”建设，引进培育一批成熟平台服务商，引导龙头企业建成一批企业级、区域级、行业级工业互联网平台。建成一批“5G+工业互联网”应用场景，形成一批工业互联网平台，赋能产业集群数字化转型解决方案。

三是推动产品智能化升级。紧扣智慧能源、智能家居、智能网联汽车和可穿戴产业的发展趋势，发展“5+5+N”产业智能装备产品。

推进进口装备国产替代和“卡脖子”技术攻坚，深入实施制造业首台提升工程。推动乐清等地从以中低压电器产品、电网设备为主，向高压成套、智慧能源方向发展。引导瑞安等地重点企业对接智能网联汽车，推动汽车零部件产品向智能网联汽车电子产品升级。引导永嘉等地装备产业向重大产品和成套装备的智能一体化发展。鼓励鞋服、眼镜等产业龙头企业开发智能可穿戴设备，加快锁具、家具等产品转型为智能化产品。

四是加快推进企业智能化技改。温州市出台“千企智能化技改”行动计划，打造“5+5+N”工业互联网平台体系，构建多层次新智造企业群体。致力于增加智能化技改项目和工业技改投资，提高机器人应用率和重点工业企业设备联网率。全面提升生产制造智能化水平，实现全流程动态、优化和精准决策，发展智能化制造新模式。发展网络协同制造、个性化定制、服务化延伸、数字化管理等制造新模式。具体而言，基于工业互联网平台汇聚设备、技术、数据资源，打造贯通供应链、覆盖多领域的网络化配置体系，发展网络化协同新模式。鼓励企业开展基于个性化产品的研发、生产、服务和商业模式创新，促进供给与需求精准匹配，发展个性化定制新模式。重点推动规模以上企业打通内部各管理环节，打造数据驱动、敏捷高效的经营管理模式，发展数字化管理新模式。

五是培育新智造企业群体。大力实施新智造多层次培育、特色化标准、一体化创新、“5+5”分行业示范、全流程服务等五大体系，全面促进新一代信息技术和制造业的深度融合，持续扩大工业信息工程服务资源池，打造一批标杆性的智能产线、智能工厂（数字化车间）、“未来工厂”，构建多层次新智造企业集群。以特色小镇、小微企业园等为重点，推进 5G、大数据、云计算、物联网、工业互联网等建设，推动建设“园区小脑”，强化工业互联网和园区小脑的集成应用，探索园区开展基于产业大脑的场景应用。

截至 2023 年 4 月，温州在制造业数字化转型方面也形成了可推广的创新案例，取得阶段性的成果。例如，乐清电气产业形成了“行业产业大脑+企业数字化改造”的新模式。乐清电气产业作为 45 个国家先进制造业集群之一，约占国内低压电气市场份额的 65%，但仍存在企业数字化转型成本较高、产业链协同效率较低、运维服务管理能力偏弱等问题，亟待构建基于行业特性、服务集群企业的智造新模式。

针对这一问题，乐清市提出三大举措。一是发挥细分行业产业大脑在数字化转型领域的一站式服务输出能力和服务集成能力，构建“1+N+X”数字化改造解决方案，形成以 1 个产业大脑数仓为主、集成分包商“N+X”应用场景的数字化改造总体格局。二是大力推进“标准化+个性化”改造。编制乐清市中小企业数字化改造“N+X”框架清单 1.0 版。在共性场景方面，筛选企业需求最迫切的生产制造管理、生产计划排程、购销存管理等 8 个基础应用场景模块，初步确定标准化合同，定价 50 万元，实施周期 2 个月左右；在个性场景方面，针对企业的不同规模和不同发展阶段，已完成梳理研发设计、产品数字化等 15 个模块。按照“政府补一点、平台让一点、企业出一点”的思路，以示范样本企业 50%、推广应用企业 35%的比例，统筹强化对共性场景的软件投资补助，对个性化场景则按照现有政策高线执行。三是探索形成一系列标准化工作机制。实行数字化改造推进半月例会制，并联合省智专委乐清指导组，强化全流程指导服务，形成总承包商诊断部署、标准化合同、第三方监理等工作机制。同时，依托细分行业产业大脑聚焦行业特性，服务产业集群，推进该产业链上下游中小企业开展协同数字化改造，通过轻量级、易部署的方式，提升产业集群中小企业数字化改造的积极性和覆盖率。经过这些改造，企业可实现平均整体运营成本降低 10%、产品不良率降低 10%、生产效率提升 25%。在下一步工作部署中，乐清电气产业还将加大金融支持力度，与浙商银行签订战略合作协议，给予 3000 万元数智融资业务专项授信额度，推出数字化“改造贷”产品，利用智能电气产业大脑金融中心，给予快速放贷和利息优惠，提升企业加快数字化改造意愿，保障实施质量和效果。

另一方面，温州市也在服务业和农业等领域实施数字化提升战略，针对货运配送、数字金融、农产品销售等不同行业出台政策，推动服务业数字化提升和农业数字化转型。

在服务业领域，加快推进国家绿色货运配送示范城市创建、国家城乡高效配送试点城市建设和商贸服务型国家物流枢纽建设，规划建设一批城乡配送中心和智慧物流园。积极发挥温州国家综合物流信息平台作用，加快建设物流综合数据信息港，推进空港、海港、陆港、信息港四港联动，集聚一批智慧物流龙头企业。加快实现金融综合服务平台县域全覆盖，加快实现不动产线上抵押登记服务全覆盖，建立并完善基于金融综合服务平台的信用评价体系。打造数字普惠金融服务体系，加快推动线上融资服务覆盖小微企业、创业创新和“三农”等群体。全面推进数字支付工程，进一步完善风险预警功能，加快探索建设金融科技监管沙盒，构建国内一流的金融监管平台。

在农业领域，利用物联网、大数据、智能传感器、无人机等技术设备，加强农业大数据标准化体系建设，结合卫星遥感、地图测绘、水务环保、气象等数据，打造数字化应用支撑体系，形成农业农村系统闭环的数字协同工作平台，构建温州市数字乡村综合服务平台。通过数字化重构三位一体合作组织和利益联结机制，建设数字乡村三位一体服务平台，推动生产管理线上化、流通营销网络化、信用服务数字化，打造“一码展示、一屏掌控、一键通办、一网交易、一图统管”的为农服务网络体系。实施电子商务进农村综合示范工程，支持建设电子商务专业村和农产品上行示范村，探索开展农村新零售。全面推广农文旅融合平台，实施“互联网+农产品出村进城”工程。

实施快递进村工程，推进农村智慧物流设施建设。健全农产品产销一体化信息系统，完善农产品全产业链的安全管控、质量监测和追溯体系，推进“肥药两制”改革，构建肥药“进销用回”的数字化管理体系。加快数字科技在农产品全产业链深度融合应用，加快数字农业科技、关键共性技术攻关，推进生产环境、生产过程、质量安全、生态保护等环节的数字技术应用。探索推进柔性加工、人工智能、虚拟现实、大数据认知分析、区块链、5G 等前沿技术在农业领域融合应用，建立健全智慧农业技术体系。

（三）完善数字基础设施，加快智慧城市建设

为了适应数字经济发展的新要求，温州市持续加大投入力度，坚持技术创新和政策引领相结合，出台了一系列扶持政策和举措，以积极推动完善数字基础设施和加快智慧城市建设进程。

一方面，加快完善数字基础设施，增强网络支撑能力。实施 5G“百千万”行动计划，打造“5G+”创新发展标杆城市。加快网络基础建设，深化下一代互联网 IPV6 规模部署，推动网络、应用、终端全面支持 IPV6。推进光网城市建设，优化完善城域网和接入网。布局全域感知物联网基础设施，加强物联网、智能传感网等感知神经元在数字城市基础设施、社区基础设施、乡村基础设施的部署。以北斗产业基地为依托，推进北斗卫星时空信息服务设施、导航定位基准服务系统建设。支持“互联网+航天+通信”融合创新，打造天地一体化信息网络。打造云数据中心，深化数据中心“云+边+端”一体化协同发展，打造全省云计算副中心，争取建设国家级区域性数据中心。部署融合基础设施，推进物联网、视觉识别、安全物联网、数字孪生等技术在城市基础设施领域应用，加快交通、能源、商业、物流、环保、水利、海洋、气象等传统基础设施数字化、智能化升级。推进杆塔资源共建共享，构建神经元级城市感知网络。其中，乐清市

作为省信息经济发展示范区，入选数字经济“一号工程”省督查激励名单，聚焦数字经济发展硬件升级，围绕城市和农村宽带提速、5G网络部署、数据中心建设、下一代互联网升级等领域，加大网络基础设施建设投入。仅2022年，乐清市就完成5G基站新建改造519个，开通815个。

另一方面，推动政府和社会数字化应用，提升数字化服务水平。温州市出台政策，深化数据资源开发共享，加强数据采集整合，鼓励企业利用物联网技术实现全流程数据采集，切实提高数据质量和时效性。推动数据资源的创新应用和价值挖掘。推进数据开放应用，加大公共数据开放力度，积极推进公共数据和社会数据的融合应用，撬动相关数据产业发展。深化政府服务提速提效，加强跨部门数据共享、流程再造、业务协同，深化掌上办事、掌上办公、掌上治理。推进政务服务“一网通办”“全域通办”“跨省通办”，推出100项“智能秒办”事项。推动个人和企业全生命周期一件事集成改革，促进机关内跑提速。加快建设温州数字化改革支撑总平台，完善城市基础信息大数据，加强公共数据开放和价值开发。重视个人信息保护和数据安全。滚动实施百项城市小脑应用场景，抓好经济社会发展十大领域数字化转型。作为温州市数字经济发展综合评价指数最高的地区，乐清市持续推进政府数字化转型，深化“最多跑一次”改革，有力推进“互联网+政务服务”、“互联网+监管”和“互联网+协同办公”等多项工作，深化多业务协同综合应用和数据归集共享开放工作。出台“数字经济新十条”“新基建十条”等大力度的政策。牵头搭建的“最多报一次”系统成功入选省政府数字化转型“观星台”优秀应用，被评为温州市数字化改革十大标志性成果之一。总而言之，温州已经打造出全面数字化改革、数字赋能驱动高质量发展的“乐清样板”。

在浙江省委、温州市委数字化改革决策部署下，温州政务服务等领域均实现智能化升级，打造出一批具有温州辨识度的政策成果。例如，温州市迭代组织架构、深化切口创新、紧抓应用实效，推进数字经济系统建设，实现省市县门户三级贯通。2021 年，温州数字经济系统建设工作在浙江地市考评中获得“优秀”等次，数字经济系统综合门户考评超过杭州，位居全省第二。在浙江全省县市区考评中，温州获评“良好”以上县市区数量居全省第二，其中乐清、鹿城获评“优秀”。瑞安联建的“浙里”产业链监测应用入选数字化改革第二批最佳应用，乐清的智能电气产业大脑获评“优秀”，洞头联建的渔业产业大脑获评“良好”。瑞安联建的产业链“一键通”、温州市科技局联建的“职务成果转化在线”和“企业研发在线”等应用获数字经济系统第一批优秀省级重大应用，市科技局的“科企通”、市金融办的“温州金融综合服务”等应用获数字经济系统第一批优秀地方特色应用。2022 年，“科企通”“温州金融综合服务”“鹿城未来农贸”“电商智汇服务在线”“汽车零部件行业小数据”等应用入选省级地方特色应用，鹿城未来农贸应用入选全省“一地创新、全省共享”一本账。此外，温州按照“四横四纵两端”整体架构，系统性推进平台建设，持续提升一体化、智能化水平，不断夯实数字化改革数据底座。温州“城市大脑”、基层智治大脑入选全省“最强大脑”，“两客一重一危”安全驾驶智能模块和数字孪生供水安全监测两个应用（模块）入选全省“一地创新、全省共享”一本账。温州金融综合服务平台上线以来已累计为 6 万余家企业提供超 4000 亿元融资服务，贷款投放接近 2000 亿元，并先后获评“新华信用杯”全国优秀信用案例、第五届“绽放杯”5G 应用征集大赛智慧金融专题赛三等奖。

（四）创新场景应用，催生数字经济新业态新模式

温州市电商产业起步早、基础扎实，早在 2014 年就获评第二批国家电子商务示范城市。近年来，温州市紧跟电商迭代步伐，夯实电

商提质扩面基础，聚力发展电商新业态，强基础、抓培育、谋创新、抢风口，成效显著，亮点纷呈，有力地促进了全市数字经济新业态新模式持续快速健康发展。

一是出台新政策，引领线上经济新发展。出台《温州市促进新电商经济高质量发展三年行动计划（2023～2025）》（温政办〔2022〕78号），明确总体工作目标，到2025年要基本完成市级新电商经济核心区招商、孵化和企业入驻等工作，累计实现成交额超500亿元；建成县（市、区）级新电商经济特色集聚区12个；建成新电商园区（基地）30个；引进知名新电商平台、运营中心或孵化中心5个，10亿元级头部新电商企业3家，“网红”时尚国潮创意团队10支；培育本地中小新电商平台30个、新电商从业人员5万名、新电商品牌100个、时尚国潮类自主IP50个；全市新电商成交额达到3000亿元。

二是谋划集聚区，打造一批示范样本。温州市按照“一核多点”战略，建设市级新电商经济核心区和县级新电商经济特色集聚区。瓯海已率先布局，规定在中央商务区（四至范围为东至沉木桥路、南至龙舟河、西至秀浦路、北至瓯海大道），依托20幢商务楼宇空间，布局新电商总部核心集聚区，支持新电商平台、新电商品牌、直播机构（MCN）等直播电商产业链优质企业入驻集聚，打造业态丰富、要素齐全、示范集聚的新电商贸易服务中心。截至目前，温州已培育国家级电子商务示范企业4家（红蜻蜓、奥康、联欣科技、国技互联）、省级电商产业基地29家、省级新零售示范企业14家、省级电商交易平台企业20家、省级直播电商基地5家、省级电商产业示范基地2家、市级电商重点销售企业55家、市级电商重点服务企业46家、市级电商重点交易平台企业32家、市级电商产业（直播电商）基地26家、市级产业公共直播间10家；跨境电商省级产业园3家、市级产业园3家、特色产业园10家；培育跨境电商引领型企业8家、优秀服务商 20 家、省级知名品牌 11 个、跨境电商进出口 2000 万元以上的企业 79 家。累计培育省级示范类电商直播式共富工坊 33 个，其中 11 个收录至全省 2022 年度电商直播式共富工坊优秀案例集，12 个获评为市级三星级共富工坊，12 个获评为省级示范类电商直播式共富工坊，同步获得省级专项资金激励支持。温州医科大学入选第二批国家特色服务出口基地（中医药），梧田老街数字生活街区获省财政 180 万元补助。5 个试点县（市、区）在浙江省产业集群跨境电商发展试点工作绩效评价中获评“A 级”，15 个产业集群获批省级产业集群跨境电商发展试点，数量均居全省首位。

三是招引好项目，推介优质资源。温州抖音鞋靴直播基地已正式启用，成为全国首家鞋靴垂直类抖音产业直播基地。京东已在温州落地“京东云数字经济浙江区域总部”和“亚洲一号仓”两个项目，电商的承载和辐射效益显著。陈洁直播选品事业部和遥望科技两个项目已签订合作协议，正在积极推动落地政策和场地事宜。正在洽谈的招大引强电商项目中国商务直播平台（商务优选）、中国计量大学社交电商产业园、眼健康光明优选、飞象新零售俱乐部、中国眼谷直播电商综合体等，均已进入可行性论证阶段。此外，温州市密切接触阿里巴巴、抖音、京东、快手等头部电商平台，联合全市各大电商产业基地、商协会、产业带共同开展“暖春复苏计划”系列活动。积极利用头部电商平台资源优势深耕温州细分产业赛道，以招商会、资源对接会、诊断操盘分享等形式，将电商新玩法、新思路、新技巧带给更多本土特色产业带企业。举办天猫 1688 百人规模资源推介会，现场到会商家 120 余家；举办天猫适老家居板块业务招商推介会，现场到会商家 60 余家；举办“春上新——抖音电商温州鞋包招商会”，现场到会商家 100 余家；举办天猫 1688 暖春资源推介会，现场到会商家 150 余家。下一步，温州还将发布和组织更多头部平台资源对接活动，持续为拓展线上销售渠道赋能助力。

四是打造好圈层，营造电商发展友好环境。截至 2023 年 4 月，针对前期温州电商圈子氛围欠缺、创新驱动和引领发展力不足问题，温州市重点推动电商生态链搭建和“圈层”氛围营造工作。例如：重启市网络经济企业联合会纳新、换届选举以及秘书处迁址工作，激活市电子商务公服中心活动筹办、资源对接、诊断分享等工作职能，组织开展市电子商务专家库（国内电商）成员推荐工作，筹备成立市电子商务研究院等；指导瓯海区、永嘉县和平阳县分别打造瓯海直播电商集聚区、永嘉三江立体城-瓯北工业园区电商集聚区和平阳十百千万电商工程；同步招引杭州市飞象新零售俱乐部（民间电商社群组织）落户温州，并与中国眼谷直播电商板块建立长效合作机制，助力本地电商社群组织搭建、供应链资源整合以及选品、诊断、操盘等资源分享。此外，温州市推动形成数字贸易生态新品牌，跨境电商“一网通”线上服务平台获工信部全国地市级网站优秀创新“十佳”案例称号。温州持续举办“跨客”跨境电商高质量发展论坛等一系列生态培育活动，开展跨境电商交流对接活动 155 场，圆满举办首届丝路电商合作论坛。

五是加强职业技能培训，培养电商新人才。由温州市商务局主办、温州爱唐网络科技有限公司承办的 2022 年度电商专题培训班已完成一期“短视频制作班”、二期“拼多多全运营班”和三期“京东全运营班”所有培训任务，共计培训 2500 人次。不仅如此，温州市还同步加快推进新东方直播培训项目落地。经双方多次研讨，现已确定具体培训方案，一期培训由瓯海区政府和市商务局共同主办，新东方浙江学校为培训支持单位，瓯海区给予活动安排、场地协调及相关培训经费支持。温州市商务局建成 7 所市级跨境电商学院分校区，联合市教育局开展温州市首届跨境电商人才技能仿真竞赛，引导高校“以赛代训”提升专业学生实操能力和综合素质，激发跨境电商人才原动力，完成跨境电商职业技能人才培训 1.67 万人次，人才培养评价得分居省内首位。瓯海区牵头成立“新电商亿元俱乐部”，打造企业互促互利平台，召集首批 25 家亿元电商企业创始人及高管入会，打造“亿元”带“千万元”、“千万元”带“百万元”的新电商人才交流组织，同时与温州科技职业学院等本地高校合作设立直播学院，引入新九门学院、芽豆直播等市场培训机构，年均组织开展电商技能培训超 3000 人。

三　数字经济创新提质的经验启示和未来政策方向

目前，数字经济已成为我国经济发展的重要支撑，也是推进高质量发展、建设现代化经济体系的必然选择。中央及浙江省关于数字经济发展的政策文件多次强调数字经济在推动经济转型升级、优化经济结构、提升经济质量和效益等方面的重要作用。温州市作为浙江省数字经济发展的重要力量，实行了一系列具有针对性的政策措施，推动数字产业融合发展、构建数字经济创新体系，加强数字基础设施建设，全力打造“云上温州”和数字强市。在这一过程中，温州市积累了一些经验启示，值得进一步推广。

（一）温州数字经济创新提质的经验启示

1. 充分发挥市场主体力量，实现电商赋能实体经济

温州市早年就以“温州模式”闻名全国。民营企业、市场经济一直是温州经济发展的关键词。近年来，温州更加强调市场在资源配置中的决定性作用，强调市场主体活力的重要性。在疫情影响线下经济、直播电商异军突起的形势下，温州市结合自身电商发展迭代趋势，提出锚定新电商、新风口、新赛道的目标，将发展新电商作为支撑数字经济发展和引领战略性新兴产业全球化发展的重要抓手。这充分彰显了温州市场经济的发展活力，也彰显了温州民营企业家敢闯敢

干的精神。无论是在电子商务平台、在线支付系统还是新兴的互联网创业项目中，温州民营企业都以高度的创新性和竞争力，迅速崭露头角，成为推动线上经济腾飞的强大引擎，为线上经济发展注入源源不断的活力。

具体而言，温州深挖轻工制造业潜力，充分发挥“世界温州人”优势，邀请头部主播为本土鞋服、食品、农特产品等产品带货。瓯海区积极对接淘宝头部主播陈洁 KiKi，打造温州专场直播活动，已连续举办四场，场均销售超 2000 万元，成为全省首个也是唯一县级政府与头部主播合作的地区。与此同时，各乡镇同样结合“互联网+”思维，依托当地产业优势，引导传统特色产业和产品“触网发展”。例如，马站镇通过抖音直播平台开展四季柚产地直播活动；宜山镇直接从事针织内衣产业的市场主体近 3000 家，从业人员约 3 万人，网络经营市场主体约 2500 家，年产值超 60 亿元，网络电商交易额约 30 亿元，因势利导打造中国内衣名镇电商网红直播基地。

与此同时，温州积极完善仓储物流布局，加快直播基地建设，为电商行业迅猛发展提供有力的支持和保障。例如，在完善仓储物流布局方面，瑞安市强化县级和镇级电商物流共配中心枢纽功能，辐射周边乡村，完善农村物流末端网络建设，实现村级电商服务站（点）行政村服务覆盖率 100%，提高了物流运输的时效性，降低了物流运输成本。平阳县建设国内电商公共仓储，推动瑞鸟电商园云仓改造提升，构建电商公共仓储体系，为企业提供统一仓储、一件代发、数据分析等后端服务。截至 2023 年 4 月，云仓日均发货量达 3 万单，帮助企业节约成本达 15% 以上。在基地建设方面，瑞安市积极构建本土化直播生态圈，投运公共直播基地，大力支持娅莱娅、卡贝等产业（直播）基地建设，打造温州特色直播基地圈，培育“小英夫妇”“乡村赵大姐”“巧哥”等结构优、特色明的本地主播队伍。平阳县建设数字云产业基地，打造云产业综合赋能平台，涵盖智慧物流枢纽、超级供应链中心、产业带特色馆、电商众创空间、超级共享社区等五大项目板块，构建平阳北港地区大型青年电商创业平台，成功招引数字产业企业100余家，实现销售额新增1.5亿元。

2. 从各县（市、区）实体经济基础出发，采用差别化发展战略

在数字产业化进程中，温州各县（市、区）根据自身发展基础和区位优势，形成了优势互补的产业集群格局。温州市根据各县（市、区）实际情况编制重点数字产业分布图、全国数字产业重点企业招商图，作为各地精准招引数字经济企业的目录，深入推进数字经济“双百计划”和杭温合作十大项目，依托瓯江口、浙南产业集聚区和浙南科技城等三大阵地，实施精准招商、定点招商。聚焦数字经济“双百”企业名单，实行“一对一”动态服务培育。近三年，累计招引亿元以上数字经济项目131个，成功落地正威国际、DXC、大唐5G、中国长城计算机、北斗产业基地等一批重大项目。其中，DXC国际云软件生态平台实现数字经济百亿级项目突破，并入选浙江省招商优秀案例。这样的发展模式既避免了产业同质化带来的效率下降和资源抢夺，又形成了更强的集聚效应和品牌效应，为温州市数字经济产业的集群化发展打下了坚实的基础。

在推进直播电商、数字贸易等新业态新模式快速发展方面，温州同样形成了差异化的发展战略。例如，鹿城区深入实施文旅电商促消费工程，以五马历史街区、江心屿、小坝坊等鹿城新地标为核心，以10条鹿城文旅精品线路、十大鹿城特色小片区、十大鹿城特色名小吃等为主题制作相关直播短视频，吸引全国范围内游客来鹿城旅游消费。瓯海区依托中央商务区空间和区位优势建立全区电商贸易中心，引入高利国际进行统一运营，形成总部经济、商务办公、金融、酒店、商业街区等综合业态集聚阵地，吸引大量电商新业态企业入住集聚，孵化出日直播销售额800万元的主播红奇传媒MCN机构、年线上销售近千万双童鞋的小米步、“马克华菲”女鞋电商总部聚石科技

等诸多电商企业。瑞安市凸显地方特色，打造电商助农新模式，培育农村消费新场景，还深入推进平阳坑镇“善康农业”、陶山镇“蔗里”、马屿镇“森活本味”直播间等共富工坊建设，实现企业、村集体、小农户三方共赢共富。永嘉县与淘宝（中国）软件有限公司、浙江元旨科技有限公司正式签订淘宝闲鱼产业带基地合作协议，落地浙南首个闲鱼产业带基地和淘宝直播基地。2022 年建成的浙南农产品电商交易中心，成为永嘉县北部山区辐射浙南的农产品电商交易中心。

3. 强化平台一体化优势，推动数字化转型

温州以“数字化改革先行市”为总目标，围绕“一个核心”“两个服务”“三个再造”，积极推动数字经济系统建设，加快数字政府、数字社会等领域的数字平台建设，大幅提高全市数字化服务水平，全力打造智慧城市。例如，在深入推进数字政务建设、提高政务服务效能方面，温州市制定“最多跑一次”“最多报一次”等目标，强化平台一体化优势，推行“一网通办”、智能化办公等多个政务服务模式。其中，“一网通办”作为一站式政务服务平台，通过整合多个部门的政务服务资源，节省了居民和工作人员大量时间成本。智能化办公则利用人工智能等技术，提高政府办公效率，降低工作成本，推进政务数字化转型和现代化治理。

不仅如此，温州市政府部门上线一系列与企业、居民政务办理息息相关的应用程序，实现多平台协同，提升办事效率。以温州金融综合服务平台为例，平台包含企业、银行和政府端，通过数据的统一采集、分析、共享和运用，与其他相关平台协同，大幅提升了城市管理水平，实现了城市信息的智能化管理。具体而言，温州金融综合服务平台在国家层面与信易贷平台（国家发改委）对接，在省层面与省金融综合服务平台（省银保监局）、贷款码（省人行）、省保证登记系统（省人行）、省信用信息服务系统（省人行）互联互通，在市层面与信用温州（市发改委）、企业码、帮企云、金融大脑（市金融办）、电子营业执照（市市场监督管理局）等平台融合，在县市区层面对接包括产业智脑（瓯江口）在内的相关平台，真正实现国家、省、市、县四级纵向贯通，市级层面多部门横向互联。在已知相关平台中，温州金融综合服务平台是系统对接数最多、融合程度最高的，先后获评“新华信用杯”全国优秀信用案例等多个奖项。

（二）温州数字经济创新提质的未来政策方向

1. 抓住线上经济发展机遇，培育有核心竞争力的产业品牌

电商产业等新模式新业态本来是温州数字经济发展的优势板块，也是温州市场经济高度发展的重要成果。尤其是疫情发生以来，行业线下发展受挫，温州数字企业抓住机遇，成功将“人口红利”转化为“流量红利”，大大增强了经济增长的韧性，为疫后经济发展注入了新动能。但是，温州市与线上经济联系较紧密的产业多为劳动力密集型制造业，企业间可替代性较强，创新模式也以商业模式创新为主，底层核心产品的创新力还有提升空间。因此，培育有核心竞争力的线上品牌成为亟待解决的重要问题。

针对这一问题，可以对电商创新企业进行扶持，提供资金、技术和政策支持，鼓励企业加大研发投入，加强技术创新和市场推广，打造具有国际竞争力的电商品牌。企业也应该提高自身创新能力，探索新的商业模式和市场定位，通过提升产品品质和服务水平，优化消费者的购买体验，扩大市场占有率。同时，企业也应该加强品牌建设和宣传，整合各类直播资源，打造温州整体直播品牌，搭建直播营销矩阵，打造品牌宣传阵地，提高品牌知名度和美誉度，从而增强市场竞争力。

此外，还可以加强企业间联系，集聚实力，加强技术合作，打造数字经济生态圈。具体而言，应进一步提高电商产业基地综合效能，

加强电商基地建设综合性扶持，提供免税、奖补等财税支持政策，为企业提供更好的办公环境和配套设施，积极引导品牌电商企业入驻各级电商产业基地，引导社会资本创办电商产业基地。鼓励制造业企业剥离电商事业，成立独立的电商子公司，并进驻基地集聚发展。通过建设共享平台，加快专业大市场向电商产业基地转型升级，实现企业资源的优化配置和市场的共同拓展，提高整体市场占有率，实现抱团发展。此外，还可以为企业提供数字技术交流和培训平台，鼓励企业开展技术合作，共同攻克技术难关，资源共享、优势互补，共同实现技术创新和产业升级，提高企业的市场竞争力。

2. 建立专业技术人才引入和培养机制，优化人才发展环境

数字人才是产业数字化转型和数字产业规模扩大的关键。目前，各地区数字经济发展如火如荼，然而人工智能、大数据、云计算等方向的高层次专业人才仍高度集聚在北京、上海等大城市，工作选择也大多集中于大城市头部企业和研究机构，进入非省会城市、非特大城市的比例较低。因此，温州市和全国的非省会城市、非特大城市均面临高层次人才短缺、人才“引不进”“留不住”的问题。这一问题产生的主要原因包括两个方面。一方面，大城市大企业薪酬待遇普遍较高，更具吸引力。针对这一问题，应切实提高新引入人才的生活保障水平，降低生活成本，减少外地户籍来温人员后顾之忧，鼓励和引导各类科技企业和创新人才落户温州，促进创新创业，培育数字经济新动能。同时，继续依托世界青年科学家创业创新园、世界青年科学家峰会等载体，吸引人才来温开展创新活动，创办创新中心和创新园区，提高温州数字经济知名度；进一步深入实施“鲲鹏行动”“启明计划”等各类引才引智计划，落实人才新政，集聚一批数字经济高端人才。另一方面，这些城市缺乏阿里巴巴、京东这些特大型互联网企业，发展机会少、发展空间小。针对这一问题，应加强同上海、杭州等地合作，引进浙大温州研究院、光子集成研究院等高能级平台，

推动产业交流，加快产业发展，进一步优化人才资源环境，为数字经济的创新提供充足的人才支持。

此外，还应加强技能培训，加快当地数字贸易、网络直播等新业态人才培养。引导第三方社会评价机构积极培育电商技能人才，整合教育、培训和鉴定资源，调整当地大中专院校专业结构和课程设置机构，提高院校知识向技能的转化率。加强专业型和复合型人才培养，创新“引育管”人才机制。培育行业个性化专业主播，鼓励建立主播人才共享库等创新电商人才共享流通机制。加强数字贸易人才引育。强化与本地高校联动对接，开设数字贸易相关专业，推动学校与企业合办“就业订单班”。鼓励社会培训机构开展数字贸易相关职业技能培训，构建政府、高校、社会、企业多方联动的人才培养体系。

3. 发挥示范城市带动作用，缩小各县市区数字经济发展差距

温州市数字经济产业整体欣欣向荣，涌现出一批示范企业、示范基地，为全市数字经济创新提质提供了模范和样本。然而，各县市区数字经济发展差距仍然较大。根据《浙江省数字经济发展综合评价报告》，乐清市各项指标均在全省名列前茅，而其他县市区排名则还有很大提升空间。因此，应当切实发挥示范城市、示范企业的带动作用，缩小各县市区数字经济发展差距。具体而言，一方面，应发挥政策引领作用，推动制造业数字化升级。温州是轻工业之都，拥有雄厚的产业基础和较为健全的传统销售网络，具有制鞋、制革、服装、电器等 16 大特色产业，商品类目丰富。因此，应在全市范围内推进“两化”深度融合，继续深入实施千企智能化工程，遴选工程服务机构组建智能化技术改造军师联盟，以政府购买服务的形式成批量参与智能化技术改造诊断服务，有效提升数字化基础较差地区的中小企业实施智能化技术改造的积极性。

另一方面，应发挥各县市区制造业优势，把握电商发展机遇，实现数字经济新业态新模式的跨越式发展。温州各地区的制造业各具特

色，且在全国市场占有率较高。举例来说，苍南县主营再生棉纺行业，全县有企业 2400 多家，涉及从业人员 10 万余人。仅一个县就汇集着全国半数以上的纺织工业布角料，经加工的纱线、布艺等远销世界各地。永嘉县则以纽扣批发业务闻名，仅桥头镇就有 280 余家企业，从业人数超过 2 万，纽扣及相关产业年总产值达 30 亿元，树脂纽扣产量占全国 70%的市场份额，拉链产量占全国 20%的市场份额。鹿城区全年生产各类鞋子超过 10 亿双，年产值达数百亿元。不仅如此，这些产品具有便于长途运输、供应链渠道完善、渗透力可圈可点等优势，因而十分有利于新型电商发展。因此，应积极把握电商发展新机遇，在各个领域建设电商示范项目，鼓励各地区结合自身产业发展情况学习并创新电商发展模式，加强对当地产品的网络宣传和推广，增加品牌曝光度。鼓励企业将电商渠道与实体店铺相结合，拓宽产品销售渠道。支持企业开拓跨境电商市场，将当地特色产品推广到海外市场。此外，还应当建立健全电商品牌保护机制。针对目前电商市场上假冒伪劣等不法行为对当地产品形象和声誉造成负面影响，可以建立健全保护机制，加大打击力度，保护当地产品声誉，提升品牌影响力，形成具有地方特色的电商模式。

B.6
营商环境优化提升

朱劲燃 *

摘　要： 营商环境对于民营企业家健康成长和民营经济健康发展至关重要。温州市始终把持续优化营商环境作为政府的重要工作目标。2018 年启动“两个健康”先行区建设以来，温州市在持续优化提升营商环境方面做出的卓有成效的努力，使温州成为一块民营企业创新源泉充分涌动和创造活力充分迸发的沃土。温州市在优化提升营商环境方面出台了下述四个方面的举措。首先，优化涉企政务服务，具体包括简化商事登记、推行涉企政务服务全流程改造和打造惠企政策“直通车”三条措施。其次，深化要素市场化配置改革：其一，严格知识产权保护，优化科技创新资源配置；其二，激活数据资源，促进数据要素跨区域流通；其三，深化金融综合改革，增强资本要素配置能力；其四，提高土地资源配置效率，因地制宜引育人才。再次，严格、规范、公正、文明执法，通过建立合法性审查中心实现对政府部门合同的全流程监管。最后，汇通公共数据，免费开放共享。

关键词： 营商环境　政务服务　民营经济　数据共享

* 朱劲燃，中国社会科学院大学经济学院博士研究生。

一　引言

优良的营商环境对于推动我国经济高质量发展具有重要意义。党的二十大报告多次提到营商环境相关内容，把优化营商环境作为构建高水平社会主义市场经济体制的重要组成部分，把营造市场化、法制化、国际化一流营商环境作为推进高水平对外开放的抓手。优良的营商环境能够有效减少市场中存在的制度性行政成本和经济主体间信息不对称造成的摩擦成本，能够让市场经济中的主体尤其是民营企业公平、市场化地获得生产要素，有效激发经济主体的能动性。

企业在经营管理过程中从市场、行政主体、消费者等各方面感知到的所有会影响企业经营决策的外部因素，构成营商环境。民营企业感知明显的营商环境主要可以分为公共服务、市场环境、人力资源、金融环境、法制环境和政务环境六个方面。党中央、国务院做出的一系列关于营商环境的重大部署和出台的政策文件也主要集中在这六个领域。国际上比较有代表性的世界银行《营商环境报告》，主要从交易成本对企业经营造成影响的视角出发，着重衡量行政主体对商业活动的促进和阻碍作用，将对营商环境的考察集中在开办企业、登记物权、获取信贷和强制执行合同等四个对企业影响较大的领域。

温州市在推进营商环境改革、着力培育和激发市场主体活力、促进民营经济高质量健康发展方面始终走在全国前列。2021 年 9 月，国务院发展改革委将包括温州在内的八个地方关于支持民营企业改革发展的典型做法向全国进行了推广。温州被推广的是下述四项措施：上线“企业健康诊断”应用系统、构建“重整企业”信用修复体系、创新“科创指数”融资模式、建立产业链链长制“十个一”工作机制。温州市在着力打造新时代“两个健康”先行区、优化民营经济营商环境的过程中，始终坚持强化责任落实和明确责任主体；始终注重部门间的协同推进，既有顶层设计，又有清晰的跨部门推进机制，综合性地打造良好营商环境；始终强调督查考核，将营造良好营商环境作为政府部门年度考绩项目，建立了定期督查、通报制度。本报告从优化涉企政务服务、深化要素市场化配置改革等四个方面概括温州在启动“两个健康”先行区建设以来优化提升营商环境的典型做法。

二 优化涉企政务服务

优化营商环境、降低制度性交易成本是减轻市场主体负担、激发市场活力的重要举措。市场主体，特别是中小微企业、个体工商户等，在生产经营过程中对市场准入和退出机制、投资和建设便利度、政府对市场主体创新发展的支持力度等行政管理和服务方式较为敏感。优化涉企服务、降低市场主体办事成本，可以有效提振市场主体信心，助力经济发展。温州市始终把创新行政管理和服务方式作为改善营商环境的重中之重。启动“两个健康”先行区建设以来，温州从简化商事登记、推行涉企政务服务全流程改革和打造惠企政策“直通车”三个方面不断优化涉企政务服务。

（一）简化商事登记

民营企业发展的第一步是民营企业家在工商和税务等相关部门完成企业的创立和登记。因此，减轻商事登记过程中企业家的负担，有助于激发全社会的创业创新氛围，有助于释放潜藏于社会中的企业家精神。按照世界银行的相关标准，开办企业的便捷程度是衡量地区营商环境的重要指标之一。温州市结合本地实际，推行“易企办”，实现企业开办“一表通、当日结、零支出、优服务”，助力新时代“两个健康”先行区创建。“易企办”的目标是要实现“审批事项最少、办事效率最高、营商环境最优”，具体推行措施有以下三点。

一是减材料，推行“一表通”填报制度。在“一表通”填报制度下，原先申请人按先后顺序依次向市场监管、公安、税务等部门提交的省定七份材料，被归并整合为一套，实行“一套材料、一次采集、多方复用”。全面推行企业开办申请一表填报制度，以企业登记申请表为主表，将其他涉及企业开办需采集的信息整合成附表，申请人一次填报，无须重复提交材料。打通信息数据壁垒，凡是市场监管部门已收取并认证的材料，后续开办流程应通过部门共享方式获取，不得要求申请人再次提交材料。这一举措将原先由民营企业家承担的开办企业的一系列行政、手续成本，通过政府部门间的高效信息互通消解了，极大地方便了企业开办申请。

二是简环节，实现开办手续“当日结”。将原来的省定四个环节精简至一个，把印章刻制、发票申领和社保登记全部整合到企业登记环节。企业领取营业执照时到窗口或通过快递可一并领取首套印章、税控盘和税务发票。进一步压缩企业开办时间，实现企业开办手续当日（8 个工作小时内）办结。牵头部门整合优化窗口布局和事项办理流程，把公安、税务、社保等部门涉及企业开办的事项向市民中心集中。政务服务局为进驻单位提供发票库房、印章刻制等必要的硬件保障。公安、税务、社保等部门要提供服务信息并通过市民中心等对外发布。温州通过信息层面和物理意义上的对开办企业相关主管部门的整合，使新企业的商事登记相关流程得到进一步简化，使行政办公规模化、集约化。

三是降成本，实现开办费用“零支出”。温州市免费发放首套印章（含公章、财务章、法定代表人章、发票专用章）和数字证书，实现在线申领发票和税控盘“零成本”。温州市通过全流程电子化登记平台网上发放电子营业执照，并提供纸质营业执照和首套印章的免费寄递服务，进一步降低企业开办成本。这一举措积极地运用现代化信息技术，使办事群众的获得感大大提升。这对于进一步激发民营企业家创业、创新的活力，进一步巩固民营企业家对营商环境的信心有极大帮助。

（二）推行涉企政务服务全流程改革

温州市坚持以企业需求为导向，加快推进全流程、全覆盖的政务服务改革。企业所需的部分高频政务服务实现了跨区域办理、远程网上办理，打破了地域阻隔和部门壁垒。同时，温州市坚持“放管服”指导思想，明确了涉及企业的相关评估鉴定事项清单，并形成了免评估事项清单。这些举措大大减少了民营企业家在与政府打交道、处理行政性事务时所需的成本和精力。温州市在实现政务服务 100%全省通办、全市通办的过程中，主要工作举措有以下四点。

一是在强化顶层设计的基础上，按照“应减尽减”的原则，优化调整事项办理流程，明确申请条件、申报方式、受理模式、审核程序、办理时限、发证方式、收费标准等内容，规范编制了办事指南；按照“谁审批、谁负责”的原则分类梳理了事务清单，按照“属地管理”的原则同步建立事项清单动态更新机制，由同级政务服务管理部门负责审核把关，实现了严格审核报备。

二是通过技术手段和流程革新确保办事渠道畅通。温州市积极对接全国一体化政务服务平台，除法律规定必须到现场办理的事项外，在保留线下办事渠道的同时，全部推行全流程、全环节网上办。对于法律规定必须到现场办理的事项，通过“收办分离”模式，打破事项办理属地化管理限制，通过多地联办、集成服务，进一步改革原有业务规则，完成异地办理流程的整合。温州市更是针对温州籍企业家遍布全球的特点，深化了“全球通”服务平台建设，不断推进服务网点的全球化拓展。

三是坚持以企业需求为导向，更高效地服务民营企业，着力增强民营企业的获得感。温州市政府加强了政务人员线上线下通办服务能力，推动高频便企事项向基层服务中心延伸，提升规范化服务水平；持续加强数据共享汇聚能力，完善统一身份认证、电子证照、电子印章等支撑能力，加快推动高频电子证照标准化和跨区域互认互享、电子证明跨区域开具；建立权威高效的数据共享协调机制，满足“跨区域通办”和“全市域通办”的数据需求。

此处以企业在用人用工领域的政务服务需求为例，说明温州市政务服务改革的成效。在民营企业的经营发展过程中，充足的高素质劳动力供给是必不可少的。尤其是在强调坚持“两个毫不动摇”、深入实施“八大战略”、强力推进创新深化改革和攻坚开放提升的大背景下，人才对民营企业的意义进一步凸显。只有丰富的、高技能的人才，才能支撑民营企业的高质量发展，才能吸引全国乃至全球的投资落地。企业在吸引人才的过程中，一定程度上依赖于企业经营地对于人才引进的支持力度。表 1 展示了温州市关于人才引进和保障的相关措施。从表 1 可以清晰看到，温州市为人才提供了非常高效、便捷的行政服务，在高校毕业生感知最为明显的毕业手续、生活补助等方面，都提供了全程在线的办理方式。高校毕业生可以在学校、在家只通过互联网就完成到温州就业或创业的部分手续，且每项相关服务的办结时限都远远短于法定办结时限，体现出温州行政队伍的高效和专业。居住证、户口办理等涉及公安系统的相关服务，虽然不能再提供快于法定时限的办结速度，但是也实现了全程不用到现场，所有材料通过网络提交。这些措施对于留住温州本地的高校毕业生和吸引全国的人才都是有利的，为温州民营企业在劳动力高度流动的当今社会吸引高素质人才打下了基础，赋予了温州民营企业在全国统一大市场的背景下更强的人才要素吸收能力。

表 1　温州市人才引进、保障相关举措

措施	到办事现场次数(次)	是否全程网办	法定办结时限(工作日)	承诺办结时限(工作日)
高校毕业生临时生活补助	0	是	180	30
高校毕业生就业补贴申领	0	是	无标准	30
高校毕业生社保补贴申领	0	是	180	30
高校毕业生接收手续办理	0	是	180	即办
投资创业、引进人才居住证办理	0	是	15	15
人才引进落户	0	是	25	25

说明：数据来自温州市人力资源和社会保障局。

四是温州市全面梳理了涉及企业的相关评估鉴定事项，形成了温州市免评估事项清单①。温州市相关职能部门梳理、归纳出包括民用建筑可靠性鉴定、活动安全风险评估、环境影响评价在内的共 31 个大项 45 个小项企业高频需要的评估鉴定项目，并在职能主管部门的科学研判下，将包括项目申请报告咨询评估、民用建筑项目节能评估、施工图设计咨询评估在内的共 9 个项目列为免评估事项，明确要求各部门对列入目录清单的事项实行“最多评一次”或免鉴定评估，杜绝重复评估；没有法律、法规、规章依据，行政部门不得自行设置鉴定评估，不得以任何形式要求申请人委托中介服务机构开展服务，也不得要求申请人提供相关鉴定评估类中介服务材料。这一举措，明确了企业该办理什么样的鉴定、该怎么办理鉴定，并且在法

① 详细内容请参见《关于公布温州市涉企鉴定评估及免评估事项清单（2020 年版）的通知》（温“两个健康”办〔2020〕4 号）。

律法规允许范围内尽量减少企业的评估成本。这一清单的提出，有效地降低了民营企业的行政成本，提高了民营企业对市场做出反应的效率。

（三）打造惠企政策“直通车”

全面实施惠企政策“直通车”是温州创建新时代“两个健康”先行区的重要成果。温州市各级政府相关部门通过整合梳理已有文件，构建了一个更清晰、更简洁的文件库；推进了系统化改革，使以往很多不易监管的环节都上线留痕，切实解决了文件名目繁杂、程序冗余、落实过慢等突出问题。惠企政策“直通车”更高效地搭建了政府与民营企业之间的沟通渠道，增强了民营企业对于相关政策的预期性，使民营企业在面对复杂的外部环境时有更大的政策信心。

在推进惠企政策“直通车”的过程中，温州市的亮点举措主要有以下三项。其一，温州市及下辖县市区实现了两级政策的全面整合，形成了全市范围内相对统一的政策框架和体系。这使得民营企业的战略前景更清晰、更具体。同时，温州市形成了一套统一的奖补资金管理办法，明确了政策适用对象、兑现流程、职责分工和奖惩措施等，各级财政部门会同相关主管部门研究成立了产业政策奖补资金保障机制，确保奖补资金及时足额兑现到位。其二，温州在全市范围内完成了产业政策兑现系统升级，形成了全市统一的网上刚性兑现系统，更好地激励民营企业与政府制定的区域产业政策协调发展。温州市整合了人才办“人才政策兑现系统”、人社局“创业就业政策兑现系统”、住建局“人才住房政策管理系统”等，做到了“一个平台兑现、一个界面惠企”的平台全集成，大大降低了民营企业与政府打交道的行政成本。同时，温州将奖补资金拨付全环节纳入系统流程，经过系统后台处理，形成了“项目推送、申请受理、过程审批、资金拨付”全流程闭环管理，让政策兑现的申报、受理、审核、资金拨付在网上留下可追溯的痕迹。温州市还指定市大数据发展管理局负责日常的督查工作，对兑现申请受理情况、过程审检时限、资金拨付到位情况进行随机抽查，对产业政策兑现消极对待、严重超时并造成恶劣影响的失职渎职行为进行公示。过程的“全留痕”与督查的“全过程”有效地限制了行政机关的寻租空间，有力地保障了民营企业公平、高效地享有政策支持。其三，温州推动文件兑现的流程标准化、便利化，争取做到即时兑现。对外，由主管部门负责奖补项目的受理和审核工作，财政部门不参与具体奖补项目的审查，同时取消了申报单位领取奖补资金所需的收款凭证，做到了网上系统兑现“一次不用跑”。对内，实现了数据共享，由市大数据发展管理局牵头，人社、统计、市监、税务、人行、银保监、海关等部门配合，建立健全了奖补项目数据共享机制：凡是政府部门出具的文件或可通过数据共享的文件，一律由主管部门负责提供，不再要求申报单位提交。同时，温州发文明确了各类奖补项目的推送发起时间和办理时限，使相关工作人员做到有规可依，使相关申办企业做到有期可待。

在整个惠企政策“直通车”落地过程中，温州成立了由市政府主要领导任组长、常务副市长任副组长、相关职能主管部门主要负责人任成员的推进工作领导小组。该工作小组通过扁平化的垂直领导，保证了工作落实中遇到的问题都得到及时、充分、彻底的解决。温州市的高度重视和体系化、制度化的工作推进方式，坚决地贯彻了简化社会审批、加强事中综合监管和监督、强化事后联合惩戒、提升智慧政府服务水平的精神，有力地保障了相关政策高质量地促进民营企业发展。

三　严格知识产权保护，深化要素市场化配置改革

物权的有效登记是保障企业运行和经济发展的一项重要举措。事

前清晰明了的产权划分是诸多经济行为顺利开展的必要基础。随着社会经济的高速发展，特别的技术或生产工艺在竞争中的作用越来越明显，数据要素在信息时代所能带来的收益也越来越具体。因此，民营企业所关注的产权也不局限于土地、厂房、设备等实物资产，还包括技术要素和数据要素的产权登记与保护。所以，除了传统物权需要得到保障，技术要素和数据要素也需要与其发展相适应的产权登记与保护制度。

与此同时，清晰明确的产权也有助于解决企业在信贷市场中所面临的信息不对称问题。民营企业在发展与扩张的过程中，很难完全避免对额外大量资金的需求。一个运作高效合理的金融信贷市场有助于弥补企业的资金缺口，有利于助力优质企业实现跨越式发展。

温州市始终坚持以问题为导向，着力破除制约要素自由流动的体制机制障碍，形成要素价格市场决定、流动自主有序、配置高效公平的要素市场格局。为了深化要素市场化配置改革，提高要素配置效率，促进经济高质量发展，进一步理顺政府与市场的关系，温州市制定了《构建更加完善的要素市场化配置体制机制实施方案》。该方案着力于引导市场主体依法合理行使要素定价自主权，推动政府定价机制由制定具体价格水平向制定定价规则转变；坚持立足参与国内统一的要素大市场建设，参与构建区域统一的市场规则、市场价格和市场竞争体系，推进要素流动共享和协同配置；坚决加快清理妨碍市场公平竞争的各种规定和做法，全力破解市场决定的要素配置范围有限的体制机制障碍问题，进一步减少政府对要素的直接配置；充分强化人才、资本、技术等新型要素聚合反应，以服务创新驱动的要素供给推动经济发展的质量变革、效率变革、动力变革。

（一）严格知识产权保护，优化科技创新资源配置

温州市顺应企业发展需要，结合产业特点，实施技术要素市场化

配置改革、畅通科技成果转化渠道。截至 2022 年，温州市科技型中小企业总量突破 1.2 万家，高新技术企业总量突破 3000 家。科技企业队伍的不断壮大，对技术要素的充分流通、合理使用提出了更高的要求。温州市各级政府坚持推动科技服务从“有求必应”向“不求自应”转变，迭代升级“科技服务一线牵”，打造“科企通”应用，构筑平台和企业协同、活动和载体支撑、线上和线下集成的系统性科技成果转化服务体系，着力打通创新的“最先一公里”和“最后一公里”。

温州切实健全科技成果产权制度。温州市各级政府不断落实科技成果使用权、处置权和收益权改革工作，同时积极探索赋予科研人员职务科技成果所有权或不少于 10 年的长期使用权，建立赋权成果的负面清单制度。充分落实科技成果转化自主权，建立健全职务科技成果管理制度；依法明确科技成果转化收益权，创新完善科技成果转移转化利益分配机制。

温州始终坚持完善科技创新资源配置方式，强化创新链产业链精准对接，创新产学研合作与技术研发攻关模式，提高产业链附加值。温州市相关部门持续建立健全支持基础研究长期稳定投入的工作机制和科技成果评价标准，建立重大科技项目由企业牵头组织实施的市场化机制；提升科技项目组织管理水平，实行“揭榜挂帅”等制度；完善科技评价制度，深化科研放权赋能改革。温州持续加快科技服务体系改革，探索科技服务业培育孵化新模式，建设 3.0 版网上技术市场，实施科技大市场五年计划，培育集聚一批技术交易、咨询评估、科技金融、研发设计、知识产权等重点科技中介服务机构，加快形成一站式科技成果转移转化、产业化的创新服务链。规划建设温州国际科技成果转移转化中心。

温州积极尝试模式创新，促进技术和资本要素融合、协同发展。通过知识产权证券化、天使投资、创业投资等方式推动科技成果资本化。深化科技金融结合，推广技术产权证券化试点经验，大力推动技术产权资产支持专项计划，创设民营企业融资新途径。发挥产业引导基金作用，招引优质项目，加大科创基金投资力度，推进科技企业信贷工作，做大科技型企业贷款规模。温州市希望以更高效的创新资源配置模式，助力民营企业向科技驱动型转变。

（二）激活数据资源，促进数据要素跨区域流通

当前，大数据成为重要的战略性资源和核心创新要素，是社会发展和经济持续增长的新血液。以中国（温州）数据智能与安全服务创新园（简称“数安港”）为典型代表的数据安全行业在温州蓬勃发展，赋能温州数字经济产业高质量发展。数安港计划在 5 年内引导、培育数据安全行业企业 100 家以上，相关数字经济企业 500 家以上，入驻专业人才 1 万人以上，力争数据安全与应用产业“3 年成规模，5 年破千亿”。数字经济产业的发展必须有相应的制度基础作保障。作为整个产业中最重要的资源，数据能否高效、便捷、安全地流通交易，决定了行业的发展有没有前景。因此，温州市积极探索数据资源的市场化配置改革，相继出台了《数据安全合规评价机构资质管理办法》《中国（温州）数安港数据安全负面行为清单》等首批五项数据安全与合规制度，为事前、事中、事后的数据合规安全审查提供制度引导，保障信息类高科技产业的健康有序发展。

准确、及时地搜集到有效数据，是大数据助力经济发展的重要前提。只有打好了底层数据的坚实基础，才能进一步开展数据的利用工作。为了实现对数据全面、准确、高效地搜集和整理，温州市相关职能部门聚焦全域数字化改革，实行数据清单化管理，建立数据需求清单、数据归集清单、数据共享清单和数据治理清单，形成数据共享工作的管理闭环。这样层层落实的责任机制和清晰明确的权责划分，有效地激励了各职能部门加速推进工作的数字化变革。另外，这套闭环

的数据管理机制，从公共数据采集源头把关，施行“一数一源一标准”，建立健全疑义数据校正和自治共治机制，提升数据质量。强化数据资源统一调度和科学配置，围绕党政机关整体智治、数字政府、数字社会、数字经济、数字法治等领域，统筹推进跨部门、跨层级协同应用建设，强化数字赋能科学决策、基层治理和高效服务。正是因为从数据的源头就开始精细化把控，温州市政府得以在高质量数据库的基础上开展更多智能化的政务服务升级，为民营企业的健康发展和民营企业家的健康成长赋能。

多个数据集的充分融合，数据在不同领域、不同类型民营企业中的综合运用，是发挥数据正外部性作用不可或缺的一步。为了形成企业使用数据、企业反馈数据的正向循环，充分发挥数据信息的正外部性作用，温州市大力推进社会数据开放融合。温州市在全社会层面倡导建立规范有序、安全高效的公共数据开发利用机制，鼓励企业、行业协会、社会组织等开放自有数据资源，构建多源数据采集体系；加快个人、企业“数据宝”建设，探索建立政务数据、企业数据和社会数据的共享（有偿）交换、授权和使用机制；围绕医疗健康、普惠金融、市场监管、社会保障、交通出行等重点领域需求，探索建立分行业、分场景的可控数据开放机制，优先开放与民生密切相关、社会迫切需要、潜在经济效益明显的公共数据，安全有序推进公共数据与社会数据的融合创新和开放应用，形成公共数据资源市场化服务机制。让大数据对企业的帮扶扩散到每一家民营企业是共同富裕价值观最好的实践。形成每家企业都利用数据、每家企业都贡献数据的社会氛围，对于营造有利于民营经济高质量健康发展的营商环境大有裨益。

温州市还着力构建特色数据走得出去、优质数据引得进来的新格局。温州市相关部门力图让温州市的数据能融入长三角大发展的环境，为区域协调发展做出一份贡献；同时，将整个长三角地区的优质数据应用于温州本地民营企业的经营决策中。为了实现这一目标，温州在构建开放便捷市场环境的同时，积极探索数据要素跨行政区域流通的机制体制，如对标上海高标准市场规则体系，大力实施国际化营商环境试点，推进政务服务提速增效。同时，温州也在打造跨区域合作交易机制，深化温州与长三角重要城市战略合作，推进在沪“科创飞地”机构招引入驻，加快创新与资源互通互用；共建温台民营经济协同发展高地，深化民营经济政策协同试验，推动资源开放共享、成果区域转化、人才交流培养等跨区域协作；参与建设长三角产权共同市场，探索共建水权、排污权、用能权、碳排放权等初始分配与跨省交易制度；积极参与长三角信用体系建设，加强与长三角城市社会信用体系建设合作，聚焦产业发展、环境保护、食品安全、产品质量、旅游、互联网等重点领域，建立信用惠民便企产品互认机制，探索实施跨地区、跨部门的守信联合激励和失信联合惩戒机制；加快培育专业化、特色化信用服务机构，探索打造区域型信用服务产业基地。温州市政府没有将眼光和规划集中于一地，而是主动积极地融入长三角发展战略，严格落实只有数据充分自由流动，数据正外部性作用才能凸显的理念。

以数字化改革为引领，持续深化“放管服”改革，加快厘清和废除妨碍数据要素充分流动交易的规定和做法，确保了国企、民企等各类市场主体依法平等使用数据要素，激发了温州数字经济产业的新活力，让想要进入数字经济领域的民营企业家有更大的信心和更扎实的基础设施支撑。

（三）深化金融综合改革，增强资本要素配置能力

构建安全高效的金融市场，使金融资本充分流动是持续改善营商环境的重要组成部分。温州市政府为了更好地深化金融改革、金融创新、金融开放和金融风险防范，建立完善促进资本要素市场化配置的

平台、机制，增强资本要素配置能力，畅通资本要素流动渠道，激发资本要素配置活力，突出资本要素保障功能，促进资本要素安全运行，全面提升资本要素服务高质量发展的能力和效率，相继出台了《温州市资本要素市场化配置改革行动方案》（温金融办〔2022〕27号）、《关于进一步加快现代服务业高质量发展的若干政策意见》（温政发〔2023〕6号）、《关于完善金融机构对破产程序配套服务优化营商环境的纪要》（温金融办〔2022〕60号）等多份立足温州实际的政策文件。这些举措主要实现了完善金融服务体系、深化金融改革开放、促进区域资本市场建设、引导金融支持共同富裕、强化金融治理等五个目标，为民营企业解决资金难题、防范金融冲击做出了切实贡献。

温州市不断完善金融服务体系，增强资本要素配置能力。温州市着力培育地方金融业态，支持温州银行、温州民商银行、各县市区农商行等法人机构差异化、特色化、精细化发展，推动条件成熟的地方法人金融机构加快上市，积极申报理财子公司、金融租赁公司等金融牌照，争取温州民商银行设立分支机构等试点项目；积极引进运行规范、信誉良好的证券公司、基金公司在温设立总部或分支机构；提升滨江商务区金融集聚核心区功能，加快七都国际未来科技岛建设，打造区域性金融总部中心和财富管理中心。温州市因地制宜，根据温州本地民间金融发达的特点顺势而为，推动地方金融组织改革发展，推进政府性融资担保机构体系改革，完成市级担保机构整合，强化对县级担保机构的资源统筹和协同管理，完善资本金补充、风险补偿和保费补贴等配套支持政策，提升全市政府性融资担保机构的规模化、规范化、市场化发展水平；推动小额贷款公司、典当行、融资租赁公司、农村资金互助会等地方金融组织加快转型规范发展，有效发挥服务地方经济的“毛细血管”作用；聚焦民营企业、小微企业、科技企业融资难、贵、慢等痛点堵点，持续发力于畅通金融服务长效机制，深化“首贷户”拓展工程，全面提升小微企业、个体工商户、“三农”等领域的金融服务覆盖率；深化动产融资统一登记公示系统和应收账款融资服务平台应用，鼓励发展订单、仓单、存货、应收账款融资等供应链金融产品；深化贷款市场报价利率（LPR）改革，强化 LPR 定价机制建设与应用，进一步疏通利率传导渠道；鼓励金融机构以内部资金转移定价优惠等方式向民营企业、小微企业发放优惠利率贷款，降低小微企业手续费，实现融资成本稳中有降。高效的资本要素配置机制，有助于放松民营企业在发展过程中的资金约束，进一步释放民营经济的活力。

温州市因地制宜，持续深化金融改革开放，坚持畅通资本要素流动渠道。温州市立足“侨商遍天下”的实际，全力申报新一轮金融综合改革试点，推动民营企业和小微企业融资更畅通、涉侨金融服务更便利、产业发展结构更优化、共同富裕市域样板更突出、防范化解金融风险更有力，构建更契合民营经济高质量发展、适应“双循环”发展格局的现代金融体系；完善支持华商华侨综合发展先行区、综合保税区、跨境电商综试区、自贸区联动创新区建设的金融政策，全面推进涉侨金融改革试点。温州市涉外机构也在争取开展本外币合一银行账户体系试点，探索跨国公司本外币一体化资金池业务，推进资本项目收入支付便利化；加大金融招商力度，争取外资金融机构落地，鼓励外资在温新设金融机构，争取外资银行中国区域总行在温州设立代表处。温州市深化沪温金融合作，推动金融在政府、高校、机构之间的对接交流，促进温州与长三角区域资本、产业、技术和人才资源的对接，承接上海的金融产业延伸和高端资源溢出。

温州市坚持完善区域资本市场建设，激发资本要素配置活力。温州市积极引导企业对接多层次资本市场，进一步突出企业上市前的规范提升、梯队培育和上市后的并购发展；优化企业上市服务机制，全力推动企业在沪、深、京交易所及境外交易所上市融资，做大资本市场“温州板块”；充分发挥温州征信分中心作用，推进信用评级服务体系建设，探索建设服务民营企业和个人的信用信息服务中心。温州市政府通过与民营企业家的广泛沟通，鼓励企业通过补充资本、重组等方式壮大资本实力，加强与中债信用增进公司合作，提高发债企业信用评级。建立企业发债需求清单，鼓励符合条件的企业运用银行间市场、交易所市场债务融资支持工具，稳步扩大短期融资券、中期票据、公司债券、企业债券、资产支持证券等产品的发行规模。温州市在资本要素市场化改革的过程中，既能紧抓新一轮金融业开放合作政策窗口期，争取更多金融改革创新事项先行先试和政策支持，又能做到坚守底线，加强金融法治建设，促进各类资本规范健康发展，防止资本无序扩张。

温州深化资本要素的市场化改革，大大减少了民营企业在经营过程中面临的融资难痛点；通过推动金融机构优化授信审批流程，提高授信效率，降低了企业资金周转成本；积极引导上市公司综合运用定增、配股、公司债等方式拓宽融资渠道，进一步利用好资本市场工具做强做优。温州市政府坚持深化金融综合改革，为民营企业的再发展提供了充足的资本保障，为民营企业家解决了创业、守业、开拓进取中融资难的问题，也为民营企业更好地防范金融风险筑牢了第一道防线。

（四）提高土地资源配置效率，因地制宜引育人才

温州市政府相关部门在土地资源的供给保障方面，结合本市地理区位特征与产业结构对土地的具体需求，通过制度创新和高新技术运用，大大缓解了民营企业在发展过程中面临的工业用地紧张的掣肘。温州市有大量涉足塑料制品业、金属制日用品业、制鞋业和食品制造业等领域的民营企业和部分涉足重工业装备制造的民营企业。这些企业的持续健康发展需要相关配套生产装备和厂房的持续升级改造，因而土地资源和相关技术人才对这部分民营企业健康发展甚为关键。

温州市位于浙江省东南部，境内地势从西南向东北呈现阶梯形倾斜，山脉众多，东部平原地区河道纵横交错。自然地理特征决定了土地资源对于温州民营经济的发展有至关重要的作用。在严格落实国土空间规划的前提下，温州市建立市自然资源数据体系，搭建省域空间治理数字化温州市级平台，建立建设用地报批项目储备库，落实“土地要素跟着项目走”机制，建立新增建设用地计划指标分配与建设用地报批项目挂钩制度，实行建设用地报批动态调节机制。更完善的土地管理体制为温州市境内发达的纺织、鞋服、小商品、汽车摩托车配件生产企业提供了更坚实的用地基础。

温州市政府认识到，只有构建高效合规的相关土地制度，才能从底层解决民营经济在发展过程中遇到的土地需求问题。温州构建市级土地大储备管理机制，建立市级“统一计划、统一做地、统一储备、统一出让”的管理制度，强化市级统筹，健全市区、政企良性互动的做地工作机制；健全做地储备资金保障机制，建立市级自然资源（土地）储备开发基金，规范国有土地收益基金计提并有效用于做地调控，灵活运用发行土地储备专项债及引入社会资本合作开发等方式，不断健全资金保障机制。温州市健全城乡建设用地市场，完善土地征收程序，建立土地征收“成片开发”申请审批制度，严格界定土地征收公共利益的范围；扩大国有建设用地有偿使用范围，对可使用划拨土地的能源、环保等公共服务项目，鼓励以出让、租赁方式供应土地；健全市区经营性用地交易方式，推行挂牌和拍卖两种公开交易方式，引导社会资本参与土地储备、开发；创新产业用地供地模式，温州下辖县市区盘活存量用地、低效用地和农村宅基地，保障民营企业用地需求；积极推进低效工业用地整治提升专项行动，加快整治产出效益低下工业用地和不规范使用厂房，推动“用而未尽、建而未投、投而未达”项目整治；加快推进工业用地全生命周期管理信息系统开发，落实工业用地全生命周期管理，形成多部门联动的项目履约监管机制；积极开展工业用地二级市场交易试点，构建交易管理流程，实现工业用地交易公开、规范、有序。继续推进供而未用和闲置土地处置专项行动，推动用地单位依约及时开发利用。温州市持续完善市域东部沿海地区的规划，坚持推进海域资源高质量开发利用，不仅开展围垦区块产业项目“回头看”专项整治，研究制定围填海区域空间集约利用、产业项目准入退出机制，还研究制定海域出让审核材料、流程、要点标准清单。温州市有关部门加快推进已备案区域的用海报批，积极探索公益性项目备案登记制度，保障重大项目的用海需求，并同步推进生态修复项目建设；制定清洁能源产业规划，明确产业布局和准入要求，加强渔光互补、海上风电等清洁能源项目统筹。

人才是制约温州民营经济进一步做大做强的又一重要因素。温州市政府相关职能部门实事求是地制定了人才资源向内培育和向外引进两手抓的工作方针。一方面，温州市支持医学类产业的落地与发展，争取把优秀人才留在本地；另一方面，温州市对于蓬勃发展的互联网、金融行业所需人才，则是综合社保、医疗、教育等领域的政策，努力吸引长三角乃至全国的优秀人才。温州市在产业升级的过程中，着力促进服务业规模再扩大、产业结构再优化、发展动能再增强，这一目标的实现必须有相应的高技能人才支持。温州市出台了很多细致的政策以吸引人才，力图加快构建“一区一廊一会一室一集群”创新格局，高水平建设国家创新型城市。

温州市出台了很多具体政策以加大人才引育力度，在全国、全球范围内招揽优秀人才。首先，温州市放大世界青年科学家峰会效应，聚焦生命健康、新材料等领域，全面参与到浙江省“鲲鹏行动”计划中，并相应出台顶尖人才“瓯越鲲鹏计划”和院士招引专项政策，以“一人一策”引聚全球顶尖人才、青年顶尖人才。其次，温州联动推进全球精英引进计划、高层次人才特殊支持计划、新动能工程师引进计划、高水平创新团队引育计划、领军型人才创业项目等人才引育五大工程，进一步完善各领域各部门相互衔接、融会贯通的领军人才引育体系。与此同时，温州市政府着力办好“中国·温州民营企业人才周”，深入实施高校毕业生招引“510 计划”，全面实施“十万工匠人才培育计划”。

温州市创新人才激励机制，不断升级完善“人才新政 40 条”及其配套举措，全力打造更具温州特色、更具竞争力的“1+X”人才政策生态。改进人才遴选方式，实行高校科研院所、领军企业等人才引进推荐认定制，畅通有行业引领力、影响力的高层次人才计划遴选渠道。深入实施“人才住房租售并举办法”，有效解决人才住房困难。鼓励企业参照高级管理人员标准落实高技能人才经济待遇，探索实行年薪制，不断提升高技能人才职业认同和社会待遇。

温州市在大力引进人才的同时，积极推进人才工作数字化转型。温州市人力资源保障部门全力建设人才服务云平台 2.0 版，开发上线全市统一的“人才码”，实现整体智治。温州市也在积极深化户籍制度改革，进一步减小人才要素在地区间流动的阻力。这一举措主要体现在四个方面。其一，试行按经常居住地登记户口的迁移制度，全面落实租赁住房落户政策，推动户籍准入年限同城化累计互认；其二，扩大基本公共服务覆盖面，保障农业转移人口及其他常住人口随迁子女平等接受义务教育、医疗服务、就业创业服务、养老保险、住房救助等权利；其三，完善促进基本公共服务均等化的公共财政体系，健全事权和支出责任相适应的制度；其四，落实外国人永久居留管理制度、外国人才签证制度和外国人来温工作许可制度。温州市向外引进人才的方针成效显著，为温州市产业转型升级提供了智力支持，为民营经济牢牢坚持“科学技术就是第一生产力”创造了良好的引导氛围。

多措并举吸引人才之外，温州市也在努力打造地方教育产业，培养本地人才。建设职业教育产教融合先行区，积极推动国家职业技术教育改革试点，统筹推进职业院校开展本科层次职业教育、混合所有制模式办学等各项改革，深化内涵提升、普职融通、产教融合、校企合作，大力培养与区域产业转型升级高度适配的技术技能人才，打造温州职业教育创新高地。截至 2021 年，温州劳动年龄人口平均受教育年限提升至 11.3 年。温州市紧抓人才的向内培育，有效地提高了青年就业人口的平均素质，为民营企业发展和数字化转型提供了充足的人才支撑。

温州市持续深化改革土地资源流转体制机制，为民营企业的用地打下了坚实的制度基础。尤其是温州活跃的小微制造业，对于工业用地有着明显的需求。与温州民营经济特征相适应的土地资源流转方式，践行了创建“两个健康”先行区的精神。温州有充分的高素质职业技能人才支撑民营企业的高质量发展。近年来，温州相继出现或引进了智能装备、新能源、新材料、激光等高新技术产业领域的民营企业，这与整个温州对人才的吸引力是密不可分的。

四　严格执法、公正司法

温州市坚持“法治是最好的营商环境”这一论断①，保障行政机关严格执法、司法机关公正司法，在依法治国中推进治理能力现代化，在全社会营造全民守法的法治氛围，为民营企业和民营企业家构建稳定、公平、透明、可预期的良好环境，激发了企业家的活力和创造力。法治既是市场经济的内在要求，也是其良性运行的根本保障。将营商环境建设全面纳入法治化轨道，把依法平等保护各类市场主体合法权益贯彻到立法、执法、司法、守法等各个环节，会对构建统一

① 习近平总书记于 2020 年主持召开中央全面依法治国委员会第二次会议时提出。

开放、竞争有序的现代市场体系，推进国家治理体系和治理能力现代化产生深远影响。

在优化营商环境的过程中，温州市政法部门相继出台了《开展“六大行动”服务保障“三个一号工程”的实施意见》（温中法〔2023〕17号）、《落实〈关于预防和清理涉民营企业刑事诉讼“挂案”的若干规定（试行）〉实施细则》（温检发办字〔2022〕38号）、《关于开展涉执信用修复优化营商环境专项活动的工作方案》（温中法〔2023〕16号）等若干文件，使得处理民营企业可能出现的经营问题时有具体指引可以依赖。温州市始终重视司法制度保障对民营经济健康发展的重要作用，始终相信只有用制度的力量提高民营企业家对未来的预期，才能真正实现“两个健康”。温州的具体做法包括严格、规范、公正、文明执法和建立合法性审查中心两个方面。

（一）严格、规范、公正、文明执法

国家治理体系现代化的一大标志就是严格依法治国。温州市坚持用法治的力量营造适合民营经济健康发展的环境。温州市司法局针对涉企行政执法工作中存在的执法不严格、不规范、不文明等漠视、侵害企业正当权益的问题，采取自查与检查的方式，深入查找涉企行政执法中存在的疏漏，剖析原因，提出有针对性的改进措施，完善行政执法制度机制，深化“大综合一体化”行政执法改革，加强行政执法监督，切实推进严格、规范、公正、文明执法。在这一过程中，温州市相关部门具体的落实举措有如下六项。

一是全面推行行政执法“三项制度”。温州严格遵循《国务院办公厅关于全面推行行政执法公示制度执法全过程记录制度重大执法决定法制审核制度规定的指导意见》（国办发〔2018〕118号），自查行政执法“三项制度”落实情况，重点检查执法公示内容是否全面准确、公示载体是否便于查询，执法记录是否及时规范、记录方式是

否符合要求，重大执法决定法制审核范围是否明确、程序是否规范，能否做到应审核尽审核。及时整改检查发现的问题，确保行政执法“三项制度”落到实处。

二是改进行政执法方式手段。重点检查在涉企行政执法过程中是否存在趋利性执法、选择性执法、“运动式”执法、“一刀切”执法等问题，是否存在多头检查、重复检查、随意检查等问题，是否存在执法不作为、滥作为等问题。与此同时，加强对法律法规实施前的宣传，落实典型案例发布和法官、检察官、行政复议人员、行政执法人员以案释法制度。充分挖掘普法依法治理创新案例，在全社会形成良好法制氛围。

三是完善行政执法制度。司法行政部门建立分工合理、职责清晰、协同高效的“综合行政执法+部门专业执法+联合执法”执法体系，根据《浙江省综合行政执法事项统一目录》清晰划分事中、事后、监管责任边界，落实监管（事中）和处罚（事后）之间的职责边界，重点检查本部门权责清单编制调整、行政执法裁量权制度落实、行政执法与刑事司法衔接、轻微违法行为免罚清单制定及实施情况、行政规范性文件审查报备、行政执法举报投诉处理等情况。

四是提升行政执法能力。相关单位加强行政执法队伍规范化建设，组织开展以《行政处罚法》为重点的执法业务培训，提升行政执法人员行政执法能力和水平。实施包容审慎监管，全面推行说理性执法，通过法规宣传、行政提醒、行政建议、行政约谈等柔性监管方式，引导和督促企业守法诚信经营。司法局严格落实行政执法证件统一管理制度和行政执法人员的行政执法资格考试制度，找准“小切口”，推广涉企领域“教科书式执法”，将涉企行政执法列为机关行政执法人员综合法律知识培训考试重点培训内容，以考促学，着力打造符合建设全国民营经济示范城市需要的专业执法队伍。

五是深化行政执法公众监督。以护航民营企业健康发展为重点，最大限度降低执法对企业正常生产经营的负面影响，及时处理行政执法部门涉企执法工作中存在的不作为、乱作为、简单粗暴以及过度执法等问题，密切跟踪免罚清单执行情况，定期评估成效，拓展政企沟通的深度和广度，助力构建亲清新型政商关系。同时，温州市相关部门加大力度保障涉企规范公正执法，实行多种监督“一步到位”，具体举措为创新“监督+服务”模式：其一，建立涉企柔性执法跟踪评估和法律服务平台，在管理端密切跟踪涉企免罚清单执行情况，定期评估成效；其二，在服务端，打造涵盖行政相对人、特邀监督员及社会群众的群众监督场景，强化社会监督，并为企业提供法律咨询、风险提示等服务。目前，温州已在全市民营企业、商会等建立100余家行政执法监督联系点，畅通政企沟通渠道，进一步延伸监督触角。

六是加强行政执法数字化建设。优化浙江省统一行政处罚办案系统和数字化行政执法监督应用，整合全市42个行政执法领域数据，增强行政执法数字化平台应用能力，切实提高行政执法网络化、智能化水平。对标“大综合一体化”执法监管数字应用总体框架，强化执法效果监督，实现执法案件信息共享。

（二）建立合法性审查中心

民营企业在与政府打交道的过程当中，天然处于一种力量不对等的弱势地位。温州市坚持以法制的手段来维护民营企业家的信心，通过加强合法性审查中心的建设，破解民营企业与政府不对等、山区和城区法务资源不均衡、各地审查标准不统一的难题；不断创新法律事务数字化改革项目，全力推动温州法治政府建设再上新台阶。

温州市司法局聚焦行政合同监管不力、风险频发，基层合法性审查力量不足、效率不高等问题，开展温州市合法性审查中心建设。在瓯海区设立试点，开发打造温州市行政机关合同管理一体化平台，旨在重塑行政合同监管流程，形成合同履约监管体系、质量管理体系、风险防控体系、评价考核体系四位一体的行政机关合同监管机制。以温州市行政机关合同管理一体化平台为基础，创建温州市合法性审核中心，贯通市、县、乡层级，通过大数据等相关技术创新政府法律事务数字化机制，以“线上+线下”双线同步建设，实现法务全业务数据深度融合。与此同时，温州市司法局大力推进下沉支援，引导推动县级司法局机关干部下沉基层司法所工作，充实司法所合法性审查力量。除了原有力量培训升级、科学调配，温州市还加大乡镇（街道）购买法律服务力度，将法律顾问作为乡镇（街道）合法性审查力量的重要补充。瓯海区试点项目成功后，温州市组建工作专班，大力开展推广试用，目前温州全市 12 个县市区、2 个功能区以及市直属部门均已完成平台试用并提出完善意见，实现了对涉公合同招标、项目管理、合同起草、合同受理、合同审查、合同签订、合同备案、合同履约监管、合同终结与评价、档案管理、监督检查等全流程的在线监督管理。温州市完善法律服务行业监管机制，开展司法鉴定全面评查，加强仲裁员动态监管，提升执法司法质效和公信力。截至 2023 年 4 月，平台实际注册用户数 19113 人，实际月活用户数 18121 人；市内合同总金额 7159.8 亿元；合同总量 5080 件，合同变更 241 件，合同终结 961 件，合同履约中 3017 件，合同签订前 1819 件；已审查合同 3911 件，待审查合同 72 件，提交审查合同共 2998 件；已审查招标文件 2390 件，待审查招标文件 104 件，提交审查招标文件共 1470 件。

温州市的司法实践，坚持在提升更高水平法律服务质效上先行示范，健全完善了“全业务全时空”公共法律服务网络，全力构建了高质量现代公共法律服务体系，加快了瓯越中央法务区建设，推动了法律服务资源优势整合和集约化发展，努力让法律服务在助力共同富裕、优化营商环境等方面发挥更大实效。

五　汇通公共数据，免费开放共享

信息不对称是市场经济中诸多低效率现象产生的主要原因。民营经济在发展的过程中，所面对的信息不对称主要来自两个方面：一是民营企业不了解政府部门的相关规制信息，二是民营企业不了解交易对手的相关信息。温州市数据开放平台的建成和使用，在一定程度上减少了信息不对称造成的市场经济摩擦，为民营企业更高效率的经营提供了信息保障。

温州市人民政府办公室于2022年3月26日下发了关于做好《浙江省公共数据条例》宣传贯彻工作的通知，强调了要建立健全公共数据发展和管理工作协调机制、考核考评机制，完善政策措施，并要求各县市区结合当地实际，深入谋划、制定实施配套政策和创新性举措，促进公共数据有效流动、应用创新。2022年9月30日，温州市大数据发展管理局出台了《温州市公共数据开放技术规范》，从数据开放界面前端、开放数据审核标准到数据后台统计管理等多个方面给出了与公共数据开放相关的技术标准。

2022年10月20日，温州市大数据发展管理局出台了《温州市公共数据共享开放管理办法（修订版）（征求意见稿）》，就如何加强公共数据统一管理，规范和促进公共数据归集共享、开放开发，充分发挥公共数据在深化改革、转变职能、创新管理中的重要作用做出了明确规定，明确县级以上人民政府大数据发展主管部门为负责大数据发展工作的部门（以下简称“公共数据主管部门”），负责本行政区域内公共数据发展和管理工作，指导、协调、督促其他有关部门按照各自职责做好公共数据处理和安全管理相关工作。该办法还进一步指出，公共管理和服务机构应当加强基于数据共享的业务流程再造和优化，创新社会管理和服务模式，提高行政效率，降低行政成本，提

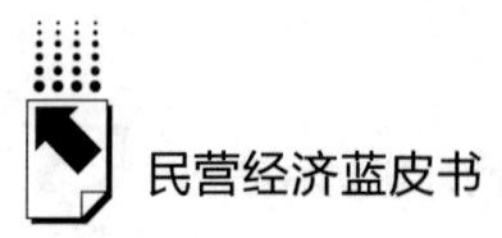

升信息化条件下社会治理能力和公共服务水平。

在以上工作精神的指导下，温州市数据开放平台集成了功能区数据仓，构建了人口、法人单位、自然资源和空间地理、信用信息、电子证照等基础数据库和若干主题数据库，实现了公共数据集中汇聚、统一管控，成立了满足全市公共数据共享和业务协同需求的基础平台，落地了数据面向社会公众集中、免费发布的愿景。这些开放获取的数据在很大程度上改善了温州市的营商环境，如对客观事实和相关政策的了解大大削弱了民营企业家或创业人士对投资的不确定性，政府信息的上网公示也在一定程度上压缩了某些不法公职人员寻租的空间，进一步增强了民营企业家对于政策和未来的预期。

表 2 展示了温州市数据开放平台截至 2023 年 4 月 10 日已经上线的 21 大类共 1228 个无条件开放的数据集。这些数据主要在三个维度改善了营商环境，分别是实现更透明的市场环境、更清晰的同业环境和更扁平的政企关系。

表 2　温州市数据开放平台相关数据

单位：个

数据领域	数据集容量	部分典型数据
科技创新	19	汽车零部件企业专利信息；人才云－政策咨询信息；升级产业创新服务综合体信息
城建住房	51	城建档案工程信息；建筑企业资质信息；公共资源工程建设中标结果信息
法律服务	24	综合执法处罚决定信息；公证员执业注册信息；司法－公证机构基本信息；律师年度奖励情况信息
资源能源	14	国有建设用地使用权出让合同指标；温州水资源信息；企业投资项目备案信息
医疗卫生	38	药品经营许可证（零售）；医疗器械经营许可证（证照）；基本药物抽检合格率信息
财税金融	34	企业单位（个体工商户）欠税信息；跨境项目库－金融产品信息；财产保险机构信息

续表

数据领域	数据集容量	部分典型数据
公共安全	133	烟花爆竹企业信息;厂商评分信息;水利建设工程信息;不带仓储经营企业信息
商贸流通	16	鹿城区招商项目信息;专业市场交易额信息
工业农业	51	市级企业技术中心认定名单;益农社基本情况信息;市级示范性家庭农场信息;乡村景点数量统计信息
机构团体	116	社会组织登记评估信息;招商引资项目汇总信息;社会组织严重违法失信名单信息
市场监督	133	小微企业基本信息(包含个体户);温州跨境电商出口信息表;跨境项目库-物流产品信息
交通运输	51	港口经营许可证明;船舶营业运输证证书;客运经营业户信息;道路客运班线经营许可证
教育文化	98	培训机构地理位置信息;监管系统场所信息;娱乐经营许可证(歌舞娱乐场所);印刷经营许可证;文化市场经营单位违规处罚信息
气象服务	20	航线预报信息(新);天文潮小时表信息(新);雨量预警规则信息(新);气象灾害预警信号信息
信用服务	35	安全豆积分记录信息;海关失信企业信息(国家下发数据);行政处罚信息;安全生产不良记录黑名单信息(国家下发数据);证监领域行政处罚信息(国家下发数据)
生态环境	98	危险废物经营许可证信息;建设项目环境影响报告表审批意见
安全生产	15	危险化学品安全生产许可证;烟花爆竹经营零售许可证书;公安危险物品从业单位信息;安全生产诚信企业信息
地理空间	59	龙湾区浙里盘系统审批文件信息;空间大数据信息
社会救助	10	避灾安置场所信息;防台指令系统(洞头)
社保就业	7	劳动保障处罚信息;建筑企业人员注册信息
生活服务	206	温州城市大脑文旅系统

说明：数据来自温州市数据开放平台（http：//data. wenzhou. gov. cn/）。数据截至2023年4月10日。

在表2 1228个无条件开放数据集中，更透明的市场环境主要体现为金融产品信息、财产保险机构信息、水利建设工程信息、人才云-政策咨询信息、升级产业创新服务综合体信息、物流产品信息、公证员执业注册信息、公证机构基本信息、律师年度奖励情况信息等。这些信息极大地便利了民营企业家掌握实时的金融支持产品、工程招投标情况、专业人才的（包括但不限于律师、公证员、营运驾驶员等）供给质量、库房场地限制状况等各种与企业经营息息相关的情况。这个数据库甚至考虑到温州部分县市区沿海的特殊地理情况，向公众开放小时级的潮汐数据并提供防台风预警。这些信息对于民营企业家的投资决策有一定价值。若是不存在这个平台，那么营商主体自行搜集这些信息的成本是很高的。

更清晰的同业环境主要是由于在该数据开放平台可以便利地查询相关企业的信用、行业资质、安全生产记录等重要信息。一方面这些数据为民营企业家的商业合作筛选了各方面良好的伙伴；另一方面信息公示制度也成为一种激励，使相关企业选择遵纪守法，在高质量诚信发展的道路上获得一份由好声誉带来的福利。若是在传统营商环境中，企业之间的合作主要依赖多次重复博弈下的惩罚和由口碑集聚的声誉，这些机制固然能够在很大程度上消除企业之间对彼此的不信任，促进双方的合作，但这些机制的生效对时间有一定的要求，而且只能局限在一定的企业之间。现在温州市数据开放平台整合了各行业监管机构对企业的记录信息，并集中向社会开放，有效地解决了行业间、企业间信息不对称造成的低效率，极大地便利了民营企业家的商业合作，显著改善了温州地区的营商环境。

更扁平的政企关系主要体现为政府公共事务的系统化、制度化公示。诸如城建档案工程信息、公共资源工程建设中标结果信息、升级产业创新服务综合体信息、国有建设用地使用权出让合同指标、招商引资项目汇总信息、建设项目环境影响报告表审批意见等信息按一定的数据标准、一定的发布规则在数据开放平台上向社会开放，一方面，便利了民营企业，减少了民营企业在获取关键信息上无谓的成本；另一方面，简化了相关职能部门的程序，方便不同部门之间的互联互通。

在更微观的个体层面，温州市政府同样通过技术手段在帮扶民营企业，使民营企业家的后顾之忧更少、前车之鉴更多。温州市统计局开发建设“企业健康诊断”应用，实现了高频动态企业个体画像和风险问题智能预警预测，为企业提供健康体检、数据分析和解难纾困等服务。“企业健康诊断”应用不仅为企业带来以海量政府数据为支撑的数字化新视角，也切中企业在经营发展决策中缺乏数字化指引这个痛点。通过这个应用软件，企业能随时随地了解自身发展态势，掌握在区域内、行业内的排名及其变化情况，扩大企业战略视野和提升“用数据决策”的经营发展水平。同时，基于企业大数据，“企业健康诊断”可智能选取和解析区域内企业，分析形成温州市及各县市区产业地图，为企业描绘全息画像，方便企业查看全方位数据指标情况，为自身经营决策提供立体式的数据参考。这些本该完全属于民营企业家的责任被政府通过智能化、数字化手段承担了一部分。民营企业家在经营过程中得到来自政府的客观、详尽、全面的统计数据支持，信心无疑会大振。

综上所述，温州市积极跟随时代前沿技术，主动采用数字化手段，塑造变革的新载体，以数字化推动产业变革、社会变革、治理变革、政企和政社关系变革、方法变革、工具变革，重塑生产方式、生活方式、治理体系、社会运行机制，实现整体智治高效协同，解决了营商环境中最重要的一部分——企业对市场、企业对企业、企业对政府的信息不对称，极大地改善了营商环境。

B.7
"地瓜经济"提能升级

付明卫*

摘　要： "地瓜经济"是市场和资源"两头在外"的开放型经济的喻称："地瓜的藤蔓向四面八方延伸，为的是汲取更多的阳光、雨露和养分，但它的块茎始终是在根基部，藤蔓的延伸扩张最终为的是块茎能长得更加粗壮硕大"。温州"地瓜经济"可概括为"以温州本土为根基，以在外温商为藤蔓，以温州发展为果实"。据估算，作为温州"地瓜经济"藤蔓的在外温州人创造的年度经济总量，和作为温州"地瓜经济"块茎的温州市年度GDP一样大。温州"地瓜经济"的成因有两点：一是温州资源十分匮乏，迫使温州人"走出去"；二是温州具有义利并举的区域文化和创业精神。温州"地瓜经济"的发展壮大有两个阶段：第一个阶段，"地瓜经济"的主要形态是温州本地企业从外地吸引来生产要素，把产品销售到全国和世界各地；第二个阶段，"地瓜经济"的主要形态是温州人到全国乃至全世界投资办厂。第二个阶段始于20世纪八九十年代，至21世纪初达到高潮。温州发展"地瓜经济"的基本经验是，打破狭隘的地域观念，正确处理好"走出去"与"引进来"的关系，消除生产要素自由流动的各种障碍，在全国和全球范围内配置资源。温州"地瓜经济"提能

* 付明卫，中国社会科学院经济研究所副研究员。

升级，需要完善产业链体系，推动产业链向更高端布局；优化政府服务，加强创业投资环境建设；完善招商工作，发掘优质温商资源。

关键词： "地瓜经济" 温商回归 产业链供应链 招商引资

"地瓜经济"是市场和资源"两头在外"的开放型经济的喻称。习近平总书记于2002~2007年在浙江任职期间，首次提出了"地瓜经济"这个概念。当时，浙江社会各界有不少人士担心大量浙商向外发展，会造成浙江经济"空心化"。对此，习近平总书记在2005年召开的"浙商论坛"上首次将外向型经济比喻为"地瓜经济"，指出"地瓜的藤蔓伸向四面八方，但根茎还是在这块土壤上，藤蔓是为了汲取更多的阳光、雨露，发挥更多的光合作用"。习总书记提出的"地瓜理论"生动地阐述了"站稳脚跟"与"扩大开放"之间的辩证关系。"地瓜经济"这个概念正确地阐释了"浙江经济"与"浙江人经济"的关系，把在外浙商与浙江经济更加紧密地联结起来，促进在外浙商更好地为发展浙江服务。

2023年1月28日，中国共产党浙江省委召开了全省深入实施"八八战略"，强力推进创新深化、改革攻坚、开放提升大会。会议上，浙江省委书记易炼红同志提出了三项"一号工程"：数字经济创新提质"一号发展工程"、营商环境优化提升"一号改革工程"以及"地瓜经济"提能升级"一号开放工程"。他指出："我们必须坚持高水平'走出去'闯天下与高质量'引进来'强浙江有机统一，与时俱进推动浙江经济、国内浙江人经济、海外浙江人经济深度融合、提升发展……打造更具韧性、更具活力、更具竞争力的'地瓜经济'。"大会之后，"地瓜经济"再次成为浙江社会各界关注的热词。当下，面对日益复杂的开放环境，浙江要让“贸行天下”向“产行天下”和“智行天下”跃迁，就必须打造更具韧性、更具活力、更具竞争力的“地瓜经济”。

一 “地瓜经济”的内涵

温州，作为中国民营经济最为发达的城市之一，其经济总量常年居于浙江省第三位。自改革开放以来，“温州模式”取得了卓著的成效，一时间对该模式研究、效仿的热潮不可谓不盛。1980 年，温州全市工业总产值为 16. 14 亿元，其中全民所有制企业、集体所有制企业和村以下民营企业的占比分别为 31. 44%、55. 96% 和 12. 60%。1985 年，温州全市工业总产值达 42. 23 亿元，其中全民所有制企业的占比下降到 12. 6%，而村以下民营企业的占比上升至 28. 3%。由此可见，温州民营经济具有巨大的潜力和旺盛的生命力。近年来，温州的民营企业数依旧保持增长的态势。以 2016 年为例，如图 1 所示，温州民营企业总户数达到 177660 户，相比于十年前约翻了两番；其中，温州制造业民营企业户数占比一直保持在 40%以上。

“温州模式”的成功，离不开温州浙商的辛苦打拼。走出浙江、踏足全国乃至海外的浙商们，犹如地瓜生长的藤蔓一般，将浙江的产业推向了全世界，在更为广阔的环境中发展壮大，形成了所谓的“地瓜经济”。浙商们借着“地瓜经济”的浪潮，将浙江经济发展的果实培育得越发丰硕。

作为古时四大商帮之一的浙商，其从事对外贸易的才能在中唐时期就已崭露头角。时至宋朝，浙江更是以瓷器、刺绣、纺织等产业闻名天下，以致与日本、高丽等国的商船往来日益频繁。明朝时期，在“工商皆本、义利并重”的主张之下，浙江工商业之繁荣更甚以往，出现了诸多声名赫赫的商帮。譬如，龙游商帮和宁波商帮，在历史上

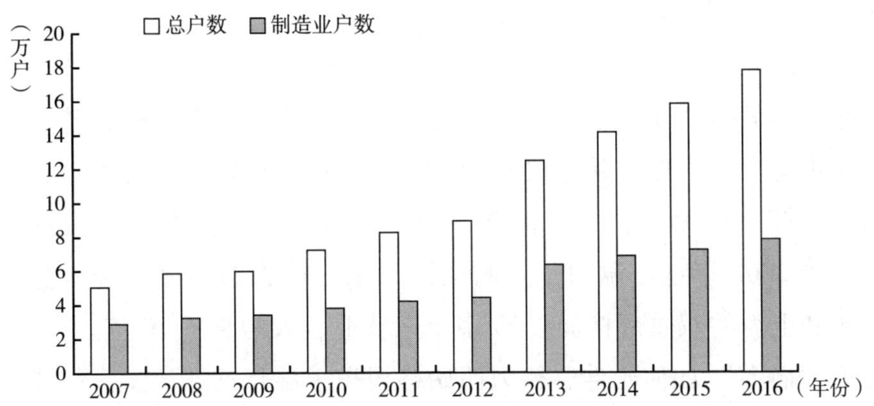

图1 2007~2016年温州民营企业和制造业民营企业户数

说明：数据来自历年《温州统计年鉴》。因为年鉴未收录2016年以后的民营企业户数数据，所以该图截至2016年。

享有“遍地龙游”和“无宁不成市”之美誉。习近平总书记曾给予浙商高度的评价，指出敢为天下先、勇于闯天下、充满创新创业活力的浙商群体，为推动浙江经济持续快速发展，为促进我国区域经济协调发展和提升开放性经济水平做出了重要贡献。

浙商之中，又以温商为最。温商是古时浙江最为著名的商人群体之一。新时代的温商早已是我国经济发展的重要推动力之一，其足迹更是遍布全国乃至全球。由此可见，如今温州的“地瓜经济”古来有之，且不断推陈出新。温州“地瓜经济”，就是走出温州、发展温州。我们可将其概括为“以温州本土为根基，以在外温商为藤蔓，以温州发展为果实”。据估算，作为温州“地瓜经济”藤蔓的在外温州人创造的年度经济总量，和作为温州“地瓜经济”块茎的温州市年度GDP一样大。根据有关机构的测算，2018年温州人的经济总量约为1.23万亿元，其中包括6006亿元温州本地GDP和在外温州人创造的6300亿元产值。

温州市是浙江省自带“地瓜经济”特征的城市之一。“温州人走出温州、回归温州的过程，就是对‘地瓜经济’的一种生动演绎”，温州德力西集团董事局主席胡成中如是说。“地瓜经济”的比喻，本就是“走出去”与“引进来”二者之间的平衡，基本逻辑是市场分工，形式是开放合作，重点是优势经济、总部经济，举措是发挥比较优势、竞争优势，最终达到共赢、共享、富民的目标。自2002年走出温州、走向全国以来，德力西集团已经构建了温州和上海的双总部格局，20多年来营业收入增长了10倍。但是，无论“藤蔓”如何延伸，德力西始终根植于温州这方沃土。胡成中说：“我们大约70%的营收、40%的产值、60%的纳税都留在了温州乐清。”像德力西这样的例子还有很多。譬如，力达电器股份有限公司是新能源汽车高压连接系统领域的知名企业，其产业基地布局覆盖我国珠三角及长三角，并在北美、德国和日本等地区拥有世界级研发团队。近年来，力达电器将总部从广州迁回了温州乐清。总而言之，温州依靠“地瓜经济”发展壮大的优秀企业比比皆是。

（一）扎根本土的根基

温州“地瓜经济”的根基是生于温州、长于温州的人。据相关机构估算，温州人除了800多万居于温州本地之外，还有240多万居于外地，其中60多万居于海外。客观条件和传统文化使得温州人敢闯敢干，勇于创新。

首先，温州资源十分匮乏，迫使温州人精益求精、坚持创新。温州三面环山、一面临海，依山傍水的美景之下，是十分紧张的人地关系。据1990年的调查，温州市人均耕地面积不过0.41亩，仅是全国人均耕地面积1.5亩的27.3%。“七山二水一分田”，在人多地少的状况下，温州大量的剩余劳动力难以维持生计，历史上出现了“平阳讨饭，文成人贩，永嘉逃难，洞头靠贷款吃饭”的现象。穷则思变，从事工商业活动便成了不少温州人的选择。

过去的温州人在本土资源匮乏的条件下，充分发挥主观能动性，将温州手工业做大做强，逐渐形成了温州人勇于创新、精益求精的经商务工传统。遥想历史，宋元时期温州漆器名扬天下，"漆器之类，独出永嘉"，然"漆非土产，仰于徽、严之商"。古时温州人就在积极采买原材料之外，极力提高工艺水平以获得利润空间，"故人力取其精而倍其赢，于是温之漆器名天下"。据《温州府志》记载："温地不产桑柘，须有植桑者极其垦锄之力，亦枝条短弱"。温州纺织原材料的获取依旧仰仗外地丝商，但明清时期"温绰丝之名遍东南，言衣者必焉，精坊夺绮縠，他郡赛之"。温州素来不产黄杨木，但其黄杨木雕名扬海内外，被列为国家非物质文化遗产。温州的黄杨木雕艺人将技艺代代传承、不断创新、不懈求精。清末温州艺人朱子常的黄杨木雕作品《济癫和尚》在1909年获得南洋劝业会国际比赛二等奖，作品《捉迷藏》在1915年巴拿马太平洋万国博览会上获二等奖。虽然温州的锡矿资源十分稀少，但清代温州瑞安等地生产的锡类实用器具以其工巧程度享誉海内外。著名锡匠吴阿棉制造的一只錾花锡暖锅工艺精湛，表面花纹构图巧妙、风格独特，1909年获南洋劝业会国际比赛奖章，1915年获巴拿马太平洋万国博览会四等奖章，之后又在全国手工艺展览会上获奖。

其次，温州本就具备重视工商业的区域文化和创业精神。南宋时期，永嘉学派兴起，提出"事功"思想，主张"经世致用、义利并举""以利和义，不以义抑利"，反对重农抑商、空谈义理。永嘉学派重视实用性，批评理学和心学，提出"道在物中"等许多具有唯物主义思想的观点，较为清晰地认识到商品经济对国家和社会的作用，主张发展工商业，务实创新。在永嘉学派思想潜移默化的影响下，温州人形成了求真务实、敢想敢做、勤奋能干的创业精神。史料中也多有古时温商在海内外经营谋生的记载：宋代周密《癸辛杂识》中曾提及"永嘉有蔡起莘，尝为海上市舶……"；宋代俞文豹《吹剑录外集》中记录了去交趾（今越南境内）经商的“永嘉王德用”；元代黄溍《永嘉重修海堤记》也记载了当时温州市场贸易繁荣之景象——“温为郡，俯瞰大海……亭至西为市区，百货所萃，廛氓贾竖，咸附趋之。”明清、民国时期乃至新中国成立以来，温州诞生了更多的实干家、创业者，为温州人开辟了致富之路。

（二）伸向四方的“藤蔓”

由于资源匮乏，走出温州是发展温州的唯一出路。温州人向外谋求发展的脚步从未停止过，恰如地瓜的藤蔓伸向四方汲取养分一般。最为典型的一条“藤蔓”便是温州的供销员。自 20 世纪 70 年代末开始，温州的农民就开始在五湖四海跑起了供销。1986 年，温州的供销员数量达到了 14.6 万人，占农村劳动力总量的 5.5%。家庭工业是当时温州民营经济的基础。彼时，温州家庭工业在供销员们提供的信息下，选择了以生产小商品为主。据粗略估计，1980~1985 年，每个供销员平均每年奔波 8000 里路，每次携带小商品 20 公斤。这些供销员不仅负责采购温州家庭工业生产所需的原料，还负责将家庭工业生产的各类产品销往四面八方。他们并不固定地服务于某一家工厂，而是各行业的联络人。他们借助商品交易的渠道将源源不断的信息与技术带回温州，促进本土家庭工业进一步地发展。20 世纪 80 年代，温州民间流传着“十万大军跑供销”“只要十万供销员不倒，十大产销基地就不会倒”等说法。

供销员们在旅途中眼观六路、耳听八方，研究市场动向、抢占销售先机，构筑了一张温州人自己的市场信息网络。譬如，温州永嘉县桥头镇纽扣市场，曾被香港报刊誉为“东方第一大纽扣市场”，便是依靠供销员开拓出来的。1980 年初，桥头镇有一对跑供销的兄弟叶克春和叶克林，他们在苏南一家国营企业发现了不少被丢弃在垃圾箱的纽扣，觉得弃之可惜便悉数带回桥头镇摆摊试卖。因其售卖的纽扣品类繁多、价格便宜，于是很快售罄。兄弟俩敏锐地察觉到了商机，就找到这家企业领导助其推销纽扣。正愁于难以卖出纽扣的领导自然爽快地答应两兄弟，为他们提供纽扣供应渠道。借此机会，兄弟俩在桥头镇的纽扣生意越做越红火。镇上民众眼见售卖纽扣收入不菲，也纷纷效仿，从而逐渐形成了桥头镇大规模的纽扣市场。1983 年 2 月，桥头镇纽扣专业市场正式获永嘉县政府批准开放。时至 1985 年，全镇拥有 430 家纽扣厂，年产值达 2000 万元。截至 2004 年底，桥头镇共有 560 家纽扣企业，从业人数达到 8535 人，年产值 13. 8 亿元，直接出口额 1. 5 亿元。

温州“地瓜经济”的另一条典型“藤蔓”是温州的商会。第一家温州商会诞生于 1901 年前后。那一年，温商们为了“保卫商业、开通商情”，成立了温州历史上第一家区域性的商人统一组织——温州府商会。近代历史上，温州商会在振兴国家实业上做出了重要贡献。1909 年，温商在东门外江西栈创立蓁康玻璃厂；1910 年，郑恻尘在温州创办振亚肥皂公司；同年，温州府商务分会总理吕渭英购置小火轮，在温州城区与乐清内港之间正式营运，开辟了温州最早的内港航线。抗日战争期间，温州商会积极呼吁抵制日货，推广国货。永嘉县工商界人士翁来科、黄苗夫等人于上海国货联合办事处联合募集了资金数万元，在温州闹市区开设温州国货公司，主要经营国产绸布、新药、食品、百货、家具等。即使温州三次沦陷，国货公司搬迁辗转，依旧坚持国货的生产与销售。1995 年，新中国第一家合法登记的异地民间商会——昆明温州总商会获准成立。1997 年 11 月，由 13 位温州籍工商界人士联名发起的四川省温州商会，成为全国首家以省域命名的民间商会。同年 11 月，西安温州商会率先成立了首家异地温州商会党支部。1999 年 5 月，首届全国各地温州商会年会在昆明举行。25 家在外温州商会参加会议，共商温商发展大计。这一全国温州商会会长聚首的会议被外界誉为温州人的“达沃斯论坛”，广受全国注目。温州商会至今已然遍布全国 268 个地级以上城市。2000~2004 年，温州市委、市政府根据推进建设异地温州商会的需要，先后制订并出台了《关于加强对异地温州商会工作指导的若干意见》《关于加强在外温州商会规范化建设有关问题的通知》《关于进一步加强异地温州商会建设若干意见》等文件，强调了异地温州商会的重要性，明确要求加强对在外温州商会的联络、协调、服务和指导工作。

温州商会更是扩张到了海外。譬如，法国温州商会（Association des Commercants de Wenzhou en France）于 2001 年 8 月 20 日在法国巴黎正式成立，原名为法国华人青年企业家协会，2007 年正式更名为“法国温州商会”。法国温州商会本着“立足商贸”的宗旨，为商会会员从事商贸活动提供服务。2008 年，法国温州商会策划筹备了 2008 年巴黎中法经济论坛，联合侨、商、学界，共同广开思路，为进一步促进华商企业以及中法贸易的发展做出贡献。2012 年 2 月，首届世界温商大会在温州召开，1300 多名温商齐聚温州。会议上，温州各县市区、功能区与有关企业签署 124 个项目，累计金额达 1400 多亿元。

（三）粗壮硕大的块茎

地瓜的藤蔓伸向远方汲取营养，为的却不是远方，而是生长于根基部的块茎。块茎就是温州本地 GDP。如图 2 所示，改革开放以来，温州市 GDP 持续飞速增长，由 1980 年的 17.97 亿元，增长至 2021 年的 7585.02 亿元，年均增长 15.48%，远高于同期全国和浙江省的经济增速。

20 世纪 80 年代中期时，藤蔓输送的养分就使得块茎长得十分粗壮。根据《中共温州市委关于温州农村发展商品经济情况的报告》，

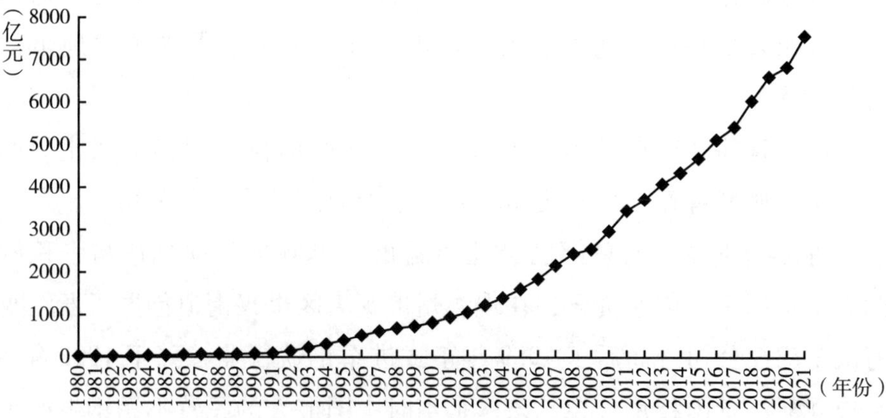

图 2　1980~2021 年温州市 GDP

说明：数据来自《温州统计年鉴 2022》。

同 1984 年相比，温州市 1985 年乡镇工业产值增长了 55.7%，从业人员数达到了 33 万，产值达 7.5 亿元。全市大小商品市场共计 393 个，其中专业市场 130 个、大型专业市场 10 个。以桥头镇纽扣市场为例，1984 年销售总额为 8136 万元，这一数字接近于永嘉县当时全年的商品销售总额。平阳县上万人跑遍大半个中国，在 20 多个省区市推动兔毛在市场上的流通，仅半年内的成交额就达到了 1.1 亿元。温州人民群众的生活水平更是得到了巨大的提高。1984 年城乡储蓄余额达到了 3.17 亿元，较 1983 年增长了 54%。一部分农民已开始富裕起来，90%的农户建了新房，平均每 4 户就拥有一台电视机，每 11 户拥有一台洗衣机，每 36 户拥有一台电冰箱。全市新建集镇居民、农民住宅共计 54 万平方米，修建道路 25 万平方米，兴建 39 个贸易市场、170 多项商业服务设施、89 项卫生设施，修建 68 所中小学校，以及兴建 15 座影剧院、17 座自来水厂、11 座公园等。温州“地瓜经济”的迅速发展，也促进了本地的基础设施建设，解决了群众“行路难”“饮水难”“上学难”“就医难”“娱乐难”等多个难题。本地基础设施的完善，使得温州人外出经商的困难大大降低。部分先富起来的温州人激励着其他人走出温州谋发展，进一步促进了“地瓜经济”的繁荣。

温州延伸虬结在外的“藤蔓”一直在回馈自己根植的沃土。回馈沃土的典型有青山控股集团和温州市伦迪诺服饰有限公司。

青山控股集团的总部已经迁回温州。1986 年，项光达与张积敏两人凑足第一笔创业资金，在现温州市龙湾区永兴街道创办了浙江瓯海汽车门窗公司，而后于 1989 年正式进军钢铁行业，并于 1998 年 5 月成立浙江青山特钢公司，该厂是当时中国最大的民营不锈钢生产企业之一。随着生产的发展，公司的目光开始投向浙江以外的市场，南至广州，北至河南。五年后，青山控股集团正式成立，且逐步晋升为我国最大的民营不锈钢企业。然而，青山控股的“野心”并未止步于此。2009 年，青山控股首次投资印尼，开发印尼境内的红土镍矿。2012 年，青山控股在津巴布韦投资建设铬铁冶炼项目。2018 年，印尼纬达贝工业园项目启动。截至 2019 年，青山控股的员工数量已扩增至 8 万余人，集团实现不锈钢粗钢产量 1065 万吨、镍当量 33 万吨、销售收入 2626 亿元，产品涵盖不锈钢钢锭、钢棒、板材、线材、无缝管等，应用延伸至石油化工、机械电力、汽车船舶、航空航天等领域。青山控股集团积极响应温州市委、市政府“温商回归、总部回归、贸易回归”的号召，突出贸易回归，搭建总部平台，强化物流和科研培训等配套，全面加快回归进程。回归项目包括贸易回归项目（大宗商品贸易平台）、总部回归项目（青山总部大楼）、现代物流项目（青山物流园）和科研培训项目（青山商学院）。项光达认为，作为优秀企业代表回归温州，不应该是仅仅带回几个项目，而是要有一个理念，就是要带动产业发展，帮助温州解决一些实际问题。他曾表示：“现在温州有很多小微企业迫切需要起步资金的支持，‘风投’行业在温州是否具有可行性值得探讨。温州人最大的财富就是创业精神，如果市委、市政府对'风投'感兴趣，我愿意出一份力，不仅提供资金支持，还可以进行管理输出、运作经验的分享，发挥青山优势，助力温州发展。"

温州市伦迪诺服饰有限公司是在法国创业成功的温商回温州创办的企业，是首批回归温州的温商企业。温州市伦迪诺服饰有限公司董事长、美国洛杉矶温州商会名誉会长夏光耀，在那个物资匮乏的年代，年纪轻轻便已做起了供销员。攒下积蓄后，25 岁的夏光耀趁着 20 世纪 90 年代温州的出国热潮，漂洋过海远赴巴黎，开始了他的创业之路。凭借敏锐的眼光，夏光耀在巴黎这个时尚之都发现了商机——围巾。于是，他利用空闲时间在巴黎各个热闹街区陆陆续续收集和购买了一千多条提花围巾，把当地受欢迎的提花围巾都买过来，并打算带回温州生产。据说，他当时花了 3 万多元。1996 年，夏光耀在法国获得正式居留权，并于同年成功注册成立了"中希进出口贸易总公司"，正式经营服装生意。也是在这一年，夏光耀带着在巴黎购买的围巾，回到温州投资创业，成为最早回归温州的侨商之一。据悉，1996~1998 年，他成功将上百万条围巾从温州销往法国。当时巴黎当地的服装市场到处都是"Made in WenZhou"的围巾。夏光耀说："单单巴黎，一年（销量）就超过一百万条，产值超两千万元，这是我的第一桶金。尔后，我们生产的围巾开始销往意大利、西班牙、德国等八个欧洲国家。"1999 年，夏光耀再次回到温州，租用温州毛纺厂的厂房创办嘉伦特，生产男女装、风衣、皮衣等。2007 年，他把服装厂迁到了温州市瓯海区南白象，并成立了温州市伦迪诺服饰有限公司。"我一心想做实业，同时也想在家乡做实业。希望自己生产的商品能在质量上得到全球市场的认可……跑了这么多国家，最终还是觉得温州最舒服，不管走到哪里，我始终都是温州人，这里是我心底最割舍不断的思念和骄傲，也是我的初心。人只有在故乡，心里才会多一份安全感和亲切感"，夏光耀如是说。不仅如此，为了鼓励海外温籍华侨华人回温投资创业，2010 年，夏光耀等人开始筹备“旅荷华侨华人青年总会”成立的相关工作。经过一年多的精心准备，“旅荷华侨华人青年总会”于 2011 年在荷兰正式成立。

二　“地瓜经济”的发展壮大

改革开放 40 多年来，温州人高举旗帜、改革创新，走在时代前列，使得温州“地瓜经济”获得了突飞猛进的发展。温州“地瓜经济”40 多年的发展历程可分为两个阶段：第一个阶段，“地瓜经济”的主要形态是温州本地企业从外地吸引来生产要素，把产品销售到全国和世界各地；第二个阶段，“地瓜经济”的主要形态是温州人到全国乃至全世界投资办厂。第一个阶段始于改革开放之初；第二个阶段始于 20 世纪八九十年代，至 21 世纪初达到高潮。

（一）第一个阶段：伸出藤蔓，抢占市场

改革开放之初，温州人为谋生路出走外地经商务工，温州各行业的企业也开始向外销售产品。遍布全国各地的供销员，就像地瓜的藤蔓，为温州本地企业网罗市场最新信息，采购生产所需的原料，生产加工后再通过供销员的渠道将各类产品销往全国各地。这是温州“地瓜经济”第一个阶段的典型形态。下面两个例子生动地说明了这一形态的成长过程。

例一。温州苍南人陈觉因，1970 年起在金乡新城农渔具机修厂工作。这一农渔具机修厂当时虽然是一家正规的手工业单位，但厂房坐落于一家寺庙中，几乎没有机器设备，生产极度依赖手工。创业之初，陈觉因在机修厂内办了一个电器厂生产电焊机，并开始在全国各地跑供销。他随身带着信函、样品等上门与回信单位详谈，一路坐火

车从上海到云南昆明，最后到了攀枝花钢铁厂。经由这一回的奔波，他成功地将生产的电焊机售往西南，获得了颇高的营业收入。获利后，陈觉因不仅给农渔具机修厂盖了新厂房，还陆续将机床、刨床等生产设备配备齐全，让曾经那个“家徒四壁”的旧工厂焕然一新。如今，对于当初供销员的种种经历，陈觉因坦言：“在金乡这类闭塞的小镇，需要有搞活市场流通的人。供销员就起了这个作用。他们走南闯北，把外面的物资、信息带进来，同时发家致富。这个带动示范效应很大。”

例二。温州苍南人陈显东，1979 年起便开始在全国各地推销商品，几乎跑遍了全国各个省会城市，积累了大量的供销员经验。陈显东刚成为一名供销员时，主要经营的是面向学校的毕业证书、学生证等产品。1986 年，陈显东创办苍南县郊外美术工艺厂，后改名为苍南县装潢工艺厂。虽然厂内增添了数台高频机，但依旧经营着证件类印刷业务。1990 年，陈显东前往北京观看了亚运会开幕式，其间他在海淀区的一家门店见到了防伪商标和激光宝石。有着供销员经验的陈显东，很快嗅到了新的商机。经过一个月的市场调研，他再次前往北京，同北京三友激光图像公司签订了技术转让合同。1991 年，金乡镇的一位副镇长带着 20 多位金乡企业家前往香港考察。陈显东趁此机会带着这一项目与香港雁荡有限公司接洽，第二年通过与香港雁荡有限公司合资，在温州成立了温州宏达激光图像有限公司。目前，该公司已经是一家涉足激光全息技术研究、产品开发的国家高新技术企业。

在温州“地瓜经济”发展的第一阶段，温州市政府为藤蔓外伸提供了强劲有效的政策支持。

首先，为部分“罪犯”个体户平反，鼓励个体户发展。1978 年党的十一届三中全会召开，但社会上依旧存在着“发展商品经济是不是走资本主义道路”的疑虑和批判。1982 年全国开展了打击经济领域严重罪犯活动，温州柳市镇被称作“八大王”的 8 位个体户被浙江省工作组认为是资本主义的投机诈骗者。所谓的温州“八大王”，都是在街道企业柳市通用电器厂“挂户经营”的个体户——“五金大王”胡金林、“矿灯大王”程步青、“螺丝大王”刘大源、“合同大王”李方平、“旧货大王”王迈仟、“目录大王”叶建华、“线圈大王”郑祥青和“电器大王”郑元忠。这八人被列为重要调查对象，其中三人以“投机倒把”的罪名被判刑，剩余五人则是遭受经济处罚，导致“八大王”有的被收审关押，有的“畏罪”潜逃。该事件一发生，便对温州的个体户造成了巨大打击，甚至一度造成社会动乱。同年，温州市委为了稳住个体户的信心，召开了全国最早的个体户表彰大会，对 171 名个体户予以表彰，并且在会议上对个体户们的创造性劳动以及经营收益的合法性给出了明确的鼓励，给惴惴不安的温商们吃下了“定心丸”。不久之后，“八大王”事件也迎来了转机。1983 年，中央一号文件《当前农村经济政策的若干问题》出台，农村的经济政策进一步放宽。1984 年，《中共中央关于一九八四年农村工作的通知》中明确提出，“在工作中注意划清界限，不可将政策允许的经济活动同不正之风混同起来，不可把农民一般性偏离经济政策的行为同经济犯罪混同起来”。温州市委借此机会正式为“八大王”平反，宣布无罪释放并且归还其被收缴的全部财物。

其次，制定了一系列的地方政策和法律法规，保护民营企业家的产权，稳定民营企业家的信心。1987 年，温州市政府颁布了《温州市挂户经营暂行规定》，通过让家庭工厂和供销员以集体企业的名义从事生产经营活动，使得奔波在外的十万温州供销员从事的经营活动具备了合法性，减少了温州民营企业家内心的不安。之后，温州市陆续颁布了《温州市私人企业管理暂行办法》《关于农村股份合作企业若干问题的暂行规定》《关于鼓励个体和民营经济进一步发展的决定》《关于大力发展股份合作企业的规定》等一系列政策文件，为温商们走出温州施展拳脚提供了充足的政策和法律保障。尤其是2000年5月9日颁布的《中共温州市委办公室、温州市人民政府办公室关于加强对外地温州商会工作指导的若干意见》，强调应进一步明确外地温州商会的性质和作用；加强对外地温州商会的联络、服务和指导；引导外地温州商会坚持为会员服务，为两地经济发展服务，创造性地开展工作；鼓励在外温州人以各种形式支持家乡建设。

（二）第二个阶段：在外生根，遍布全球

温州“地瓜经济”第二阶段的探索起始于20世纪八九十年代，至21世纪初达到高潮。随着经济全球化和我国对外开放的不断深入，大量温州人将经营的本土产业推向温州之外。在这一阶段，温州人开始在全国各地乃至全世界投资办厂，成立异地温州商会。目前，在外落地生根的温商逐渐遍布全球。下面三个例子生动地说明了这一形态的成长过程。

例一。20世纪80年代初，温商大军涌入三晋大地，有弹棉花的、做裁缝的、修皮鞋的。山西亚佳机电集团有限公司董事长、山西省浙江商会会长、山西省温州商会会长、太原市温州商会会长黄志强，1975年跟随同村老乡到山西推销煤矿用的螺丝、矿灯。那年春节后，他与这位同乡一起出门。两人在上海十六铺码头分别时，黄志强捡到一张上海至太原的火车票。“我想，去山西也许是命中注定，临时决定去山西。”正是因为这一临时决定，黄志强在山西一待就是40年。1982年黄志强在山西古交成立了当地第一家民营企业——古交矿山电器有限公司，直至现在他已创办了多家企业，并成立了山西亚佳机电集团。如今，在山西的10万多名温商已成为当地经济发展不可或缺的重要力量。据统计，山西省温州商会、太原市温州商会会员企业共计1000多家，分布在矿山机电、煤炭设备、房地产开发等30多个行业领域，在山西投资高达1200亿元，商品销售总额达到

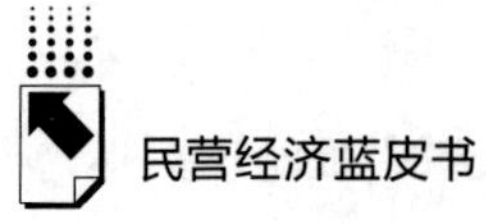

800 亿元，帮助山西约 120 万人解决了就业问题。

例二。20 世纪 80 年代初，一批批温州人搭上列车来到新疆，融入西部大开发的洪流中，开始了艰难的创业之旅。40 多年来，新疆的温商大军在商贸物流、旅游酒店、矿业能源、农业种植等领域大显身手，创办了规模以上企业 1000 余家，例如德力西新疆交通运输集团股份有限公司、新疆汇嘉时代股份有限公司等。温州人在新疆成立的 10 个地级温州商会，现有 3000 多家会员企业，吸纳稳定就业人员 13 万余人。新疆维吾尔自治区温州商会成立于 2006 年 1 月 22 日，由新疆维吾尔自治区民政厅批准，是新疆最早成立的异地省级商会之一。1989 年夏天，来自温州永嘉的林乐宣、林乐荣和林勇三兄弟辗转九天九夜前往新疆喀什。三兄弟创办的南大新农业股份有限公司是喀什第一家农业产业化国家重点龙头企业。如今的公司总裁林勇表示："'丝绸之路经济带'核心区建设正深深地影响着新疆周边国家，现在完全可以借助'一带一路'建设的东风，利用喀什地区'五口通八国、一路连欧亚'的独特区位优势，将更多产品推向周边国家。"

例三。正泰集团是温州"地瓜经济"第二阶段发展到高潮的典型代表。正泰集团的前身是温州乐清县求精开关厂，始建于 1984 年 7 月，仅凭着 5 万元的起始资金、50 平方米的厂房和 8 名员工进军低压元器件产业。21 世纪初，正泰经过中外合资等一系列企业整合后，开始进军高压输配电设备、光伏等产业。如今，正泰集团拥有分别坐落于北美、欧洲、亚太、北非的四大全球研发中心，覆盖了亚太区、西亚非洲区、欧洲区、拉丁美洲区、北美洲区和中国区的 6 大国际营销区域，17 座制造基地以及 20 多个国际物流中心。正泰已与 80%以上的"一带一路"沿线国家建立了不同程度的合作关系，业务遍及 140 多个国家和地区，拥有超过 3 万名员工，年销售额达 600 亿元，是中国民营企业 100 强之一。2020 年 6 月，由正泰新能源投资建设的本班光伏项目在埃及南方的阿斯旺省正式全面投产，让曾经的沙漠变成了重要的清洁能源基地。正泰向埃及输出中国高端光伏产品和先进经验，可实现当地 2025 年电力零碳排放。该项目建成后，年均发电量约为 35504.2 万千瓦时；以发电标准煤耗 0.36 千克/度计算，每年可节约标准煤 127826 吨，相应可减排温室效应气体 CO_2 约 309623 吨，减排 SO_2 约 9338.4 吨，减排 NO_x 约 4651.4 吨，减排粉尘约 84507 吨，环境效益明显。同时，该项目大量使用了埃及当地的管理人员和劳动力，助力解决当地的技术人员培训和就业问题。值得一提的是，本班光伏项目的图片被印在了埃及当地的钱币上，成为“国家象征”。正泰集团在搭建中埃交流平台、承担社会责任等方面彰显了中国新时代新民企积极正面的形象。

由于遍布全球的藤蔓，即使在西方国家对中国施行不公正制裁的背景下，温州的国际贸易依旧保持了稳定增长。2018 年 4 月，美国政府公布了加征关税的商品清单，对我国输美的 1333 项 500 亿美元的商品加征 25%的关税，严重违反世界贸易组织规则，侵犯我国合法权益。同年 5 月 29 日，美国白宫宣布将对从中国进口的含有“重要工业技术”的 500 亿美元商品征收 25%的关税，其中包括与“中国制造 2025”计划相关的商品。日本、欧盟等部分国家和地区也开始对中国设置关税壁垒，对我国不少外贸企业造成了巨大打击。对中国施行不公正制裁的这些国家，都是温州重要的贸易伙伴①。因此，温州的国际贸易极可能受到重大冲击。如图 3 所示，在部分国家于 2018 年实施不公正制裁后，全国的进出口增长率在 2018 年、2019 年和 2020 年都大幅下降，然而，温州的增长率在 2018 年和 2019 年逆势上扬，直到 2020 年时才因较为严重的疫情下降。温州国

---

① 2021 年温州进出口总额中，亚洲、欧洲、北美洲、非洲、大洋洲和拉丁美洲分别占比 40.4%、26.1%、15.1%、7.7%、1.9%和 8.6%。

际贸易能抵抗住国际环境外部冲击的根本依靠，就是遍布全球的藤蔓。

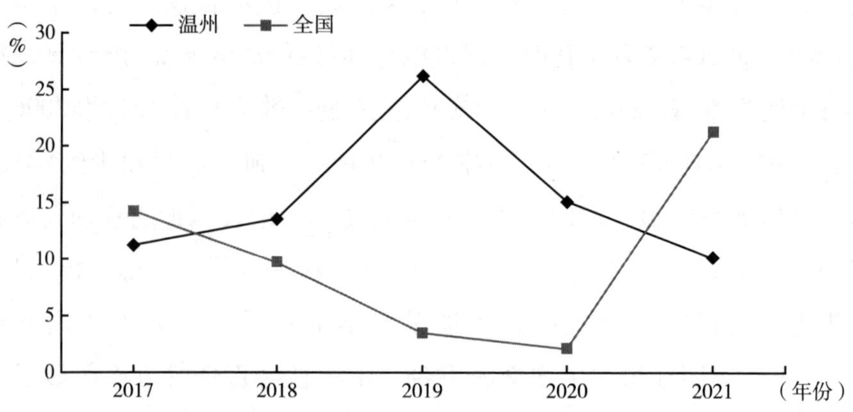

图 3　2017~2021 年温州与全国的进出口增长率

说明：数据来自《中国统计年鉴 2022》和《温州统计年鉴 2022》。

温州“地瓜经济”藤蔓在蓬勃生长的同时，一直在源源不断地“反哺”根茎。2012 年 2 月 1 日，温州市政府召开首届世界温商大会，回到故土的海外温商代表达 1300 人之多。会议发布了《世界温商宣言》，表示未来的温商将努力成为创意温商、诚信温商、责任温商、文化温商、慈孝温商。会议上，温州各县市区、功能区等与有关企业签署了 124 个项目，累计金额达 1400 多亿元。在过去的数十年内，60 多万名温商在世界 131 个国家和地区创业发展，建立了 250 多个侨团。据统计，自 2006 年至 2012 年，温商在全国各地投资额累计超过 3000 亿元，创办工业企业 3 万多家，创办各类市场 2000 多个，建立了覆盖全国、连接世界的温州人营销网络，年商品交易额达 6650 亿元。世界温商大会组委会办公室主任沈敏表示，“遍布世界的温商网络，不仅极大地拓展了温州人创业发展的空间，架起了温州与海内外交流合作的桥梁，有力地带动了温州本土经济的发展，而且在全国乃至全球弘扬了温州人精神”。

2019年，温州实施重点改革项目“鸟巢计划”，鼓励全国各地温州商会、海外侨团和其他温籍组织回到温州举办年会和各类创业洽谈会、投资项目对接会、扶贫帮困恳谈会等活动，推动项目回投、资金回流、人才回乡、贸易回归，促进温州“地瓜经济”块茎茁壮成长。温州“鸟巢计划”引得百鸟归林，让更多具有引领性、标杆性的高端项目、高能级企业集聚温州、发展温州。2020年1~10月，温州市新招引落地的亿元级产业项目达221个，其中制造业项目149个；全市到位内资500.21亿元，其中制造业到位内资198.3亿元；全市新引进总部回归项目51个。2013~2018年，温州共计引进了4724亿元的投资资金，其中，到位资金由2013年的212亿元持续增长至2018年的1327亿元。

三 “地瓜经济”发展的基本经验和面临的问题

（一）温州“地瓜经济”发展的基本经验

温州“地瓜经济”并非横空出世，而是处理好“走出去”与“引进来”关系后的必然产物。正如前文所述，温州特殊的自然地理环境及资源禀赋条件，决定了温州人离开故乡求发展的必然性。早期在外的温州人以供销员的身份频繁活动于全国各地，他们是生产者与消费者之间的联络员，是商品流通的催化剂，更是温州“地瓜经济”的藤蔓。或因商业活动，或因同乡亲情，他们自发地组织起来，形成了遍布全国的温商网络。然而，随着改革开放的不断深入、通信和互联网技术的发展，曾经的供销员大军在经济体系中不再有立足之地，于是逐渐退出历史舞台。自行摆摊经营、投资办厂的在外温商如雨后春笋般成长起来，摇身一变成为扎根在外的温州企业家。温州“地瓜经济”的藤蔓不仅没有就此枯萎，反而交错纵横、更胜以往。在外的温州企业家们通过开辟市场、创办工厂，不仅获得了巨大的财富，还解决了许多在外温州人和当地人的就业问题。20 世纪 90 年代中后期，外地温州企业家不断增多、抱团发展，使得全国涌现出越来越多的温州异地商会。新阶段的藤蔓再次交织，组织起了全新的温商网络。这张崭新的网络越铺越大，铺出海外、铺向全球，形成了如今温州的“地瓜经济”。不难发现，温州“地瓜经济”得以发展壮大的基本经验是，温州人打破狭隘的地域观念，在全国乃至全球范围内配置资源。在温州“地瓜经济”发展壮大的过程中，温州市政府的积极作用十分关键。具体而言，温州市政府的两个做法对其他地区具有重要借鉴意义。

1. 正确处理好“走出去”与“引进来”的关系，消除生产要素自由流动的各种障碍

《商务周刊》2002 年第 22 期曾以颇多笔墨报道了温州资本在 21 世纪初大量外流的状况。一时间，不少媒体和社会舆论对温州资本的“外逃”表示质疑与批判。对此，时任温州市委书记李强同志强调，温州资本是外扩，而非外逃。李强同志认为，这些舆论有一个认识上的误区，不知道追求最高收益是资本的共同属性。无论是跨国流动还是在国内流动，本质都是一样的。温州人通过资本对外扩张，说明已经进入资本经营阶段。本地企业到外地投资办厂，我们认为是好事——因为温州人挣到钱了，温州的土地资源却节省下了。过去，温州的资本外流主要是为了吸引生产要素、推销本土产品。现在，温州人在外投资办厂，不外乎是因为温州资源不足，故而向外寻求更低的生产成本和更高层次的市场依托。2004 年 7 月，李强同志在温州市委第九届四次全体（扩大）会议上指出，要跳出温州看温州、跳出温州发展温州，将“走出去”作为一个重要战略来实施。他还强调，要加强与在外温州人的沟通和联络，引导他们回乡投资创业，努力实现在外温州人经济与本土经济的互动发展。

温州永嘉县是“走出去”的投资最终回馈温州的典型。多年以来，永嘉县政府积极宣传传统“乡贤文化”，鼓励在外经商的永嘉人返乡投资，造福永嘉，担起振兴永嘉的重任。目前，永嘉已取得傲人的成绩。永嘉县1985年被确定为浙江省级贫困县，但在1996年便实现了脱贫，2015年永嘉县农村人均可支配收入达到16938元，成功消除了绝对贫困。2012年，永嘉县大力实施“招商选资”一号工程，号召在外的永嘉商人回归家乡。“我要改变落后的农村现状，让村民们腰包鼓起来、生活条件好起来!”永嘉南陈乡贤潘武杰回到永嘉参与村企共建项目，成立了永嘉县楠溪江南陈观光农业有限公司，投资基础设施项目420万元，投资经营性项目1.23亿元，流转土地4800亩。村企合作建立的生态农业休闲园项目，解决了上百名农村劳动力的就业问题。2015年，永嘉勘探出第一个高山温泉，潘武杰追加投资15亿元，打造了一个3.2平方公里的南陈温泉小镇。随后又以温泉产业为核心，联动开发农业观光、精品民宿、文化展览、度假养生等多种业态，谋划总投资58亿元的楠溪·云上温泉旅游度假区。2018年，楠溪·云上温泉旅游度假区的游客接待量达到100万人次，营业收入达到6500万元，创造就业岗位600余个。2019年上半年，楠溪·云上温泉旅游度假区游客接待量达到了55万人次，营业收入达到了1.5亿元。在社会效益上，楠溪·云上温泉旅游度假区每年向国家捐赠50万元用于开展生态环境保护工作，通过永嘉创建国家生态文明建设示范县、省级森林城市等活动，提高了楠溪江的环境质量。同时，楠溪·云上温泉旅游度假区积极参与扶贫工作，向岩头镇及周边地区累计捐赠了50余万元。

2. 出台了举办世界温州人大会、“鸟巢计划”等吸引温商回流的有效举措

2003年，时任温州市委书记李强同志提出并召开首届世界温州人大会。时任浙江省委书记习近平同志发来贺信予以勉励，“通过这次全球乡邑人杰的盛大聚会，联络更多海内外温州籍和浙江籍人士，情系故土，报效桑梓”。自此之后，温州照循习近平同志的指示要求，用心办好每一届大会，努力打造内外温州交流互动、联络联谊的重要平台。以2018年世界温州人大会为例，适逢全国庆祝改革开放40周年和新时代“两个健康”创建先行区落户温州的重要历史节点，大会回顾温州发展40年的风雨历程，迈出“改革开放再出发”的温州步伐。大会邀请了15个大类32个小类1300余名嘉宾，其中包括院士、长江学者等高层次人才20人，世界500强企业总部及亚太、中国地区负责人8人，部分驻华外国使节、友城代表等。世界温州人大会的顺利举办促进了在外温商回归，在总部回归项目代表座谈会暨总部项目签约仪式上，现场签订了25个温商总部回归项目，注册资金达25亿元。在第15届全国各地温州商会年会上，共签订了20个重大产业项目，总投资达314.3亿元。

2019年，温州实施重点改革项目“鸟巢计划”，让更多具有引领性、标杆性的高大上项目、高能级企业集聚温州、发展温州。2020年，随着“鸟巢计划”的全面启动，全市共首谈报备产业项目142个，计划总投资3275.86亿元。全市共谋划100个重大招商项目，总投资3066亿元，其中10亿元以上项目96个，包括城市开发项目16个、数字经济项目9个、生命健康项目9个、高端制造项目28个、总部经济项目6个、现代商贸项目16个、现代文旅项目12个。“鸟巢计划”既是对温商回归的全面延续，更是进一步激活温商资源的创新之举。在“鸟巢计划”的牵引带动下，内外温州人的交流更加密切、互动更加频繁，掀起了新一轮温商回归高潮。温州市投资促进局局长吴松海称，自2018年底天津商会带头回乡举办商会年会以来，深圳、海南、广东、北京、杭州等地的温州商会年会纷纷回归，累计已举办14场、参会人员5000多人次，仅活动期间就累计签约项目82个，投资总额达643亿元。

（二）温州"地瓜经济"发展面临的问题

进入新时代，习近平总书记曾多次强调"两个健康"的重要性。2018年8月9日，中央统战部、全国工商联正式批准同意温州创建新时代"两个健康"先行区，选定温州作为全国唯一试验田，作为中国民营经济改革发展探索的先锋。为响应"两个健康"号召，2023年1月28日，浙江省委召开了全省深入实施"八八战略"强力推进创新深化、改革攻坚、开放提升大会。在这次会议上，浙江省委书记易炼红提出了三项"一号工程"：数字经济创新提质"一号发展工程"、营商环境优化提升"一号改革工程"以及"地瓜经济"提能升级"一号开放工程"。温州市各地区纷纷响应，再度掀起了"地瓜经济"的热潮。譬如，温州核心城区的鹿城，把总部经济作为"地瓜经济"的典型形态和推动经济增长的重要模式，争创"地瓜经济"示范区，提出了聚焦滨江商务区、西部新城等重点板块实施楼宇招商，盯引产业链配套强、产品附加值高、龙头带动力大的头部企业、总部项目，确保落地中国电子等10家头部企业，新增总部项目50个以上。又如，乐清市发布了指向明确的《2023年乐清市制造业转型升级行动计划》（乐政发〔2023〕3号），通过制造业的高质量发展，2023年力争规上工业产值突破2200亿元，增长10%，规模以上工业增加值增长7%，全力打造更具韧性、更具活力、更具竞争力的"地瓜经济"。这标志着温州"地瓜经济"进入新发展阶段。

新发展阶段要强调"引进来"，将更多在外温商企业引回温州，推动温州经济高质量发展。温州"地瓜经济"要实现高质量发展，必须解决以下问题。

自2013年始，温州市委、市政府陆续推行"温商回归"政策，以吸引资金和产业回归温州、建设温州。温州市政府在政策扶持、税收优惠等方面均予以巨大支持。政策发布后，部分在外温商积极回应，为家乡建设贡献了自己的力量，推动了近年来温州经济的飞速发展。然而，全球各地依旧存在巨大的温商资源尚未发掘，许多在外温商依旧对回乡创业前景存有顾虑。目前的“温商回归”政策存在两个不足。首先，政府部门依旧存在审批烦琐、工作拖沓等问题，服务意识与服务能力有待进一步提高。在落实“温商回归”相关工作时，部分政府基层工作人员往往以“依法严格行政”为由，在工作中“冷硬推拖”。其次，政府重视项目引进工作，但忽视了后续项目的落实。据统计，2018 年温州市共签订了大型“温商回归”项目 140 个，但最终落实 94 个，占比为 67.1%；真正开工建设的项目仅 67 个，占比为 47.9%。

四 “地瓜经济”提能升级的政策建议

（一）改进招商工作，发掘优质温商资源

一方面，进一步改进招商引资工作举措。首先，做到“广撒网、抓大头”。与在外温商群体和异地温州商会时刻保持紧密联系，掌握在外温商经营、发展等基本状况。重点关注行业领头企业投资布局和发展战略的实时动态。招商引资项目应重点面向高端产业、新兴产业，以优化“温商回归”项目的产业结构。按照“突出重点、整合资源、内外联动、稳步推进”原则，加快完善境内外招商网络布局。鼓励各地产业平台聚焦欧洲、美国、日本、韩国和新加坡等重点国家（地区）以及我国港澳台地区，借助驻外使领馆、侨商会、海外联络处、海外温商网络、中介机构等力量，进一步完善海外招商工作网络体系。其次，狠抓招商项目落地，避免温商回归项目中途“戛然而止”。当前，温州市政府非常重视针对“温商回归”的招商工作，通过世界温州人大会等平台与越来越多的在外温商签订了大型“温

商回归”项目，然而最后真正落实的项目不到签约项目的七成。因此，政府应“签约”与“落地”两手抓，建立重大项目跟踪推进机制。完善领导挂钩联系制度，对行业领军“温商回归”项目、高端产业项目、新兴产业项目、超亿元大型项目等实行市县领导挂钩联系，简化项目落地手续，提升项目落地效率。

另一方面，充分利用遍布全球的温州人商会，发掘优质温商。温商回归为温州经济近几年的逆势增长注入了新动能，但异地温商资源仍然存在巨大的挖掘空间。政府需要进一步加大“温商回归”的宣传力度，通过积极宣传“温商回归”的成功案例展示温州优质营商环境。定期举办世界温州人大会、世界温商大会和青年企业家峰会等，增进温州市政府与内外温商之间的联系。构建内外温州商会联系机制，建立内外商会交互中心，加强内外温商互动交流，促进信息互通、商会互访、项目互动、发展互助。在全球范围内挖掘优质温商资源，发挥商会的桥梁纽带作用，“以商引商”，吸引在外温商带动项目回归、人才回归和资金回归。鼓励温商在自身踊跃投身回归事业的同时，牵引带动更多非温籍的国内外500强、行业龙头企业投资温州。

（二）优化政务服务，完善投资创业环境

投资创业环境就是地瓜根茎深植之土壤。有了肥沃的土壤，在外温企返温的动力才会更足，回乡大展拳脚的信心才会更强。近几年，温州的投资创业环境获得了巨大的改善，比如有创办企业愿望的企业家可以很快地拿到营业执照，办理相关证明时也不再像过去那般耗时耗力。今后，温州市政府需要进一步提高相关服务工作效率，着力破解企业和群众办事过程中的“难点”和“堵点”。温州市政府需要为招商引资项目提供优质服务，吸引更多海外温商回乡创业，将本土的“地瓜”培育壮大。迪拜温州商会执行会长王晓敏曾表示：“对于我

们海外温州人来说，回乡创业是一种情结，总想有机会把自己的事业搬回到国内，最好是回到温州来发展。市委市政府现在对招商引资这块非常重视，这也大大激发了我们回乡创业的热情。”

加强投资创业环境建设，可从如下几个方面入手。首先，加快土地要素市场化配置改革，解决土地资源紧缺问题。探索企业在高层楼房中进行工业生产的土地集约利用模式，增加混合产业用地供给，促进产业用地混合利用和建筑复合使用。其次，提升基层政府工作人员的服务意识与服务能力，提高政务服务质量。最后，加强知识产权保护，实施更加严格的知识产权保护举措，强化涉外知识产权维权和纠纷调解，加强跨境电商知识产权保护，深化专利代理领域信用监管。

（三）整合产业链，推动产业链高端化

如前所述，近几年来，由于国际政治经济环境的急剧变化，各国政府和企业都更加重视供应链产业链安全问题。华立集团董事会主席汪力成表示：“供应链安全在天平上的占比越来越重，甚至已经被看作国家经济安全的重要组成部分了。”诸多外国企业不约而同地向它们的中国供应商提出在对应国家设厂的要求，要求在对应目标消费市场的国家甚至是具体的某个城市设立主机厂，同时上游供应链也要贴近主机厂。譬如，新德集团董事长刘红军曾提到，欧洲客户考虑到关税便利的问题，要求其公司在孟加拉国设厂；集团的合作伙伴要开拓埃及市场，也会要求在埃及设厂。因此，将加工制造环节转移在外，靠近企业开拓的消费市场，而将设计研发、营销、资金结算保留在本国，是全球产业链供应链重构的开始。

温州企业应进一步完善产业链体系，确保产业链供应链安全，在全球供应链重构趋势下“走出去”，发挥好“地瓜经济”的优势。具体而言，将产业链供应链安全与建设“一带一路”相衔接，建立多元的区域—产业协调机制。加快温州民营企业数字化改革进程，凭借

数字化技术优化企业供应链管理体系，实现核心环节生产效率再提升。推动温州企业产业链供应链布局重整，将关键核心技术掌握在自己手中，降低对国外技术的依赖程度；将研发与营销环节留在温州，将生产环节设置在外，抓牢全球价值链的高附加值环节，提升内外贸综合实力，实现由“贸行天下”向“产行天下”“智行天下”的跃迁。

B.8 传统制造业转型升级

李立卓*

摘　要： 传统制造业是温州经济过去高速增长的源泉，但是存在下述问题：其一，核心产业基础薄弱，商业模式创新水平低；其二，部分企业管理基础薄弱；其三，信息化水平低，企业数字化转型意识淡薄；其四，产业链供应链集成难度大；其五，数字化转型人才缺乏。对此，温州加快传统制造业转型升级，采取了如下主要措施：首先，积极推进智能化技改；其次，用数字技术赋能传统制造业；最后，构建产业大脑。这些举措取得了产业结构持续优化、创新体系不断完善、企业活力日益增强和绿色发展质效突出的效果。温州推动传统制造业转型升级形成了如下几点基本经验：首先，充分发挥市场在资源配置中的决定性作用；其次，开展制造业增值服务创新，为产品提供全生命周期服务；最后，推动供应链协同，构建产业联盟。

关键词： 传统制造业　转型升级　数字经济　智能化改造

* 李立卓，中国社会科学院大学经济学院博士研究生。

一　传统制造业发展现状和面临的挑战

（一）传统制造业发展现状

传统制造业是温州经济过去高速增长的源泉。经过几十年的发展，温州已形成了鞋业、服装、电气、塑料制品、汽摩配、泵阀、打火机、眼镜、纽扣拉链、印刷包装、制笔等特色产业。这些特色产业基本上形成了以区域为轴心、以市场为依托、以知名企业为龙头、众多中小企业社会化分工和专业化协作的发展格局。由图 1 可知，2016~2022 年，除 2020 年受新冠疫情影响外，温州制造业生产总值逐年增加，7 年里的平均增长率为 8.2%。2018 年启动"两个健康"先行区建设以来，温州规模以上大中型企业数量稳步增加，2018~2022 年全市规上大中型工业企业分别为 2794 家、3112 家、3088 家、3367 家和 3833 家。

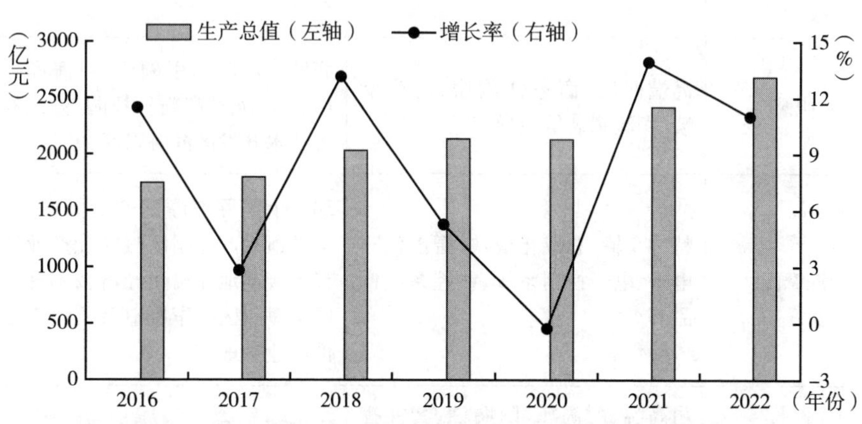

图 1　2016~2022 年温州市制造业生产总值及增速

说明：数据来自历年《温州统计年鉴》。

电气、鞋业、服装、汽摩配和泵阀是温州五大传统优势制造业。电气制造业主要分布在乐清市和平阳县，鞋业制造业主要分布在鹿城区、龙湾区、永嘉县和瑞安市，服装制造业主要分布在瓯海区、鹿城区、龙湾区、苍南县和乐清市，汽摩配制造业主要分布在瑞安市，泵阀制造业主要分布在鹿城区、永嘉县和瑞安市（见表1）。表2描述了五大传统优势制造业的企业数和经营状况。

表1　温州五大传统制造业发展方向及空间布局

重点产业	发展方向	空间布局
电气	以智能型、节能型、网络型为特征的第四代低压电器、高压及特高压电器、智能电网设备	柳白电气新城、乐清海港区创业创新基地、乐清经济开发区、温州经济技术开发区金海园区高端制造基地
鞋业	高端商务、时尚休闲、健康舒适、功能专用等鞋类产品	鹿城"中国鞋都"都市工业区、永嘉品牌鞋业产业园、瑞安休闲鞋业产业园和龙湾女鞋特色产业园
服装	高端西服、商务休闲服、时尚女装、潮流童装等主导产品	鹿城滨江时尚引领区、瓯海商务中心区、龙湾高新科技园、温州经济技术开发区滨海园区
汽摩配	特种车辆、总成化模块、智能汽车电子、电子控制系统、线控系统产品等	瑞安市国际汽摩配产业园区、平阳县新兴产业园区汽摩配产业转移承接基地和温州经济技术开发区金海园区汽车制造及关键零部件产业基地
泵阀	耐高温、耐高压、耐腐蚀、智能控制等	永嘉工业园区

说明：本表主要统计园区、基地分布情况，不包括县域内分散布局情况。

表 2 温州市五大传统制造业发展情况

单位：家，亿元

产业	年份	规上企业数	总资产	营业收入	税金及附加	总利润
电气	2018	875	1247	540	4.7	58
	2019	1001	1223	1015	4.9	65
	2020	1173	1508	1045	4.4	128
	2021	1383	1790	1407	5.1	83
	2022	1341				
鞋业	2018	807	377	165	2.8	21
	2019	879	390	474	2.8	18
	2020	852	408	366	1.9	8
	2021	938	453	451	2.1	12
	2022	882				
服装	2018	195	293	203	1.6	26
	2019	216	297	264	1.4	25
	2020	210	309	199	1.2	10
	2021	206	346	236	1.3	23
	2022	188				
汽摩配	2018	312	342	153	1.8	15
	2019	325	329	294	1.7	16
	2020	372	419	298	1.5	18
	2021	436	491	412	1.7	26
	2022	426				
泵阀	2018	605	404	93	2.2	20
	2019	746	458	449	2.4	26
	2020	856	516	467	2.2	28
	2021	1007	602	603	2.6	34
	2022	996				

说明：数据来自历年《温州统计年鉴》。

五大行业的具体情况分述如下。

1. 电气制造业

电气制造业是温州市传统制造业中的重要行业，主要产品包括电力设备、工业自动化设备、新能源设备、航空航天电气设备等。

2022年，温州电气行业营业收入约为1527亿元。温州拥有众多电气制造企业，从小型工坊到大型企业都有。全市电气行业现有生产企业12300多家（户），其中规上企业1341家、中国500强企业3家、上市公司9家。全市电气行业从业人员约30万人，在外从事电气营销人员约25万人。行业中有中国驰名商标43枚、中国名牌产品13个，持3C证书低压电器生产企业1795家，持有效3C认证证书33876张、工业产品生产许可证215张；主导参与制定国家标准、行业标准226个，国际标准1个，浙江制造标准4个、认证2个。正泰、德力西和人民电器是享誉全球的电气品牌。为了适应市场需求和提高竞争力，温州电气企业注重技术创新和研发投入，积极引进和采用先进的生产技术和设备，推动产品质量和技术水平提升。

正泰集团是温州电气行业的代表性企业。2022年，正泰集团拥有4万余名员工，实现营业收入1237亿元，连续20余年上榜中国企业500强。正泰集团的前身是温州乐清县求精开关厂，始建于1984年7月，仅凭着5万元的起始资金、50平方米的厂房和8名员工进军低压元器件产业。21世纪初，正泰经过中外合资等一系列企业整合后，陆续进军高压输配电设备、光伏等产业。如今，正泰集团业务遍及140多个国家和地区，拥有亚太区、西亚非洲区、欧洲区、拉丁美洲区、北美洲区和中国区六大营销区域，设立了北美、欧洲、亚太、北非四大全球研发中心，17座制造基地和20多个国际物流中心。

2. 鞋业制造业

温州市鞋业主要生产各类皮鞋、布鞋、运动鞋等产品。温州市地处东南沿海，具有优越的交通条件和丰富的人力资源，因此鞋业成了温州市传统制造业中的龙头行业之一。温州市鞋业形成了完整产业链，具有较强的产业集聚优势。温州市鞋业市场需求量较大，主要市场包括国内和国际市场。温州现有鞋类生产制造型企业5000余家，相关从业人员超50万人，年生产鞋类成品超18亿双。不仅如此，温州配套鞋产业链企业超10000家。完整的产业链和完善的配套服务，让温州成为中国最具竞争力的鞋类生产、出口基地之一，在全国同类产品中具有较强的示范效应。

在温州鞋业中，奥康是一个成功的自主品牌。奥康集团起源于永嘉奥林鞋厂，成立于1988年，专注于制鞋产业。如今，该集团已发展成为全国民营百强企业，在制鞋业务上的年产值超过50亿元，创造利税收入超过7亿元，品牌价值达到62.29亿元。集团具有行业龙头的生产规模，拥有三个鞋业生产基地和五个鞋业品牌，员工总数超过2万人。奥康集团已经从传统的贴牌加工（OEM）转型升级到如今具有影响力的自有品牌。

3. 服装制造业

温州服装业自20世纪90年代开始快速发展。由于区位优势和劳动力成本低廉，温州服装企业在国内市场取得了很大成功。温州服装历经30多年的发展，产业链相对完善，涵盖了纺织原材料采购、面料加工、服装设计与生产、品牌推广以及国内外销售等环节。这种完整的产业链有助于提高生产效率和产品质量。与此同时，温州的服装企业也形成了专业化的分工模式。一些企业专注于中高档品牌的设计与生产，注重产品质量和创新；而另一些企业则专注于大规模生产和出口，注重成本控制和交货期。2022年，温州市拥有2731家服装企业，其中188家规模以上企业，实现主营业务收入209亿元。截至2023年4月，温州已拥有“中国男装名城”“中国休闲装名城”“中国针织名城”“中国纺织服装品牌中心城市”“中国服装时尚定制示范基地”等五张国字号“金名片”。

报喜鸟是温州服装业的代表性企业。报喜鸟和田工业园占地面积 118 亩，建筑面积 15 万平方米。园区包含智能物流中心、云翼智能个性化定制生产车间和智能办公研发大楼。报喜鸟不断提升自身的竞争力，通过转型升级实现企业快速发展。2022 年，报喜鸟实现营业收入 14.76 亿元。截至 2022 年 12 月 31 日，报喜鸟已在全国各省（自治区、直辖市）的核心商圈、商场、购物中心及部分机场或高铁交通枢纽建立了 1684 家线下门店，其中直营店 746 家、加盟店 938 家；同时，公司积极拓展线上渠道，在天猫、京东、唯品会等第三方平台设立官方旗舰店，通过抖音、视频号等直播平台进行带货，推进微商城小程序“凤凰尚品”进行线上社群营销。

4. 汽摩配制造业

温州市汽摩配制造业主要生产汽车发动机、变速器、底盘等核心零部件，也生产汽车外饰及其他汽车附件。每辆汽车有上万个零部件，因而汽车制造业的产业链条长、涉及面广、带动性强。2022 年，温州市共有汽摩配制造业企业 3000 多家，其中规上企业 426 家，年产值亿元以上企业 82 家。被称为“中国汽摩配之都”的瑞安，约占温州汽摩配产业规模的 70%。目前，瑞安拥有 12 个大类 5000 多个系列的产品、近 700 亿元产值的汽车高端部件产业，是全国汽车零部件品类较全、规模较大、产业链较完整的产业基地之一，为国内 100 多家整车生产企业提供配套，产品远销全球 100 多个国家和地区。

近两年，瑞安共引进标志性项目 5 个、高能级创新机构和平台 12 家，建成重大产业项目 16 个、在建项目 38 个。瑞安市对接洽谈世界 500 强企业、汽车零部件百强企业，全力推动主导产业标志性项目落地。落地开工投资 112 亿元的高效异质结光伏产业项目，做优新能源汽车产业布局、做强上下游产业链的标志性龙头项目。国内市场仍是温州市汽摩配制造业的主要市场，同时温州也在不断拓展国际市场。

5. 泵阀制造业

温州是国内阀门产业最集中、规模最庞大的城市。全国半数以上的阀门企业汇集在这里，让阀门成为当地当之无愧的支柱产业之一。温州阀门行业的发展过程，可以说是全国泵阀行业乃至制造业发展的缩影。20 世纪 60 年代开始，温州阀门产业开始起步，温州制造的首个阀门在龙湾区生产下线。温州阀门产业早期主要是生产简单的单座阀、双座阀等产品。20 世纪八九十年代，随着改革开放，温州阀门行业开始真正兴起，一些企业开始引进国外同类阀门的技术与设备，阀门的制造技术和产品质量得到迅猛提升，生产出了套筒阀、偏心旋转阀等，并开始研制精小型的调节阀。但是，该阶段温州阀门制造行业仍以基础铸造为主。2010 年后，随着经济建设的不断加速，温州阀门制造企业逐渐有了足够的资本和制造经验，开始进行高新技术研发。我国阀门制造行业由此进入中高端阀门的研究探索阶段，部分企业也借此实现了转型升级。温州用五六十年走完德国等国家近百年的阀门制造业发展之路，一方面让当地企业乘风飞速发展，技术不断迭代升级；另一方面也暴露、遗留了很多问题。经营理念落后、质量缺乏打磨、技术创新乏力、政策缺乏引导等多重原因，让温州泵阀产业进入两极分化的阵痛期。数据显示，温州市现有泵阀企业约 3200 家（其中规模以上企业 996 家），从业人员超 8 万人。

温州的阀门产业十分成熟，囊括了阀门所需的上游原材料、配件与下游产品。在以出口为主的泵阀行业中，温州更是走在前列。业内专家预测，在经济下行压力加大的背景下，温州的泵阀出口额每年仍将以 20%～30%的速度递增。庞大的规模、高度的聚集、迅猛的发展，让温州当地泵阀产业形成规模效应，不断吸引资金、人才等资源流入，部分企业崭露头角，成为当地的龙头企业。在行业高质量发展方面，温州也涌现了一批科技含量较高的泵阀企业，如浙江力诺流体控制科技股份有限公司、保一集团有限公司、浙江石化阀门有限公司、超达阀门集团、嘉利特荏原泵业有限公司、有氟密阀门有限公司、温州一宇密封材料有限公司、江南阀门、良工阀门集团有限公司、维都利阀门有限公司、方正阀门集团有限公司等。近年来，温州阀门制造技术创新不断，突破了多项国外“卡脖子”的阀门技术，让温州阀门产业知名度与日俱增。譬如，五洲研发成功的高压大口径超低温阀门，环球阀门集团研发的二级核电阀门，凯喜姆阀门有限公司研发的核安全一级闸阀、截止阀等。

（二）传统制造业面临的挑战

1. 核心产业基础薄弱，商业模式创新水平低

由图 2 可知，2023 年 2 月，温州市规上数字经济核心制造业增加值虽居全省第四位，但与前三名的差距较大，主营业务收入是杭州的 27.4%、宁波的 35.6%、嘉兴的 39.8%，并且规上工业高技术制造业利润居全省第六位（见图 3），总体处于较低水平。温州部分企业生产通用产品，缺乏创新的产品设计，同时在生产工艺、营销和服务等方面也缺乏创新，数字化转型缺乏明确的方向。尽管制造业已经有了个性化定制、服务化制造和全生命周期服务等发展方向，国家也出台了政策来培育专精特新企业，但是如果企业本身缺乏思考和创新，这些政策和引导性方向在某一具体企业的落地难度就会很大。因为产业数字化转型的本质是技术的商业应用，如果企业在商业模式上缺乏创新，数字技术并不能带来任何竞争优势。即使在数字化的初期，数字技术能够提升某一行业的影响力，但随着其他产业数字化的推进，最初的影响力如果不能转化为实实在在的竞争优势，该行业将难以达成数字化的目的。

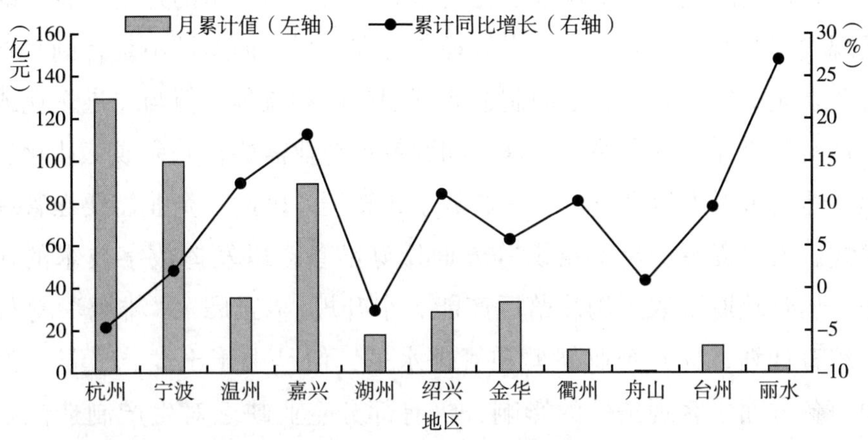

图 2 2023 年 2 月浙江省规上数字经济核心制造业增加值

资料来源：2023 年 2 月浙江省《工业总产值和增加值》（月报）。

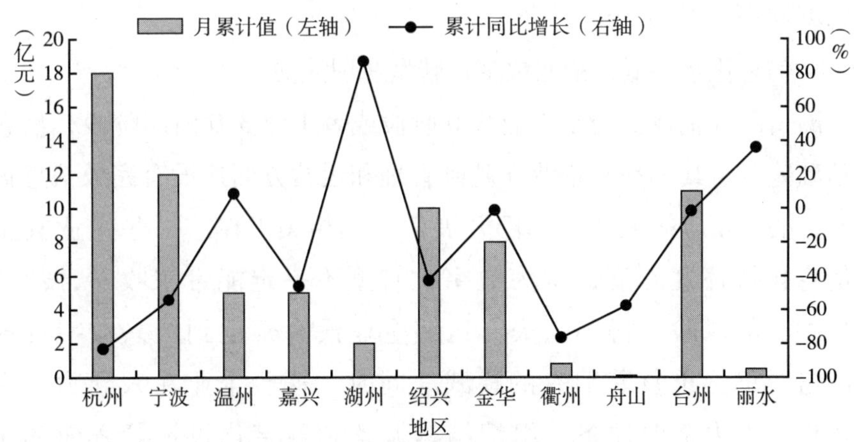

图 3 2023 年 2 月浙江省规上工业高技术制造业利润

资料来源：2023 年 2 月浙江省《工业企业效益》（月报）。

2. 部分企业管理基础薄弱

温州中小企业的管理基础相当薄弱，甚至连制造业基本的管理流程都没有到位，在生产计划、物流、制造流程等方面存在许多空白和不足，这些问题阻碍企业数字化转型。所谓空白，指的是这些企业缺乏现代制造业企业应有的基本管理制度和流程。而所谓不足，则是指有些企业虽然建立了一定的制造业管理制度和流程，但与先进企业或最佳实践仍存在巨大差距。这些问题使得企业需要首先完成工业化过程，然后再引入信息技术，完成数字化转型。因此，企业需要在管理模式、人力资源、员工意识等方面做好准备，以发挥数字技术的作用。尽管政府采取了淘汰落后产能、小升规、“雏鹰”“雄鹰”等梯次培育计划，提升企业规模和管理水平，但是由于土地、人员、意识等各方面主客观条件的影响，仍有部分企业缺乏对生产制造流程的合理规划，缺乏标准化厂房，生产物流规划不合理，制造成本高，难以有效地发挥产业数字化的作用。因此，温州的中小企业需要加强管理能力建设，促进生产制造流程的规划和标准化，以实现数字化转型和产业升级。

3. 信息化水平低，企业数字化转型意识淡薄

温州部分企业仍处于工业 2.0 阶段或者工业 3.0 前期阶段，信息化基础薄弱。其中一些企业在基础管理和运营方面还没有完成信息化转型，缺乏相应的人才和部门开展信息化相关工作。一些企业甚至对信息化持怀疑态度，认为数字化转型不一定能带来收益，却要承担相应的风险，得不偿失。这些企业没有察觉到新兴数字技术的冲击，仍然重复着旧有的模式。同时，这些企业在领导力、人员意识、人力资源储备、组织结构调整和数字化投资等方面都缺乏一定的能力，认为数字化转型毫无必要、难以发生，甚至可能被某些力量阻止。因此，这些企业需要加强对数字化转型的认识，根据实际情况规划数字化转型路径和步骤，招募和培养数字化人才，建立数字化组织架构，制订数字化投资计划，积极推动数字化转型进程。

由表 3 可知，温州市的数字产业化指标在浙江省排名第三。虽然

温州的核心产业研发经费占营业收入比重总体上看处于较高水平，但核心产业制造业新产品产值率太低，所以，数字化转型不仅仅是技术问题，也需要在商业模式和经营管理方面进行变革，并注重技术与战略匹配性。数字化转型是一项战略性和全局性的变革，不是简单地将业务从线下转移到线上。它需要在产品与服务、经营管理、销售模式、客户服务等各个领域进行系统性变革。单纯地引入某个工业软件或设备是不够的，必须制定数字化转型持续推进的蓝图，以确保企业能够持续投入数字化转型并取得成功。

表 3　浙江省数字产业化指标情况

单位：%

地区	年份	得分	位次	核心产业研发经费占营业收入比重	核心产业制造业新产品产值率	核心产业产值占 GDP 比重
杭州	2020	164.5	1	1.9	55.1	26.6
	2021	168.8	1	1.9	49.2	27.1
宁波	2020	75.5	5	2.4	50.2	6.0
	2021	74.5	4	2.0	49.0	6.9
温州	2020	82.2	3	2.7	50.0	7.0
	2021	75.2	3	2.3	48.5	7.4
嘉兴	2020	88	2	2.7	69.8	9.2
	2021	89.7	2	2.2	74.1	10.3
湖州	2020	78.1	4	2.5	63.4	5.1
	2021	73.3	5	1.8	67.7	5.5
绍兴	2020	72.6	6	3.3	57.3	3.6
	2021	72.4	6	3.0	64.2	3.9
金华	2020	65.4	7	2.2	71.8	6.3
	2021	69.4	7	1.9	79.1	4.3
衢州	2020	57.3	10	2.1	70.7	3.7
	2021	60.1	8	2.1	70.2	4.3
舟山	2020	60.6	8	1.8	52.3	1.7
	2021	55.2	10	1.7	52.9	1.6

续表

地区	年份	得分	位次	核心产业研发经费占营业收入比重	核心产业制造业新产品产值率	核心产业产值占 GDP 比重
台州	2020	59.9	9	1.8	44.6	3.3
	2021	56.6	9	1.6	44.3	3.2
丽水	2020	52.2	11	2.2	49.8	3.0
	2021	51.5	11	2.1	55.8	3.5

说明：数据来自浙江省《2021 浙江省数字经济发展综合评估报告》《2022 浙江省数字经济发展综合评估报告》。

4. 产业链供应链集成难度大

温州产业的集群化特征已经比较明显，但许多企业仍处于产业链的同一水平层级，而不是产业链的垂直层级，企业之间是竞争关系而不是合作关系。这给产业链供应链的进一步集成带来了困难。由于数字化转型实践可能会被同行企业学习或模仿，让自己失去竞争优势，企业不愿意在同行业中推广自身的实践，即使具有产业链的垂直合作关系，数字化也往往不是产业链合作的首选。这是因为，一方面，个别龙头企业的数字化经验难以被其他企业复制，因为企业在能力、资本投入等方面存在太大的差异；另一方面，即使龙头企业愿意输出其数字化经验，双方合作的可能性也受到信息化投入、信息共享、企业管理升级等产业链合作问题的限制。即使树立了示范性企业，在介绍案例的过程中，也往往只是简单介绍，难以触及数字化转型的核心内容。只有在双方都有足够的投入和合作意愿时，产业链层面的数字化转型才可能实现。

5. 数字化转型人才缺乏

数字化转型是一项战略性、全局性的工作，需要懂经营管理和数字技术的人才共同推进。然而，温州企业面临懂经营管理和数字技术的人才匮乏的问题，更缺乏两者兼通的人才。这种数字化人才的缺乏，阻碍了温州企业数字化转型的实施。即便政府大力推动，也仅能开展局部数字化项目，难以推进智能工厂、产业数字化等整体性工程。即使在部分已经实施上云等项目的企业中，由于缺乏数字化人才，推进的力度和效果也大打折扣。

（三）传统制造业转型升级的时代背景

传统制造业是改革开放 40 多年以来温州经济高速增长的主要动力来源。然而，新的时代背景要求温州传统制造业必须转型升级，这主要体现在如下六个方面。

1. 新一轮科技革命和产业变革孕育制造业发展新机遇

新一轮科技革命和产业变革正在兴起，以信息技术为引领，以生物技术、新材料技术、新能源技术等为代表的前沿技术呈现多点突破态势。这些创新技术的不断发展不仅极大地改变了我们的生活方式，更催生了新的生产方式、组织形态和商业模式。温州要主动融入新一轮科技和产业革命，以智能制造为统领、实体经济为根基，推动制造业质量变革、效率变革、动力变革，加快高质量发展。

2. 数字时代赋能制造业发展新路径

全球数字经济发展进入整体演进、群体性突破、深度应用新阶段，伴随我国“网络强国”“数字中国”等战略部署深入推进，以数字产业化为基础、产业数字化为主题的经济活动正引领制造业全方位转型、系统性重塑。温州要加快推动互联网、大数据、人工智能同实体经济深度融合，加快推进数字产业化、产业数字化，走出一条制造业高质量发展新路径。

3. 碳中和、碳达峰重构制造业发展新版图

随着中国、欧盟、美国、日本、韩国等国家和地区先后提出碳达峰、碳中和目标，全球制造业产业链供应链将进行新的国际分工与合

作，并推动光伏、风电、新能源汽车等一系列新产业发展。对温州而言，要加快打造更加绿色的制造业体系，积极布局一批新能源和低碳技术产业，带动整个制造业乃至经济结构的低碳转型。

4. 双循环新发展格局开拓制造业发展新空间

构建以国内大循环为主体、国内国际双循环相互促进的新发展格局，需要制造业更好地利用国内国际两个市场、两种资源，实现更加强劲和可持续的发展。对温州而言，要把满足国内需求作为发展的出发点和落脚点，把握“国产替代”机遇，加快打造一批世界先进制造业集群；同时，深化与“一带一路”国家、区域全面经济伙伴关系协定（RCEP）成员经贸合作，推动温州人经济向温州经济转换。

5. 打造共同富裕示范区市域样板赋予制造业发展新使命

浙江省在全国率先开启共同富裕示范区建设，并将加快建设具有国际竞争力的现代产业体系作为夯实共同富裕物质基础的重要路径。对温州而言，要巩固壮大实体经济根基，夯实共同富裕的产业基础，推动传统产业高端化、智能化、绿色化发展，做优做强战略性新兴产业和未来产业，培育若干全国领先、全球有影响力的先进制造业集群，形成一批具有温州特色的标志性成果和最佳实践案例，筑牢共同富裕基石。

6. 全球先进制造业基地建设赋予制造业发展新目标

加快建设全球先进制造业基地是浙江省围绕“制造强国”、推动制造业高质量发展推出的重大战略举措。支持制造业高质量发展的政策力度不断加大，要素供给不断加强。对于温州而言，要立足打造长三角金南翼、粤闽浙城市群金北翼和浙江省第三极的战略使命，大力实施“制造业发展双轮驱动”战略，坚定打好产业基础高级化、产业链现代化攻坚战，绘就好全球先进制造业基地建设的温州篇章。

二　传统制造业转型升级的实践

（一）传统制造业转型升级的总体思路和目标

温州制定的传统制造业转型升级总体思路是：加快传统制造业发展方式转变，实现发展动力从以资源消耗为主向以创新驱动为主转变，产业结构从以一般加工为主向以先进制造业和高新技术产业为主转变，产业组织形态从以传统块状经济为主向以现代产业集群为主转变，企业经营方式从以粗放经营为主向以集约经营为主转变，产品层次从以低技术含量和低附加值为主向以高技术含量和高附加值为主转变，努力形成传统制造业发展的新优势。

传统制造业转型升级的具体目标如下：提升发展五大传统优势制造业，到2025年培育壮大电气、鞋业、服装、汽摩配、泵阀等一批千亿产业集群，五大传统优势制造业实现产值6100亿元以上；培育发展五大战略性新兴产业，以数字经济、智能装备、生命健康、新能源、新材料为主攻方向；培养数微基站制造、智能计算、物联网、网络安全、新能源汽车、工业机器人、核电关联、电子信息功能材料等一批百亿"新星"产业群，使得五大战略性新兴产业实现总产值（营业收入）5550亿元以上。聚力系统性重构、创新性变革，结合"5+5"产业链培育，整合打造形成14个高能级战略平台和高质量骨干平台，构建以温州高新技术产业开发区为战略牵引，功能布局合理、主导产业明晰、资源集约高效、产城深度融合、特色错位竞争的产业平台体系，切实增强产业发展支撑力。

与此同时，温州承接浙江省产业大脑建设任务，探索产业大脑温州版建设，搭建以工业互联网为支撑，以数字资源为核心，综合集成产业链、供应链、资金链、创新链，融合企业侧和政府侧，贯穿生产端与消费端，为企业数字化转型、产业生态建设、经济治理提供支撑的集成开放赋能平台。紧扣浙江省 SupET "1+N" 工业互联网平台 2.0 建设要求，围绕电气等五大传统优势制造业、智能装备等五大战略性新兴产业和 N 个县域特色产业集群数字化转型，打造 "5+5+N" 工业互联网平台体系，推进 "一集群一平台" 建设，实现百亿以上传统产业集群工业互联网平台全覆盖。引培成熟平台服务商，推进行业级、区域级、产业链级、特定环节、企业级工业互联网平台建设。引导鞋服、眼镜等传统优势行业建设工业互联网标识解析二级节点。推动 ERP、MES、PLM 等工业软件云化改造，开发面向协同研发、全生命周期管理、预测性维护等场景的工业 App，建成一批 "5G+" 应用场景，形成一批工业互联网平台赋能产业集群数字化转型解决方案。温州市力争到 2025 年，建成 30 个工业互联网平台，开发 "5G+" 工业互联网应用场景 25 个，实现 5G 在重点工业企业技术应用率达到 70%，连接设备（产品）1000 万台，服务工业企业 3 万家，招引培育龙头工业互联网服务商 10 家。

表 4　温州市颁布的促进制造业发展的政策

发布时间	文件名称
2018 年 2 月 4 日	温州浙南产业集聚区（经开区、瓯飞）全面改造提升传统制造业三年行动计划（2018~2020 年）
2019 年 3 月 29 日	2019 年温州市数字经济赶超发展工作要点
2019 年 12 月 16 日	温州市传统制造业重塑计划
2020 年 12 月 2 日	温州市实施制造业产业基础再造和产业链提升工程行动方案
2020 年 12 月 31 日	关于深入推进传统制造业改造提升 2.0 版的实施意见
2021 年 7 月 4 日	"中国鞋都"向"世界鞋都"跨越发展战略方案
2021 年 11 月 18 日	关于印发《温州市制造业高质量发展"十四五"规划》等 3 个规划的通知

（二）传统制造业转型升级的主要举措

"十四五" 以来，在政策的有效支持之下，温州市上下坚持以新发展理念为引领，大力推进新时代“两个健康”先行区建设，深入实施“制造业发展双轮驱动”战略，构建以国内大循环为主体、国内国际双循环相互促进的新发展格局，出台了一系列促进传统制造业转型升级的政策。这些政策可归纳为下述三个方面。

1. 积极推进智能化技改

实施千企智能化改造。引导企业实施智能化改造，加快实施“5G+互联网”工程，推进企业实现“设计—制造—物流—营销—运维”等环节全流程的智能化，3 年实现规上工业企业智能化技术改造全覆盖，形成智能产线—智能工厂（数字化车间）—未来工厂的多层次新智造企业群体。聚焦“5+5”产业链，从流程型智能制造、离散型智能制造、个性化定制、网络协同、远程维护五个维度，指导推动全市企业开展智能化技术改造，推动新智造试点示范。充分结合温州产业特色、产品特点，制定温州市智能制造评价标准、市智能化技术改造项目认定标准、市级智能工厂（数字化车间）建设标准等区域性特色标准。2019~2022 年，全市累计完成技改投资 1366.61 亿元，年均增长 17.6%；全市共 4432 家企业完成了 4717 项智能化技改项目；规上企业智能化改造覆盖率逐年提升，至 2022 年底已达 70%以上。2019~2022 年，全市累计新增工业机器人 9309 台，规上企业在役工业机器人密度约为 150 台/万人。

温州市智能化技改项目趋势如图 4 所示。总体上看，2019~2022 年，温州智能化技改项目的数量持续增加，具体智能化技改示范项目情况如下。①2019~2022 年，全市实施浙江省“五个一批”重点技改示范项目 204 项。②实施省级生产制造方式转型示范项目 40 个（2021 年 22 个、2022 年 18 个），2023 年入选 15 个。③4 家企业入选省级未来工厂，分别是正泰（2020 年）、瑞立（2021 年）、瑞浦（2022 年）、天正（2022 年）。④74 个项目入选省级数字化车间/智能工厂，其中包括传统产业典型企业德力西、瑞明、奥康、东蒙、伯特利、百珍堂食品等，新兴产业典型企业麦田能源、奔腾激光、康德莱医疗、炜冈机械、新力新材料等。2022 年，浙江康德莱、华昊无纺布入选工信部智能制造优秀场景，天正、娃哈哈、一鸣等 3 家企业入选浙江省未来工厂试点。中国眼谷眼健康产业先导区进入全省未来产业先导区培育创建设名单。

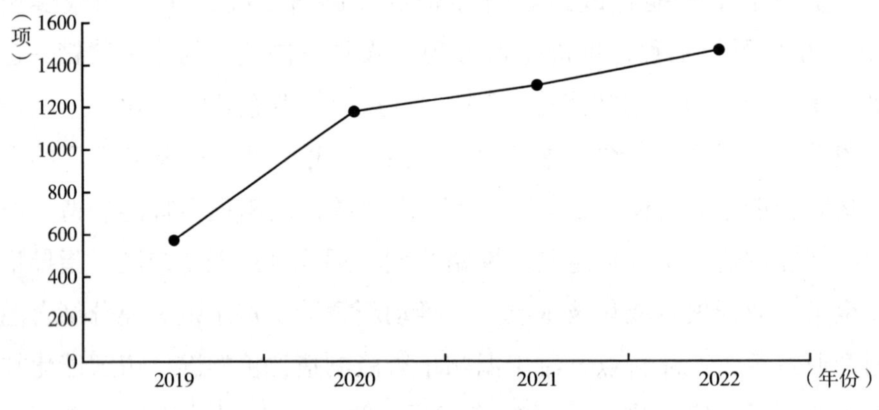

图 4　2019~2022 年温州市智能化技改项目

说明：数据来自历年《温州市国民经济和社会发展统计公报》。

2. 用数字技术赋能传统制造业

在生态上，创新数字制造应用场景。围绕科技创新与产业创新双联动，依托产业大脑、未来工厂等建设，谋划实施“万企上云”、“亩均论英雄”、“企业码”综合应用、新智造公共服务应用等一批数字变革重点应用项目，推动形成具有地方特色的业务应用体系，助推数字经济高效运行。构建一流数字基础设施，统筹布局 5G 网络、光网城市、云计算中心等新一代信息基础设施，持续打造“万兆光网”示范园区，实施 5G 百千万行动计划，推进百项场景应用、千亿产业培育、万个基站建设。健全数据资源基本制度：加强安全技术、共享规则、应用授权等研究，建立数据泄密保险制度；构建工业数据安全管理体系，加强工业数据安全产品开发应用；构建数据资源确权、资产评估、登记结算、交易撮合、争议仲裁等规则和制度；研究建设具有温州特色的数据交易基础设施。

在政策上，温州市在多年的实践中形成了一系列支持产业数字化转型的政策和方案，涵盖本地主要产业。技改补助政策具备门槛低、比例高、兑现快等特点。门槛低是指企业技改投资达到200万元以上，即可享受政策红利；比例高是指对企业技改项目的补助比例普遍提高了5个百分点（对企业一年内投资200万~500万元的技改项目给予15%补助，一年内投资500万元以上的技改项目给予20%补助；列入智能化技术改造遴选项目的给予25%补助）；兑现快主要体现在技改项目当年申报当年兑现，疫情期间更是创新技改预补助方式，市本级为21家企业兑付奖励资金2850万元。同时，温州市政府还构建了数字化转型的服务商体系和工程咨询体系，并推出各项金融措施，支持企业进行智能化改造和上云行动。政府、企业、服务商、智库和金融机构共同推动产业数字化转型，形成了联动工作机制。

在技术上，以与杭州、上海嘉定等地开展数字经济、科技创新等领域全面战略合作为契机，持续吸引国内外优秀解决方案供应商牵头或组建联合体入驻，筛选了天心天思、航天云网等48家工程服务机构，形成温州市智能化技术改造的“军师联盟”。以政府购买的形式，成批量参与智能化技术改造项目前期咨询诊断和初步方案设计。多个传统产业已经采用数字化技术进行转型升级，实现了具有行业影响力的典型案例。在鞋业、服装、电气、汽摩配、泵阀等领域，企业已经实现数字化应用的成功转型。其中，报喜鸟的“云翼”智能制造平台在服装行业领域开创了个性化定制的新商业模式，改变了服装业高库存、长账期的状况，成为服装业的主流生产模式之一。现在，该平台销售量的30%来自个性化定制。同时，包装行业的东经科技通过互联网平台模式，成功转型为一家颠覆传统包装业的“包装+互联网”科技型企业，已在全国各地推行包装业互联网解决方案，其平台产值已从转型前的几千万元一跃而上达到十几亿元。鼎业机械通过引进外部人才和智力资源，兴建智能化制造基地，对温州包装机械行业的商业模式产生了深刻影响。另外，泵阀行业的中小企业上云行动正在改变企业的经营管理模式，员工管理、生产流程、仓储管理等也都发生了根本性变化。福达合金通过引进人才，研发数据驱动的生产工艺，实现了产线快速组队、设备快速组织，满足个性化小批量的订单需求。这些成功案例表明，数字化转型在传统产业中已经成为必然趋势，并将对产业的未来发展产生深远的影响。

3. 构建产业大脑

推动政企数字采集汇聚。迭代升级工业大数据平台，汇聚公共资源交易、企业信用信息服务、产业链数据中心等平台数据，形成政府侧数据仓。加快基础性工业互联网平台建设，汇聚各类市场主体生产经营产业端数据，形成企业侧数据仓。打通政府侧和企业侧数据仓，建设产业大脑数据中枢。全面建立产业大脑多元数据融合应用体制机制、市重点优势产业链数据中心，形成“一行业一大脑”的发展格局。促进工业互联网创新发展。支持行业龙头企业、第三方服务机构打造以智能化生产、网络化协同、个性化定制、服务型制造、数字化管理为主攻方向的“5+5+N”工业互联网平台体系，推进“一集群一平台”建设，培育一批区域级和行业级工业互联网平台，形成一批工业 App。

表 5　温州制造业数字经济变革重点应用项目

项目	内容
建设产业大脑数据中枢	衔接城市大脑建设，统筹推进中枢协议、中枢协同机制、软件开发工具包以及应用程序接口等建设
建设产业链数据中心	聚焦“5+5”产业链，推动产业链关系图谱建立，整合部门共享数据、企业直报数据、平台对接数据等资源，形成产业链数据中心

续表

项目	内容
深入实施“万企上云”	鼓励中小企业使用云应用软件,推动龙头骨干企业从资源上云向业务上云转变,到2025年,累计上云企业6万家,打造省级云应用标杆企业50家以上
提升“亩均论英雄”大数据应用3.0	迭代扩充亩均基础数据库,通过“部门共享有关数据、市县报送评价数据、外部提取公开数据”方式,建立健全分级分类数据共享、动态监测、在线校核报送、工作协同等机制,打造可视化展示、精准化推送亩均效益绩效场景应用
提升“企业码”综合应用	迭代扩充亩均基础数据库,通过“部门共享有关数据、市县报送评价数据、外部提取公开数据”方式,建立健全分级分类数据共享、动态监测、在线校核报送、工作协同等机制,打造可视化展示、精准化推送亩均效益绩效场景应用
工业项目全生命周期管理系统	围绕推动工业项目早引进早落地早投产早见效,加强工业项目全生命周期管理服务,严格项目准入、强化事中事后监管、优化项目服务,形成一套科学高效的项目全生命周期管理系统
小微企业园建设运营全流程管理	按照省小微企业园信息管理平台2.0版建设方案,完善温州市小微企业园综合管理平台,实现省、市、县、园区之间数据互通、功能共享,完善园区项目全生命周期监测和助企服务功能

三　传统制造业转型升级的成就

（一）产业结构持续优化

温州产业布局日益由原来的零散分布，蜕变为今天的“建强引擎、平台带动、集聚发展”。目前，温州已形成省级产业核心区、协同区、新兴产业群和市级特色优势产业等4个梯次培育体系。其中，电气产业成绩最亮丽：以乐清为产业核心发展区，以经开区为协同发展区，这个从温州生长起来的完善产业链，已催生出国内低压电气产业领域规模最大、配套最全的国家级先进制造业集群。2022年，温州的电气产业实现规上工业总产值 1570.9 亿元。2023 年，电气产业集群上榜“中国百强产业集群”榜单，向世界级产业集群迈进。温州还蝉联“中国鞋都”荣誉称号。温州泵阀产业入选全国首批中小企业特色产业集群，工信部国家工业产品主数据标准在温州阀门行业率先试点。

（二）创新体系不断完善

深入实施创新驱动战略，构建“一区一廊一会一室”创新格局，加速形成以企业为主体、产学研深度融合的创新体系。2022 年规模以上工业中，高新技术产业、装备制造业、战略性新兴产业增加值分别比上年增长 4.6%、8.6%、7.7%，占规模以上工业的比重分别达 66.8%、57.7%、35.1%；高端装备、高技术、数字经济核心产业制造业增加值分别增长 5.4%、25.2%、18.5%。规上工业新产品产值增长 18.1%；新产品产值率为 40.5%，比上年提高 3.2 个百分点。全年规模以上服务业中，互联网、软件和信息技术服务业企业营业收入比上年增长 19.2%。工业技改投资、高新技术产业投资分别比上年增长 8.8%、9.6%；交通投资，生态环保、城市更新和水利设施投资分别增长 16.0%、28.8%。环大罗山科创走廊成为全省重要科创大走廊，新增国科大、浙大温州研究院等高能级创新平台 29 家，国家大学科技园跻身全国 10 强，10 家市级综合体列入省级综合体创建名单。认定首台（套）装备 65 项、首版（次）软件 3 项，“浙江制造精品”79 项；新增省级企业研发中心 70 家、省级制造业创新中心 1 家、省级工业设计中心 31 家、省级企业技术中心 53 家。

（三）企业活力日益增强

温州已经形成大中小企业结构合理、相互协作的发展局面。2022 年，全市规上工业企业达 7573 家；共有世界 500 强企业 1 家；中国

500 强企业 4 家；中国民营企业 500 强 11 家；百亿元以上产值工业企业 5 家；10 亿元以上产值工业企业 52 家；单项冠军（培育）企业（产品）10 家；省级“雄鹰行动”培育企业 7 家；省“隐形冠军”企业 30 家，居全省第二；省“隐形冠军”培育企业 170 家，居全省第一；省专精特新培育企业 10105 家，居全省第一；领军型企业 109 家；高成长型企业 110 家。

（四）绿色发展质效突出

温州坚持以“低碳化、循环化、节约化和集约化”为导向，加快绿色改造升级，确保区域可持续发展能力的提高。新增国家级绿色工厂 12 家、绿色项目 5 个，完成清洁生产审核企业 696 家、认定节水型企业 489 家。坚持依法依规去产能，大力化解严重过剩产能，2015~2020 年连续 5 年获评省级“腾笼换鸟”先进市。2022 年全市亩均增加值、亩均税收分别达到 208. 9 万元、30. 9 万元，分别居全省第二名和第五名。

四　传统制造业转型升级的经验启示

温州作为著名的制造业大市，从电气、服装、鞋业、汽摩配到泵阀行业，都拥有完善的制造业产业链，在市场上都占有较大份额。这些企业以其高效的生产能力、灵活的生产方式和相对低廉的劳动力成本，满足了国内外市场需求。在数字经济的大背景下，温州不断推动传统制造业转型升级，形成了如下几条值得推广的经验。

（一）充分发挥市场在资源配置中的决定性作用

首先，温州市政府在市场监管方面相对宽松，倡导市场在资源配置中的决定性作用，并尊重企业家的经营自主权。政府的宽松监管政策使得企业家能够更加自由地制定经营策略和调整业务方向，更好地适应市场需求的变化。其次，温州市政府出台了一系列扶持创新和创业的政策，为企业家提供了创新发展的支持和激励。通过提供研发资金、税收减免、知识产权保护和科技成果转化等措施，政府鼓励企业家在市场竞争中不断探索新的发展机会和业务模式。此外，温州的金融体系相对灵活，拥有多元化的融资渠道，包括民营银行、小额贷款公司和私人借贷网络。这为企业提供了便利的融资环境，使得企业家能够更容易地获得资金支持。最后，温州的用工制度也具有弹性，企业能够根据市场需求和生产规模的变化进行灵活的用工安排。这种弹性的用工制度使得企业能够更快地调整员工数量和结构，以适应市场的波动和变化。

（二）开拓制造业增值服务创新，为产品提供全生命周期服务

随着市场竞争的加剧，温州的传统制造业企业在不断探索和创新。在这个过程中，服务创新是一个重要的方向。传统制造业企业可以通过提供增值服务和全生命周期服务，满足消费者需求，提高产品附加值，增强企业的市场竞争力。在温州，许多传统制造业企业已经开始注重服务创新。例如，一些泵阀企业提供增值服务，如系统集成、技术支持、维修等服务，满足消费者的全方位需求。这些增值服务能够帮助消费者更好地使用产品，提高产品的使用价值，同时也能够帮助企业树立良好的品牌形象，提高消费者对企业的忠诚度。除了增值服务，全生命周期服务也是服务创新的一种重要形式。传统制造业企业可以通过为产品提供全生命周期服务，在从产品设计、生产、销售到维修和报废的整个过程中，为消费者提供全方位的支持和服务。服务创新不仅可以帮助传统制造业企业提高市场竞争力，还可以为企业带来更多的商机。

（三）推动供应链协同，构建产业联盟

温州市作为传统制造业大市，拥有众多优秀的传统制造业企业。然而，企业单靠自身的力量往往难以在市场竞争中占据优势地位，必须重视企业之间的合作。供应链协同和产业联盟是促进企业间合作的重要方式。首先，供应链协同是指企业在供应链上的协作与协调。通过供应链协同，企业可以实现物流、采购、生产等环节的合作，共同完成订单，提高供应链效率和准确性，降低成本，提高产品质量。比如，在温州的家具产业中，家具制造商可以与木材、五金配件等原材料供应商建立长期稳定的合作关系，共同制订货源保障、质量管理、物流配送等方案，确保家具制造的质量、效率和成本的控制。其次，产业联盟是指企业在某一行业或领域内的合作联盟。产业联盟通过整合产业链上下游的企业资源，共同开展研发、生产、销售等活动，共同推进行业的发展。比如，在温州的电动车产业中，电动车制造商可以与电池、电机、轮胎等相关配套企业合作，共同开发新产品、优化供应链、共同拓展市场等。通过这种产业联盟的方式，企业可以实现资源共享、降低成本、提高效率，从而提高产品竞争力。

在建立供应链协同和产业联盟时，需要充分考虑企业的规模、地理位置、产品特性等因素。比如，规模较小的企业可以通过联合组织采购等方式实现采购成本的降低，地理位置相近的企业可以共享物流等方面的资源，产品特性相似的企业可以共同开发新产品。此外，还需要制定相应的合作方式和协议，明确各自的权利和义务，确保合作顺利进行。

皮 书

智库成果出版与传播平台

✤ 皮书定义 ✤

皮书是对中国与世界发展状况和热点问题进行年度监测，以专业的角度、专家的视野和实证研究方法，针对某一领域或区域现状与发展态势展开分析和预测，具备前沿性、原创性、实证性、连续性、时效性等特点的公开出版物，由一系列权威研究报告组成。

✤ 皮书作者 ✤

皮书系列报告作者以国内外一流研究机构、知名高校等重点智库的研究人员为主，多为相关领域一流专家学者，他们的观点代表了当下学界对中国与世界的现实和未来最高水平的解读与分析。截至 2022 年底，皮书研创机构逾千家，报告作者累计超过 10 万人。

✤ 皮书荣誉 ✤

皮书作为中国社会科学院基础理论研究与应用对策研究融合发展的代表性成果，不仅是哲学社会科学工作者服务中国特色社会主义现代化建设的重要成果，更是助力中国特色新型智库建设、构建中国特色哲学社会科学“三大体系”的重要平台。皮书系列先后被列入“十二五”“十三五”“十四五”时期国家重点出版物出版专项规划项目；2013~2023 年，重点皮书列入中国社会科学院国家哲学社会科学创新工程项目。

皮书网

（网址：www.pishu.cn）

发布皮书研创资讯，传播皮书精彩内容
引领皮书出版潮流，打造皮书服务平台

栏目设置

◆ **关于皮书**

何谓皮书、皮书分类、皮书大事记、
皮书荣誉、皮书出版第一人、皮书编辑部

◆ **最新资讯**

通知公告、新闻动态、媒体聚焦、
网站专题、视频直播、下载专区

◆ **皮书研创**

皮书规范、皮书选题、皮书出版、
皮书研究、研创团队

◆ **皮书评奖评价**

指标体系、皮书评价、皮书评奖

◆ **皮书研究院理事会**

理事会章程、理事单位、个人理事、高级研究员、理事会秘书处、入会指南

所获荣誉

◆ 2008 年、2011 年、2014 年，皮书网均在全国新闻出版业网站荣誉评选中获得“最具商业价值网站”称号；

◆ 2012 年,获得“出版业网站百强”称号。

网库合一

2014年，皮书网与皮书数据库端口合一，实现资源共享，搭建智库成果融合创新平台。

皮书网

“皮书说”
微信公众号

皮书微博

权威报告 · 连续出版 · 独家资源

皮书数据库

ANNUAL REPORT(YEARBOOK) DATABASE

分析解读当下中国发展变迁的高端智库平台

所获荣誉

- 2020年，入选全国新闻出版深度融合发展创新案例
- 2019年，入选国家新闻出版署数字出版精品遴选推荐计划
- 2016年，入选“十三五”国家重点电子出版物出版规划骨干工程
- 2013年，荣获“中国出版政府奖 · 网络出版物奖”提名奖
- 连续多年荣获中国数字出版博览会“数字出版 · 优秀品牌”奖

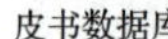

皮书数据库

“社科数托邦”
微信公众号

WWW.PISHU.COM.CN

成为用户

登录网址www.pishu.com.cn访问皮书数据库网站或下载皮书数据库APP，通过手机号码验证或邮箱验证即可成为皮书数据库用户。

用户福利

- 已注册用户购书后可免费获赠100元皮书数据库充值卡。刮开充值卡涂层获取充值密码，登录并进入“会员中心”—“在线充值”—“充值卡充值”，充值成功即可购买和查看数据库内容。
- 用户福利最终解释权归社会科学文献出版社所有。

社会科学文献出版社 SOCIAL SCIENCES ACADEMIC PRESS (CHINA) 皮书系列

卡号：576189651723

密码：

数据库服务热线：400-008-6695

数据库服务QQ：2475522410

数据库服务邮箱：database@ssap.cn

图书销售热线：010-59367070/7028

图书服务QQ：1265056568

图书服务邮箱：duzhe@ssap.cn

法律声明

“皮书系列”（含蓝皮书、绿皮书、黄皮书）之品牌由社会科学文献出版社最早使用并持续至今，现已被中国图书行业所熟知。“皮书系列”的相关商标已在国家商标管理部门商标局注册，包括但不限于LOGO（）、皮书、Pishu、经济蓝皮书、社会蓝皮书等。“皮书系列”图书的注册商标专用权及封面设计、版式设计的著作权均为社会科学文献出版社所有。未经社会科学文献出版社书面授权许可，任何使用与“皮书系列”图书注册商标、封面设计、版式设计相同或者近似的文字、图形或其组合的行为均系侵权行为。

经作者授权，本书的专有出版权及信息网络传播权等为社会科学文献出版社享有。未经社会科学文献出版社书面授权许可，任何就本书内容的复制、发行或以数字形式进行网络传播的行为均系侵权行为。

社会科学文献出版社将通过法律途径追究上述侵权行为的法律责任，维护自身合法权益。

欢迎社会各界人士对侵犯社会科学文献出版社上述权利的侵权行为进行举报。电话：010-59367121，电子邮箱：fawubu@ssap.cn。

社会科学文献出版社